红十字人道主义精神与
首都治理体系现代化

The Spirit of Red Cross
and the Capital Governance
System Modernization

北京师范大学中国公益研究院　编著

社会科学文献出版社
SOCIAL SCIENCES ACADEMIC PRESS (CHINA)

本书为北京市红十字会和北京市社会科学界联合会委托北京师范大学中国公益研究院开展的"红十字组织在推进首都治理体系和治理能力现代化进程中的地位与作用研究"课题的研究成果

课题组成员

组　　　长：戴均良　北京市副市长、北京市红十字会会长
常务副组长：马润海　北京市红十字会党组书记、常务副会长
　　　　　　韩　凯　北京市社会科学界联合会党组书记、常务副主席
副　组　长：梁立新　北京市社会科学界联合会党组副书记
　　　　　　吕仕杰　北京市红十字会党组成员、副会长
研究负责人：王振耀　北京师范大学中国公益研究院院长、教授
研 究 团 队：高华俊　北京师范大学中国公益研究院常务副院长、副教授
　　　　　　柳永法　民政部救灾司原巡视员
　　　　　　章高荣　北京师范大学中国公益研究院助理院长
　　　　　　程　芬　北京师范大学中国公益研究院研究部主任
　　　　　　孙　博　北京师范大学中国公益研究院公益评估中心副主任
　　　　　　赵延会　北京师范大学中国公益研究院研究部高级分析员
　　　　　　汪颖佳　北京师范大学中国公益研究院研究部高级分析员
　　　　　　苏　菲　北京师范大学中国公益研究院研究部研究助理
　　　　　　王　静　北京师范大学中国公益研究院研究部研究助理
　　　　　　郭　璐　北京师范大学中国公益研究院研究部研究助理
咨 询 专 家：何建宇　清华大学马克思主义学院副教授

金锦萍　北京大学法学院副教授

师曾志　北京大学传播学系教授

徐月宾　北京师范大学社会发展与公共政策学院教授

杨　刚　东北财经大学公共管理学院教授

袁瑞军　北京大学政府管理学院副教授

序一　发挥红十字组织在首都治理体系中的人道支撑作用

在我国国民经济和社会发展"十二五"完美收官，步入"十三五"新的历史发展时期之际，详尽记录北京市红十字组织在推进首都治理体系现代化建设中所做努力的《红十字人道主义精神与首都治理体系现代化》出版问世。

党的十八届三中全会对全面深化改革做出总体部署，并确定将"完善和发展中国特色社会主义制度，推进国家治理体系和治理能力现代化"作为全面深化改革的总体目标。找准红十字组织在国家治理体系中的具体定位，研究如何充分发挥其在推进国家治理体系现代化过程中的地位和作用，具有重大意义。这便是"红十字组织在推进首都治理体系和治理能力现代化进程中的地位与作用"这一研究课题的由来。

一年来，中共中央和习近平总书记对发挥红十字组织在国家治理体系中的作用给予了明确的定位。"红十字"是一种精神，更是一面旗帜、一种力量。红十字事业是中国特色社会主义事业的重要组成部分。红十字会是三大国际组织之一，是国际认可度最高、影响范围最广、在中国从事人道[①]事业最悠久的组织。作为中国一个重要的群团组织，中国红十字组织是党和政府在人道领域联系群众的桥梁和纽带，它们所联系的群众是实现全面建成小康社会、全面深化改革、全面推进依法治国的基本力量和基本依靠。因此，必须坚持"四个全面"战略布局，按照"六个坚持""解决四化""坚持三性"的要求，把红十字组织建设得更加充满活力、更加坚强有力，使之成为推进国家治理体系和治理能力现代化的重要力量。

---

① 本书称"人道"即"人道主义"。

北京市红十字组织在中国红十字总会和北京市委市政府的坚强领导下，深入贯彻落实党的十八届三中全会和习近平总书记视察北京时的讲话精神，认真地贯彻落实《国务院关于促进红十字事业发展的意见》，落实《中共北京市委　北京市人民政府关于促进红十字事业发展的实施意见》，落实"服务中心、服务大局"，在落实"四个服务"和建设人道北京等方面取得新成果、新突破。北京市红十字组织坚持"戮力同心、立公惠民、积善累德、诚信一流"的核心价值观，在积极完善人道救助救护体系，开展人道知识宣教培训，传播人道主义文化，提供"三献"服务基础上，在全国首创空地一体化救援体系，在首都处突（处理突发事件）维稳、城市应急体系中发挥不可替代的作用；同时，迈出国门参与执行菲律宾救援的重要工作任务，探索民间外交之路。这些工作开创了首都红十字事业的新局面。我为北京市红十字人道事业的成绩而欣喜、骄傲。

首都发展进入调整优化功能、经济社会转型升级的新阶段，面临着自身城市建设、京津冀一体化发展和环渤海地区合作发展的重大挑战。这为北京红十字组织的工作提出了新要求。

习近平总书记在视察北京时发表重要讲话，指出北京在发展过程中产生的环境污染、交通拥堵、人口无序膨胀、社会治理压力大等"城市病"，同时明确了北京"四个中心"的功能定位和"三个北京"的战略，提出建设国际一流和谐宜居之都的总目标和推进首都治理体系和治理能力现代化的总要求。

党的十八届五中全会明确了全面建成小康社会新的奋斗目标，并要求在"十三五"期间，国家治理体系和治理能力现代化应取得重大进展。该会议提出要共享发展，加强和创新社会治理；要开放发展，积极参与全球经济治理；该会议还专门提到要加大人道主义援助力度。十八届五中全会再次强调要推进京津冀协同发展，环渤海地区合作发展，"一带一路"等重大战略部署。这要求从国家战略、全球治理的高度来考虑首都建设和发展问题，跳出从北京看北京的视角，这对北京各方面工作提出了更高要求，即从更广的范围、更宽的视野，高标准、大尺度、深层次地思考和谋划工作。

对于北京红十字组织来讲，一方面应该坚持区域发展总体战略思路，将人道支撑功能从首都治理拓展至津冀和环渤海地区，以及在"一带一路"建设中，发挥人道主义的辐射和带动作用，如延伸立体化空中救援半径，扩大人道救助救援服务范围，实现生命关爱工作的区域化，等等；另一方面，要继续发挥红十字国际性组织的优势，更为积极地参与到全球治理体系中，更广泛地参与国际人道主义救援，提高话语权。这对于北京红十字组织自身的能力，提出了全新要求：要加强和创新自身的治理，推进治理精细化，积极参与构建全民共建共享的社会治理格局，提升人道服务的专业化和标准化水平。在这种背景之下，对"红十字组织在推进首都治理体系和治理能力现代化进程中的地位与作用"的研究可以说恰逢其时。在短短一年里，该研究课题顺利实现了我们最初的设想与期望。总体来讲，该课题在较短的时间里，形成一个既兼顾历史、现状和未来发展又结合国际经验的全面性研究报告，建立了一个区红十字人道指数指标体系，并具有理论与实践指导意义，成果丰硕。

第一，对于如何充分发挥红十字组织在推进首都治理体系现代化过程中的地位和作用的核心问题，该课题创造性地提出了发挥红十字组织在首都治理体系和治理能力现代化进程中不可替代的六大人道支撑功能，即：（1）是传播人道文化、普及人道知识、践行人道理念的行动载体；（2）是完善人道救助救护体系、提升救助救护能力的核心单元；（3）是推进法治中国建设，构建处突维稳和城市应急管理体系的重要部分；（4）是人道无偿献血、人体造血干细胞捐献、遗体与器官捐献"三献"服务的实施主体；（5）是开展社会救助与志愿服务、引领首都公益组织发展的专业示范；（6）是探索国际救援、发展民间外交的重要力量。

第二，该课题在全球治理的视野、国家治理体系格局和首都治理能力现代化的框架之下，对红十字组织的角色功能进行理论方面的探索，站位高，理论强。同时，围绕打造国际一流和谐宜居之都，破解首都城市发展难题，以及建设"人文北京、科技北京、绿色北京"的发展战略，从多元治理结构的角度设计红十字组织角色，提出可操作化的政策措施和建议。

第三，该课题对北京红十字组织在每个历史时期，特别是在党的十八大以来的社会治理中的功能进行了梳理，立足于北京红十字组织在救助、救护、救援方面的传统职能上，关注反恐维稳、应急处突方面如何适应新环境、新要求，提出健全治理体系、提升能力建设、拓展人道业务领域和创新人道文化传播方式四项完善红十字人道支撑体系战略：完善以理事会制、会员制为核心的治理结构；强化区街基层组织，加强以募款和应急反应为重点的能力建设；借鉴国际经验，拓展创新社会企业、空地立体救援、弱势群体服务等新型人道业务；运用互联网等现代技术提升人道文化传播能力，以人道主义精神凝聚全社会的共同价值。

第四，该课题结合北京红十字组织的具体工作，开发出一套区红十字人道指标体系，为红十字事业的评估工作提供了易掌握、易操作、可推广的评价工具，并有利于促进大数据时代红十字事业的数据统计制度建设。这套指标也将在全国起到示范作用。

在新的征程、新的格局、新的形势下，北京红十字组织应当深入贯彻落实党的"十八大"和十八届三中、四中、五中全会精神和习近平总书记的重要讲话精神，落实国务院25号文件和北京市委、市政府8号文件，履行职责，发挥优势，充分发挥红十字组织在推进首都治理体系和治理能力现代化建设中的人道支撑作用；加快推进课题成果的转化，持续深入开展行动性研究；推动红十字事业在"十三五"时期及更长的未来，为建设国际一流和谐宜居制度和促进京津冀协同发展提供人道支撑和安全保障。

马润海

2015 年 12 月

序二　红十字人道主义精神的弘扬与首都治理体系现代化

在首都治理体系现代化建设的进程中，红十字人道精神的地位如何？这是一个需要进行深入探讨的重要课题。

从一般意义上说，中国红十字组织是国家治理体系与治理能力现代化建设进程中的重要社会力量，是建设现代社会的一项基本元素，特别是建设人道中国的核心支撑平台，是中国当前最为系统并覆盖全国深入基层的公益慈善组织。多年以来，中国红十字组织在国内和国际的人道主义救援与相关活动中承担了多项重要使命，为国家和社会做出了重要贡献。

在中国红十字组织系统中，北京红十字组织的地位更为特殊。作为中国红十字组织的重要组成部分，近年来，北京市红十字组织注重历史传承和锐意创新，从北京的实际情况出发，逐步形成了六大人道支撑与引领功能：一是传播人道文化、普及人道知识、践行人道理念的行动载体；二是完善人道救助救护体系、提升救助救护能力的核心单元；三是推进法治中国建设、构建处突维稳和城市应急管理体系的重要部分；四是人道无偿献血、人体造血干细胞捐献、遗体与器官捐献"三献"服务的实施主体；五是开展社会救助与志愿服务、引领首都公益组织发展的专业示范；六是探索国际救援、发展民间外交的重要力量。在新的历史时期，围绕建设国际一流和谐宜居之都的首都发展战略目标，红十字组织在首都治理体系与治理能力现代化中正在发挥着不可替代的人道支撑作用。

当前，北京市已步入高收入经济体行列。伴随着人均 GDP 达到近 2 万美元的发展水平，北京正在经历从发展型向发达型经济体的历史性转型，经济结构与社会结构产生深刻变化，居民生活水平迅速提升，对公共服务和人道事业提出更广泛、更具体和更多样化的要求。在这样的社会转型时期，北京客观上面临着社会建设相对落后于经济发展，人道事业发展与日益增长的社会需求不相适应等矛盾。按照中共十八届五中全会关于在国家治理体系和治理能力现代化方面取得重大进展的要求，北京红十字组织完全可以在共享发展和创新社会治理，开放发展与参与全球治理，特别是加大人道主义援助力度等方面做出特殊的贡献。这就需要北京红十字组织进一步顺应时势，以人道精神开拓思维和国际视野，建设具有首都特色的人道支撑体系，从而促成首都社会建设的全面进步。根据新历史时期的工作要求，北京红十字组织对战略发展的立足点应更加注意以下几个方面。

（1）北京红十字组织体系需要进一步社会化。北京红十字组织的社会性需要进一步加强，会员和志愿者的发展既是重要的突破口，也是北京红十字组织开展工作的基本社会基础。北京作为首都，是全国的政治、文化、教育科技和交通中心，其红十字组织承担着城市安全管理、应急响应和人道救援等大量公共服务职能，这对自身的队伍建设提出很高的要求。当前，特别需要大力发展北京红十字组织的会员和志愿者，提高志愿服务专业化程度，引领整个社会的专业志愿服务。北京红十字组织如果能够在现有百万会员的基础上广泛发展会员，并充分激活会员力量，建立起多种形式的工作平台与社会服务机制，必然会起到巨大的社会作用。同时，在正规人员编制难以增加的条件下，北京红十字组织完全可以通过专业志愿服务来推动医疗救护、人道救援、献血及其他器官捐献、灾害救助、大型活动医护服务、社区服务等方面的工作。在这些方面，如果能够从强化志愿服务队伍建设的途径入手，广泛吸纳医疗救护、人道救援等相关专业人士进入红十字志愿服务系统，分类建立志愿者资源库，并开展志愿服务培训、交流与实践演练，提升志愿者的专业技能和服务素养等，就能够逐步形成覆盖面广、功能强大的救助服务平台，从而为首都日益增长的人道服务需求提供人力和组织支撑。

（2）北京红十字组织的业务需要进一步普遍化。根据各国红十字组织的实践经验，北京红十字组织应该积极承担类政府职能，推动救灾减灾工作入家庭、入社区。城乡社区作为社会的基本构成单元，是防灾减灾的前沿阵地。红十字组织在减灾知识宣传、应急救护培训、救灾预案演练、紧急救援等方面具有专业优势。应该全面发挥红十字组织在自然灾害救助应急响应体系中的专业功能，发挥红十字组织在社区减灾工作中的关键性作用。在新形势下，北京市红十字组织可将社区减灾作为一个具有发展空间和潜力的业务，充分利用国内外资源与专业优势，开展更多的社区减灾项目，使减灾工作真正能够进入社区和家庭。在多年减灾工作经验的基础上，北京红十字组织完全可以更加积极地参与到社区减灾的相关法律政策的完善和体制机制的建设中，与民政部门密切配合，发挥红十字组织在社区减灾管理体制中的作用；普及灾害预防、避险、逃生以及自救互救等减灾知识，做好社区居民应急救护培训；参与社区灾害应急预案的制订与实施，参与组织实施社区救灾演练活动；大力发展以社区减灾为主题的红十字志愿服务，结合个体需求提供个性化救助；利用基层红十字组织的社工力量，在社区减灾中导入心理咨询服务，从心理健康角度弥补民政救灾的不足；等等。

（3）北京红十字事业的发展需要全面纳入国家发展战略以推动区域化发展。根据京津冀一体化和环渤海地区合作发展的战略部署，在工作架构上应该扩大北京红十字人道主义的工作区域布局。多年以来，北京的捐赠与服务一直辐射全国，是典型的资源输出型地区，也是全国的榜样。在京津冀协同发展、环渤海地区合作发展等重大战略部署的背景下，北京红十字人道主义工作需要进一步加强区域空间布局方面，建立"京津冀空中救援联盟"，一旦遭遇紧急情况，使三地能够在第一时间调配空中急救力量，运送需要急救的重症患者到具备医疗条件的医院接受治疗，为三地的社会大众开辟顺畅的空中紧急救援通道，使北京市所独有的空中救援资源得到最大程度的利用。目前，为解决空中救援费用过高、市场普及难度大的问题，北京市红十字会已与中国人寿保险股份有限公司合作，推出了面向首都市民的中国首个航空医疗救援保险服务产品。下一步，完全可以就这一新的保险产品制订专门的推广计划，可以设想，以北京市城郊区为起点，向京津冀地区推广，进一步覆盖北京周边有效服务区域。同时，也可考虑建立"人道空中紧急救援基金"帮助社会困难群体。在此基础上，系统建立起环渤海地区红十字组织的联合协调工作体系。

（4）北京红十字战略格局需要进一步国际化。红十字组织具有国际性，是全球治理体系中的重要主体。北京作为世界性的著名都会，应该在国家红十字组织工作的框架内,突出首都特色,加强与外国红十字组织的国际合作伙伴关系,借鉴外国红十字组织工作经验,形成推进北京红十字事业的新经验、新模式。目前,北京红十字组织已与多个国家和地区的红十字组织建立友好关系,逐步形成系统的国际救援与交流机制。以此为基础,北京红十字组织完全可以进一步开拓与外国红十字组织的国际合作格局,充分借鉴外国红十字组织的工作经验,更好地在全球治理中发挥作用。例如,可以借鉴英国红十字会的慈善商店模式,开办零售商店和官网网店,促进急救护理培训书籍、急救包和支持独立家居生活的辅助器材等的普及;也可以借鉴加拿大红十字会发行彩票模式,与我国的"福彩"与"体彩"合作,专门设立不同类别的红十字项目彩票,丰富人道事业资金来源,支持红十字人道公益项目;还可以借鉴日本广泛开办红十字医院的模式,提供综合性医疗服务,开展紧急救护、器官移植、艾滋病治疗等人道与医疗服务。

红十字人道主义精神的弘扬是首都治理体系现代化建设的有机组成部分,伴随着"十三五"期间首都各项事业的全面发展,红十字人道主义精神必将发挥更为突出的社会作用。

王振耀

2015 年 12 月

序三　加强评估工作，提升红十字组织人道支撑能力

我原本对北京红十字组织的工作知之甚少，有幸参加了"红十字组织在推进首都治理体系和治理能力现代化进程中的地位与作用"课题的研究，通过实地调研和查阅文献资料，在一件件、一项项实实在在的红十字组织人道工作中看到并感悟到北京红十字组织秉承"人道、博爱、奉献"的红十字精神，在首都治理体系和治理能力现代化建设中，在深入实施"人文北京、科技北京、绿色北京"战略中，在努力把北京建设成为国际一流的和谐宜居之都过程中，发挥了不可替代的红十字组织人道支撑作用。同时，我也看到了北京红十字组织在工作评估等自身能力建设方面还有很大的提升空间，现就加强红十字组织工作的评估，谈些不成熟的想法，供商榷。

一是赋予评估工作恰当地位。红十字组织的评估工作在整个工作体系中的地位直接关系到其作用的发挥。为此，首先，要从思想上解决评估工作可有可无的问题。评估是给红十字组织工作做体检，是红十字组织工作的 CT 机，CT 机可以检测一个人的健康状况，而评估则可以检测一项工作的健康状况。它既可以发现红十字组织工作做得好的地方，又可以发现红十字组织工作做得不足的地方，使红十字组织可以比较全面、清晰地看到自己的长处和短处以及所面临的挑战。这有利于采取针对性的策略和措施巩固和发展已取得成功的做法，有利于采取针对性措施改进其薄弱的工作环节，也有利于规划其未来的发展。当然，评估工作不是万能的，但是没有评估工作是万万不能的。其次，把评估工作作为红十字组织工作的重要组成部分，作为提升红十字人道支撑能力的重要手段，作为年度工作计划不可或缺的核心要素，统一安排、统一实施、统一推进、统一督导、统一

验收，使评估工作落到实处，见到实效。最后，确定评估工作的范围，要从全面性和系统性来考虑评估的范围，也就是说既要对市级层面红十字组织工作进行评估，又要对区及以下层级红十字组织工作进行评估；既要对总体的红十字组织工作水平进行评估，又要对单项红十字组织工作进行评估；另外，还要特别注意对红十字组织应对突发事件的评估；实现评估工作的全覆盖。

二是加强评估工作机制建设。红十字组织的评估工作机制是保障评估工作有序有效进行的重要保证。加强红十字组织的工作评估机制建设，就是要将评估过程中参与主体的权利义务、相互关系、工作衔接制度化、程序化。为此，要研究制订评估工作规程，明确"谁来评""怎么评"等问题。所谓"谁来评"，就是要明确谁来组织、领导评估工作，谁来具体实施评估工作，谁来督导评估工作，谁来保障评估工作的有序进行。在"谁来评"的问题上，既可以由红十字组织工作人员作为评估的主体，也可以请既有评估能力又有良好信誉的研究机构作为评估主体，还可以由红十字组织工作人员与外部专家组成联合评估主体。所谓"怎么评"，就是要明确评估工作的总体要求，明确评估工作的目的，明确评估工作遵循的基本原则，明确评估对象和范围，明确各个层级各个方面的任务，明确每一项工作由谁来做、何时做、做到什么程度，明确参与主体之间如何相互配合、如何良性互动、如何无缝衔接。因此，要制订从评估准备阶段、评估实施阶段，直至评估结束总结阶段的全过程工作流程，工作流程一定要清晰明确、具体，要易理解、易操作，要杜绝口号化、标语化、原则性的工作流程。

三是重视评估指标体系建设。评估指标是评估工作的重要工具，是衡量红十字组织工作水平的尺子。建立一套科学的红十字组织工作的评估指标体系，有利于客观公正地评价红十字组织工作的水平。建立评估工作指标体系应当注意以下几方面的问题。其一是系统性。红十字组织工作涉及"三救""三献""人道文化传播""人道志愿服务""人道工作保障"等多个方面，设计红十字组织工作评估指标时应当将每个方面都考虑到，确保评估指标的全面性和系统性。其二是实用性。设计红十字组织工作评估指标时，一定要考虑所设计的指标对评价红十字组织工作是否有实际意义，凡是没有实际贡献的指标要毫不犹豫地逐个排除，否则将会增加评估工作量，降低评估的质量。其三是可测性。在设计红十字组织工作评价指标时，要考虑所设计的指标是否能数据化，这是定量评估和保证指标可测性的前提条件。凡是不能形成数据化的指标，应当全部弃用。其四是引领性。在设计红十字组织工作评价指标时，要考虑设计的指标中是否有一些对某方面工作具有倡导和引导作用的指标，以此鼓励拓展和创新红十字组织的人道工作。

四是加强工作统计制度建设。量化的、可测性的评估工作离不开有数据支撑的评估指标，也就说没有数据支撑的指标对定量评估工作没有实际的意义，没有价值的指标就没有存在的必要。数据的来源不能仅仅依靠各工作层级和各业务部门自发的收集。这可能会造成数据的不统一、不规范、不系统，无法准确地、系统地反映一项工作的真实情况。因此，要加强北京红十字组织工作的统计制度建设，将其建设成具有重大国际影响力红十字组织，引领国内红十字组织事业的发展，完善现行的红十字组织人道工作的统计制度。当务之急，要构建北京市红十字组织工作统计指标体系，加快完善各项业务工作的统计指标，要检查"三救""三献""人道文化传播""人道志愿服务""人道公益项目""人道工作保障"等方面的工作统计指标是否全面系统；对已经纳入统计制度的指标，要检查是否科学，是否具有实用性；对需要纳入统计制度的而没有纳入的指标，要加以弥补，消除空白点；对有缺陷的统计指标，要加以修改完善；对无实际作用的统计指标要去掉；使北京红十字组织工作的统计指标更加全面，更加系统，更加能客观、准确地反映北京红十字组织的工作水平。

总之，运用好评估这一工具，有利于准确把脉北京红十字组织人道工作，有利于提升北京红十字组织人道工作能力，从而充分发挥北京红十字组织在实现首都发展目标中不可替代的人道支撑功能。

柳永法
2015 年 10 月

摘　要

　　北京市已步入高收入经济体行列，但也面临着社会建设落后于经济水平、人道事业发展与日益增长的社会需求不相适应等现象，迫切需要加快社会建设、推动社会转型。在经济建设向质量型转变、社会建设向以人为本的社会服务型转变的新常态下，北京红十字组织应该抓住发展机遇，加快建设具有北京特色的人道支撑体系，促进社会建设的全面进步。

　　北京红十字组织人道支撑体系建设，需要立足现实经验，秉承"人道、博爱、奉献"的红十字精神，着力发展以应急救援、应急救护、人道救助、无偿献血、造血干细胞捐献、遗体和人体器官捐献、国际人道援助以及开展民间外交为核心的人道事业。同时，需要加大改革创新力度，实施提升北京红十字组织治理能力的四项战略：完善以理事会、会员为核心的治理结构；强化区街基层组织，加强以募款和应急反应为重点的能力建设；借鉴国际经验，拓展创新社会企业、空地立体救援、弱势群体服务等新型人道业务；运用互联网等现代技术提升人道文化传播能力，以人道主义精神凝聚全社会的共同价值。

目 录

总报告

红十字人道主义精神与首都治理体系现代化 …… 003
 一 北京红十字组织在首都治理体系和治理能力现代化建设中的
   人道支撑功能 …… 004
 二 首都治理体系与治理能力现代化进程中北京红十字组织面临的
   机遇与挑战 …… 017
 三 完善红十字人道支撑体系，推进首都治理体系和治理能力
   现代化 …… 028

分报告

首都红十字组织发展历史与功能 …… 041
 一 北京红十字组织的历史与功能 …… 041
 二 中国红十字会的历史与功能 …… 067

国际红十字运动和外国红十字组织社会治理功能与经验 …… 076
 一 国际红十字运动在全球治理中的作用 …… 076
 二 英美等发达国家红十字会参与社会治理的经验 …… 091

红十字组织在国家治理体系中的角色 …… 118
 一 国家治理体系与治理能力现代化 …… 118

  二　治理框架下的红十字组织角色与功能 …………………… 123
  三　依法办会，提升红十字组织内部治理能力 ……………… 132
  四　理顺外部治理关系，打造首都人道事业共同体 ………… 139

全面深化改革中北京红十字组织的机遇、挑战和发展思路 ………… 146
  一　北京红十字组织改革发展的优势与机遇 ………………… 146
  二　北京红十字组织改革发展面临的问题和挑战 …………… 154
  三　全面深化改革中北京红十字组织的发展思路 …………… 159

红十字文化在社会主义核心价值观建设中的价值 …………………… 166
  一　国际红十字运动精神与社会主义核心价值观 …………… 166
  二　国际红十字运动精神与社会主义核心价值观的契合 …… 179
  三　北京市红十字会核心价值观与"人文北京"建设 ……… 182
  四　北京红十字文化与"人文北京"的关系 ………………… 190
  五　北京市红十字会文化与"人文北京"运动的结合：北京红十字
    文化宣传现状 …………………………………………… 192
  六　境外经验：各国红十字会的人道主义文化传播 ………… 195
  七　推广北京红十字文化的建议 ……………………………… 198

指标体系

关于设计区红十字人道事业发展评价指标体系的报告 ……………… 203
  一　关于设计区红十字人道事业发展评价指标体系的背景和
    意义 ……………………………………………………… 203
  二　关于设计区红十字人道事业发展评价指标体系的原则和
    思路 ……………………………………………………… 205
  三　关于区红十字人道事业发展评价指标体系的结构和内容 … 208
  四　关于区红十字人道事业发展水平评价工具的选择 ……… 221
  五　区红十字人道事业发展基础信息表 ……………………… 223
  六　区红十字人道事业发展评价测算流程 …………………… 239

典型案例

北京红十字组织人道事业典型案例 …………………………………… 243
  一　打造空地一体化人道救援体系 …………………………………… 243
  二　在首都反恐维稳处突中发挥人道支撑作用 ……………………… 246
  三　为血液病患者提供造血干细胞捐赠系统化服务 ………………… 248
  四　菲律宾救援：初建国际救援机制，促进人道外交 ……………… 250
  五　"博爱在京城"：募捐救助活动中的一张名片 ………………… 252
  六　西单献血小屋：践行红十字人道精神 …………………………… 253
  七　"共铸中国心"：共铸健康，共铸爱 …………………………… 255

参考文献 ……………………………………………………………………… 258

总报告

红十字人道主义精神与首都治理体系现代化

2014年2月，习近平总书记视察北京，提出"建设和管理好首都是推进国家治理体系和治理能力现代化的重要内容，要明确城市战略定位，坚持和强化首都全国政治中心、文化中心、国际交往中心、科技创新中心的核心功能，深入实施"人文北京、科技北京、绿色北京"战略，努力把北京建设成为国际一流的和谐宜居之都"。

北京具有地位高、体量大、实力强、变化快、素质好的特点和优势，但面临着环境污染、交通拥堵等"城市病"问题。为实现推动首都治理现代化、构建国际一流的和谐宜居之都的发展目标，就得把北京各方面优势发挥出来，把各种问题治理好，处理好国家战略要求和自身发展的关系，在服务国家大局中提高发展水平。

北京市红十字会作为中国红十字会（也称"中国红十字总会"）的地方分会，是"人道公益的榜样、应急救援的先锋、生命关爱的援手、文化传播的主力、对外交往的桥梁"，在首都治理体系与治理能力现代化建设中具有独特地位和潜能。同时，全球合作和中国崛起的国际机遇，和谐社会建设和安全形势的变化，《国务院关于促进红十字事业发展的意见》（国发〔2012〕25号）（以下简称"国务院25号文件"）的发布，北京"四个中心"的功能定位，给北京红十字组织带来了巨大发展机遇。抓住这些机遇，发挥北京市红十字会的优势和潜能，将为北京建设国际一流的和谐宜居之都提供不可替代的人道保障和支撑。

本文作为"红十字组织在推进首都治理体系和治理能力现代化建设中的地位与作用研究"课题的总报告，将总结北京红十字组织参与社会治理的现实功能，分析其在国家治理体系和治理能力现代化建设中的基本挑战和发展机遇，并探讨如何更好地发挥北京红十字组织在推动首都治理现代化和构建国际一流的和谐宜居之都中的人道支撑作用。

一 北京红十字组织在首都治理体系和治理能力现代化建设中的人道支撑功能

红十字组织是国家治理现代化的重要社会力量，是建设法治中国的重要元素，是建设人道中国的重要支撑。北京市红十字会自1928年成立以来，在不同历史时期被赋予不同的定位，从独立的非官方人道组织到政府部门直属的"人民卫生救护团体""人民卫生救护、社会福利团体"，再到"从事人道主义工作的社会救助团体"，其角色虽有变化，但历经近百年沉淀，一直坚持捍卫人道主义的人类底线，传承人道主义精神。

北京红十字组织对人道主义精神的传承主要体现在业务传承与开拓创新上。从战时的战地伤病救护、难民救助，发展到和平时期的日常医疗院前救护和灾害、突发事件中的医疗救护与物质救助，人道救援救护一直是北京红十字组织的核心竞争力。后来，人道救援救护延伸至人道知识技能培训、人道主义文化宣传，并发展出"三献"的生命关爱服务。进入新时期，北京市红十字会加入首都处突维稳与应急体系，进一步承担起在首都治理体系与治理能力现代化建设中的人道支撑功能，同时在推进京津冀一体化中扮演人道中坚力量。

在全面深化改革的历史背景下，北京红十字组织秉承"人道、博爱、奉献"的红十字精神（即"国际红十字运动精神"），着力构建与负责任大国首都发展需求相适应的人道支撑体系。从现有组织结构和业务领域来看，北京红十字组织在首都治理体系与治理能力现代化中发挥着不可替代的六大人道支撑功能：（1）是传播人道主义文化、普及人道知识、践行人道理念的行动载体；（2）是完善人道救助救护体系、提升救助救护能力的核心单元；（3）是推进法治中国建设、构建处突维稳和城市应急管理体系的重要部分；（4）是实施人道无偿献血、人体造血干细胞捐献、遗体与器官捐献"三献"服务的主体；（5）是开展社会救助与志愿服务、引领首都公益组织发展的专业示范；（6）是探索国际救援、发展民间外交的重要力量。

（一）传播人道主义文化，普及人道知识，践行人道理念的行动载体

1. 传播人道主义文化

"人道、博爱、奉献"的国际红十字运动（即国际红十字与红新月运动）精神是人类社会长期发展的文化遗产，体现了人类文明中最为美好、善良、温情的特质。"人道"是国际红十字运动的基本原则之一，其含义是"缓解人间疾苦、保护生命、维护尊严、促进和平"。国际红十字与红新月运动的本意是，不加歧视地救护战地伤员。在国际和国内两方面，努力防止并减轻人们的疾苦，不论这种疾苦发生在什么地方。该运动的宗旨是保护人的生命和健康，保障人类尊严，促进人与人之间的了解、友谊与合作，促进持久和平。实践证明，国际红十字运动早已打破国家界限，参与到全球治理的事业中来，并与联合国、国际奥林匹克委员会（国际奥委会）一同成为全球治理的重要主体。

红十字精神中的博爱与奉献精神是百余年来人类追求和平进步、承担社会责任、服务公共利益和走向文明社会的重要理念支撑，是先进文化的重要元素。在当今中国社会阶层日益分化、社会矛盾逐步加剧的现实面前，对博爱与奉献精神的传播和提倡，对促进社会包容、化解社会矛盾、倡导公益精神、鼓励志愿行为、重塑社会和谐有着非凡意义。

北京红十字组织传播红十字精神，引导社会大众投身于社会建设和文化建设，培养人民的公民意识和公共事务参与意识，使"博爱善举"成为更多公民的自觉行为，提高了公民整体素质，强化了精神文明建设，为首都经济社会的发展和全国文化中心建设发挥了应有的作用。

2. 普及人道知识

普及卫生救护和防病知识、进行初步卫生救护培训、组织群众参加现场救护，一直是北京红十字组织重要的传统职责和业务。1998年成立的北京市红十字会应急救护工作指导中心是北京市红十字会开展群众性应急救护培训工作的专门机构，负责组织制订北京市市民应急救护教育实施方

案,指导各区县①红十字组织培训机构落实,编写各类应急救护教材和避险逃生、自救互救宣传普及读物,开展师资队伍建设,举办应对意外灾害、突发事件等群众避险逃生、自救互救的应急教育和培训等工作。

在举办应急教育和培训方面,北京市红十字会应急救护工作指导中心协同全市各区县红十字组织和培训机构开展了全市红十字系统急救大演练、全市群众性救护技能演练,与市教委共同举办了中小学生应急疏散演练,并承办了全国红十字会应急救护技能大赛,等等。该中心设立的"公开课"项目,主要以心脏复苏、创伤救护、避险逃生等应急救护知识为主,向特定人群普及急救知识。

在编写各类应急救护宣传普及读物方面,北京市红十字会承办了市政府为民办实事项目,在全市大力开展群众性的健康普及培训,在市民中推广《家庭急救手册》,从家庭急救、疾病预防、突发意外灾害的应对等方面介绍了一系列避险逃生、保护生命、保障安全、自救互救的知识和方法,贴近广大家庭和市民需求,体现了其实用性和可操作性。《家庭急救手册》正式出版印刷后,通过邮政投递系统发送至600万户北京市民家中。2010年,面向全市大中小学生免费发送的200万册《青少年急救手册》,提高了北京市青少年的应急救护知识水平。

为了进一步提高重点行业、重点部门工作人员避险逃生和应急救护的意识和技能,2011年6月,应急救护培训被纳入北京市"十二五"时期应急体系发展规划。2012年6月,成立北京市红十字会应急救护培训工作指导委员会,这是全国首家应急救护培训工作指导机构。该指导委员会作为北京市红十字会应急救护培训体系建设的决策咨询机构,主要负责参与研究、制订北京市红十字会应急救护培训体系发展规划,协助开展北京市红十字会应急救护培训法律法规、政策理论的研究与咨询,协助处理应急救护培训体系建设中的全局性重大问题,拟定对策和决策评估等工作。

2012年,北京市红十字会与市人力资源和社会保障局共同下发的《关

---

① 2015年11月密云、延庆两县改区,北京16个区县变为16个区,本书内容所涉时间跨2015年,因此称区县或区。

于在家政服务行业中开展应急救护培训工作的意见》，首次实现了将红十字救护知识纳入家政服务员岗前培训和职业资格培训范围。2013年，首都精神文明办和北京市红十字会共同举办"公共文明引导员培训活动启动仪式"，标志着北京市在全国率先将红十字会应急救护知识纳入公共文明引导员的岗位资格培训内容。应急救护培训进机关、企业、社区、学校、农村，不断提高覆盖率和普及率。

北京市应急救护培训工作在全国居于领先水平。目前，北京市每年取得红十字急救证书的有10万人，累计取得红十字急救证书的人员达到91万多人。北京市应急救护培训率为10%～15%，远高于全国平均培训率1%。当然，与世界发达国家60%～70%的培训率相比还有着很大的提升空间（参见图1-1）。

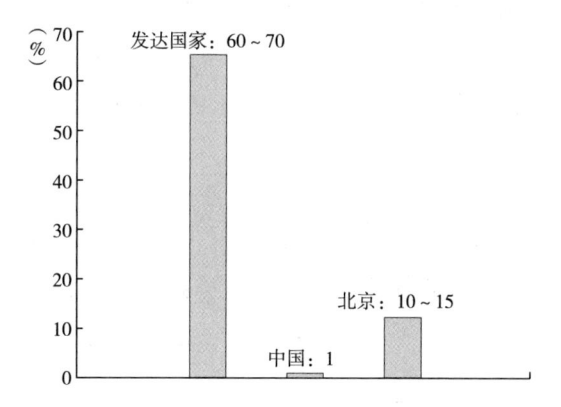

图1-1 发达国家、中国及北京市红十字会应急救护培训率比较

3. 践行人道理念

北京市红十字会牢牢把握建设中国特色社会主义先进文化的发展趋势和要求，立足时代要求，继承并发扬传统文化思想，创造性地提出了北京红十字组织的文化理念：戮力同心、立公惠民、积善累德、诚信一流。

戮力同心：成语"戮力同心"中的"勠力"指并力、合力；"同心"指思想一致、很齐心。整个词语指齐心合力、团结一致。党的"十八大"提出：中国特色社会主义事业需要全体中华儿女万众一心、团结奋斗。团结就是大局，团结就力量。要求全党用坚强的党性保证团结，用共同的事业凝聚民族、凝聚民心。北京市红十字会核心价值观中的"戮力同心"，已经获得社会各界的首肯和赞誉。

立公惠民：党的十六届三中全会提出"坚持以人为本，树立全面协调可持续的发展观"，促进经济、社会和人的全面发展。理论和实践上的双重探究都要求我们全面宣传和落实马克思人道主义思想。北京市红十字会核心价值观中的"立公惠民"，内涵丰富，外延广泛，体现了党和国家希望通过科学发展社会救助事业，宣传和落实马克思人道主义，达到惠民助民的目标，彰显其一切以最广大人民利益作为工作的出发点和落脚点的根本宗旨。

积善累德："积善累德"的意思是，要持续不断地为需要帮助的人提供与其痛苦程度相同的帮助，持续不断地保护人的生命安全和维护人的尊严。马克思认为，实践不仅是人与自然之间的物质、能量的变换活动，表现人的自觉能动性，而且是社会历史的过程。人类的实践活动体现着自然过程和社会历史过程的统一。实践是人的有意识有目的的活动，北京市红十字会核心价值观中的"积善累德"的确立，也是根据这样的原理形成的。

诚信一流：在中国红十字系统面临诚信危机之时，北京市红十字会将"诚信一流"作为该机构的核心价值观的组成部分，说明对公信力的重视。北京市红十字会牢牢把握建设中国特色社会主义先进文化的发展趋势和要求，坚持以马克思列宁主义、毛泽东思想、邓小平理论为指导，立足于建设有中国特色社会主义人道救助工作发展的前沿，不断地创新北京市红十字会人道主义救援工作体制，完善资金审查机制，做到信息透明，公开公正，充分理解马克思超越抽象人道主义、人的人道主义阐释，并根据马克思的实践人道主义充分领会北京红十字组织所处的特殊历史地位，与党所倡导的中国特色社会主义人道主义潮流相适应。

（二）完善人道救助救护体系，提升救助救护能力的核心单元

在新的历史时期，北京红十字组织在继承人道应急救援传统，参与各类应急救援行动的基础上，形成了以北京市红十字会紧急救援中心（以下简称999）为主体、地面救援与空中救援相结合的立体化人道救助救护体系。

1. 999 成为首都院前急救体系的主要力量

1995年，北京市红十字会进一步加强与亚洲国际紧急救援中心的合作，成立具有国际水平的北京亚洲国际紧急救援医疗服务中心，专门为外籍人士提供医疗保健、救援报警、国际联络及紧急救援服务。

进入21世纪，北京市红十字会正式建立起人道应急救援体系，主要以999为依托。2000年3月，北京市红十字会紧急救援中心经北京市机构编制委员会办公室批准正式成立，999作为北京市红十字会开展救护、救助、救灾的专用急救电话号码，于2001年9月19日正式开通。目前，999拥有医疗救护车307辆，在北京市所有16个区设有急救站点130多个，承担着北京全市约50%的日常医疗救援，至今急救各类患者300余万人次。2011年，999还建立医疗急救联合指挥调度平台，整合北京市的120、999两大院前医疗急救体系，并与110报警系统实现联动。999已发展成首都院前急救的专用医疗平台，不仅提升了首都城市医疗急救水平，而且为中国红十字组织应急救援体系树立了典范。

为应对日益严重的交通拥堵问题，提高人道救援速度，999在2009年启用20辆急救用摩托车和30辆急救用电动自行车，增强地面人道救援的灵活性，进一步增强力量，提高效率。

2. 发展空中救援体系，建设具有国际水平的空地立体化救援队伍

随着自然灾害和突发事件救援任务的日趋频繁，跨区域、跨国境医疗转运需求的逐渐增加，北京道路拥堵的日益加剧，救援设备迫切需要现代化更新，具有国际水平的空中救援体系亟待建立，因此，在地面救援蓬勃发展的基础上，2010年，北京市红十字会探索建设空中救援体系，在全国率先开展了空中救援转运业务，努力推动人道救援手段的现代化。5年来，已为国内外患者提供了200多次救援和转运服务。

2014年，999自筹6000万元从欧洲直升机公司购买两架空中救援专用直升机。北京市红十字会成为国内第一个拥有专业航空医疗救援直升机的红十字组织，首都空地立体化救援体系进一步完善。北京市红十字会与中国人寿保险股份有限公司合作，推出299元惠民版和999元尊享版两种保险，首创空中医疗救援的保险机制，以商业模式带动航空救援业务的运营。

北京市红十字会计划在未来三年内增购两架直升机的基础上,引进固定翼飞机,实现直升机救援与固定翼飞机救援的结合,从而建立一支具有国际水平的空地立体化的救援队伍,进一步完善首都人道救助救护体系。

(三)推进法治中国,构建处突维稳和城市应急体系的重要部分

1. 维护社会稳定的特殊支持系统

作为政府在人道领域的助手,北京红十字组织在安全维稳工作中的作用愈加彰显。在完成首都历次重大政治任务和参与突发事件的处置中,北京红十字组织有效发挥了应急启动快、处置能力强、协作配合好的独特优势。

目前,北京市红十字会紧急救援中心承担着全市约50%的紧急救援以及参与处置突发事件的任务。北京市红十字会在全市共设有130多个紧急救援站点,形成了较为完善的紧急救援网络。这些紧急救援站点成为北京红十字组织履行紧急救援职能的平台,收集和汇总影响首都安全稳定信息的前哨,协助有关部门处置突发事件的重要依托。多年来,北京市红十字会设立在首都的救援站点在配合公安部门处理治安事件和交通事故中,有效处置各类突发事件上千次,为维护首都和谐稳定,保持良好国际形象做出了重要贡献。

基于以上工作,北京市红十字会成为北京市维稳办及反恐工作领导小组成员单位。北京市红十字会学习和借鉴国外最新理念、最先进做法,并引入国外最新技术装备,建立并启用人道应急指挥中心和处突维稳指挥中心,实现了与各相关单位指挥中心的人员和情报对接,在突发事件处理过程中可实现反恐情报、现场处置情况、受伤人员救治情况等的互联互通,建立应对和处置突发事件的信息共享机制,达到应急救援指挥有序、工作联动的目的。凭借着先进的救护设备以及灵活的应急响应机制,北京市红十字会已经具备了成为安全维稳工作重要协调机构的条件。

2. 社会减灾应急救援的特殊服务体系

战争中的应急救援是红十字组织诞生的主要使命,而自然灾害中的防灾减灾是红十字组织长期以来的主要任务,这两项工作堪称红十字组织的立足之本。

北京红十字组织一直致力于提供灾后应急救援与赈灾工作，建立了北京市红十字会应急救护工作指导中心和北京市红十字会备灾救灾服务中心，以加强对公民的防灾和应急救护教育，储备应急救灾款物。多年来，北京市红十字会在全国范围内多次直接参与救灾，在灾害发生后迅速派出救援队伍奔赴灾区前线，深入灾区开展抢险救援、伤员转运、医疗救护、心理干预、巡诊送药、饮食保障和物资发放等工作，彰显人道关怀。同时，北京市红十字会还以社区为依托，开展医疗紧急救护演练、救护技能和知识培训、救护技能和知识竞赛，对于提升广大民众的防灾减灾意识，普及灾害自救互救知识，最大限度减少灾害中人员伤亡，推进综合减灾能力建设，提升城市整理、处置突发事件的综合能力具有重要意义，为保护首都市民生命健康，维护首都和谐稳定做出了积极的贡献，在人道领域切实发挥了北京市政府助手作用。

3. 在首都反恐维稳与京津冀一体化中扮演人道中坚力量

近年来，国际恐怖主义形势严峻，中国连续发生多起重大暴力恐怖事件，严重威胁普通民众的生命安全和社会和谐稳定，引起党和政府的高度重视。中国共产党十八届三中全会提出设立国家安全委员会，完善国家安全体制和国家安全战略。为更好地配合首都安全维稳工作的综合推进，在暴力恐怖与突发事件中及时提供人道救援服务，挽救生命，北京市红十字会在 2014 年 4 月进入北京市维护稳定工作领导小组。5 月，与北京市公安局签订了《处突维稳合作协议》，在联手反恐防暴、开展空地救援、日常救护保障、强化监区医疗、救护技能培训、爱警人道关怀等方面，建立并形成常态化、长效化的合作机制。由此，北京市红十字会正式进入了首都应急体系和反恐维稳工作体系中。

在硬件设备上，999 引进的两架医疗专用直升机从装备上实现了首都公安警航直升机和人道救援直升机的联防。999 还自筹资金近 3750 万元购置 50 辆首都红十字处突维稳医疗专用车，为形成立体反恐防暴体系在硬件设备上奠定基础。处突维稳医疗专用车具有防毒、防化、防爆等 84 项功能，在原先医疗急救设备基础上，新增添了多种反恐专用设施，并经过特殊改装，将转运伤员容量提高至两到三人。同时，每车配备 3 名专业救援人员，包括司机在内，均持有初级急救救援证书，可以有效开展救援。

在这 50 辆首都红十字处突维稳医疗专用车中，有 10 辆部署在天安门地区及长安街沿线配合有关部门参与反恐处突维稳工作，余下 40 辆负责配合有关部门部署在鸟巢、金融街、机场等重要敏感地区。未来还将增配 30 辆此类专用车。在人员队伍建设方面，每辆车配置 12 名工作人员，施行 24 小时轮值制，并在全市东西南北中建立 5 个反恐防暴区域保障中心，配置 60 名工作人员，组成处突维稳人道救援队伍。在工作机制方面，北京市红十字会成立了维护稳定工作领导小组，建立了北京市红十字人道应急和处突维稳指挥平台，组织开展反恐维稳的人道应急救援工作，形成维稳工作领导机制与工作机制。

2014 年 2 月，国家主席习近平在听取京津冀协同发展工作汇报时提出，努力实现"京津冀一体化发展"，将之提升至国家战略予以推进。在这一框架下，北京市红十字会着力推进京津冀人道领域一体化发展。北京市红十字会将空中救援范围扩大至津冀地区，新引进的专业航空医疗救援直升机航程半径为 620 公里，基本能应对京津冀地区救援工作。同时，北京市红十字会在本市已有 20 个 999 急救专用停机坪基础上，将在京津冀及周边地区 500 公里范围内将急救专用停机坪增至 106 个，从而提升城市间空中救援与运转能力，构建京津冀一体化人道应急救援新格局。

在人道救援一体化基础上，2014 年 12 月，三地红十字会举办京津冀红十字工作协同发展领导干部培训班，决定力争在 2015 年成立京津冀协同发展创新联盟，实现指挥中心信息共享、空地救援服务共建、移动服务平台共享、造血干细胞和器官遗体捐献工作共赢，开创区域红十字组织合作与发展的新局面。

（四）实施人道无偿献血、人体造血干细胞捐献、遗体与器官捐献"三献"服务主体

北京红十字组织开展的生命关爱服务统称为"三献"服务，即为无偿献血、人体造血干细胞捐献、遗体和人体器官捐献开展的服务工作。

在"三献"服务工作中，人体造血干细胞捐献服务是当前北京红十字组织开展得最好的核心业务。这项工作由 2001 年 11 月成立的中国造血干细胞捐献者资料库北京管理中心（简称"中华骨髓库北京分库"）执行，

主要职能是向北京社会各界宣传造血干细胞知识，招募志愿者，组织志愿者培训，慰问造血干细胞志愿捐献者，对志愿捐献者和患者资料实行计算机网络管理，为需要造血干细胞移植的患者提供准确的 HLA 配型数据，对捐献者在造血干细胞采集前后进行跟踪服务、健康监测，为提高移植患者的成活率开展相关的科研指导，宣传动员无偿献血，等等。

自成立以来，中华骨髓库北京分库逐步形成了较完整的两个体系：一是组织管理体系。在北京市红十字会直接领导下，在中华骨髓库的业务指导下，设立供者服务科、宣传科、办公室、志愿者之家、区工作站，各司其职，并与 HLA 高分辨分型确认实验室和移植医院保持业务合作关系，保证造血干细胞捐献工作及时、有效地展开。二是网络管理体系。中华骨髓库北京分库建立起宣传招募、采集样血、资料录入、资料审核、志愿者回访、新闻报道、网上检索、初筛、再动员、高分检测、全面体检、入院准备、实现捐赠整个业务流程的网络管理系统，这一套完整的工作运营模式，使干细胞捐献工作流程更加规范化。[①] 该北京分库还组建了两支队伍：一支专家顾问队伍，负责规范检索、配型、移植、采集工作，并了解移植技术的新进展；一支是志愿者队伍，即"志愿者之家"志愿服务队伍，主要职能是组织培训志愿者，宣传和普及造血干细胞捐献知识，探望造血干细胞捐献志愿者，组织爱心募捐，等等。

中华骨髓库在全国共有 216.4 万名志愿者资料，数量在华人库中位居第一，世界库中位居第三，但与世界第一库差距很大。中华骨髓库从 2001 年启动至 2015 年 11 月 30 日，成功捐出 5311 例。[②] 该北京分库共有 11.6 万名志愿者资料，从 2001 年启动至 2015 年 12 月，成功捐献 231 例[③]，在全市 8 个区成立了造血干细胞工作站，与 16 家移植采集医院建立了密切的合作关系，成了具有较强社会影响力的公益品牌（参见图 1-2 和图 1-3）。

---

① 北京市红十字会编著《人道京华：纪念北京市红十字会成立 85 周年暨〈中华人民共和国红十字会法〉颁布实施 20 周年》，2013，第 148 页。
② 数据来源：中华骨髓库官网，http://www.cmdp.org.cn/，最后访问时间：2016 年 1 月 25 日。
③ 《寻找价值——记北京分库第 231 例捐献者》，资料来源：北京市红十字会官网，http://www.bjredcross.org.cn/zaoxueganxibao/zaoxueganxibao2/201501214/692431.htm，最后访问时间：2016 年 1 月 25 日。

北京,11.6万名

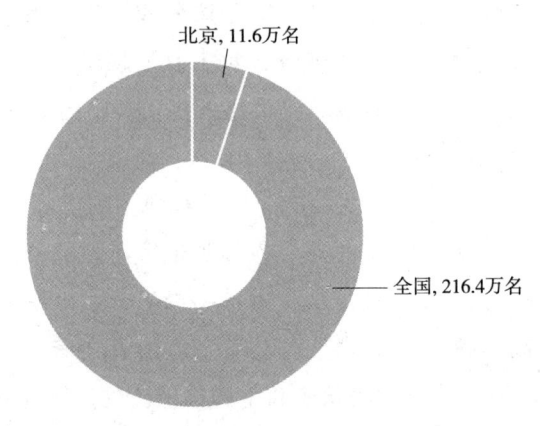

全国,216.4万名

图 1-2 中华骨髓库及北京分库的各自志愿者数

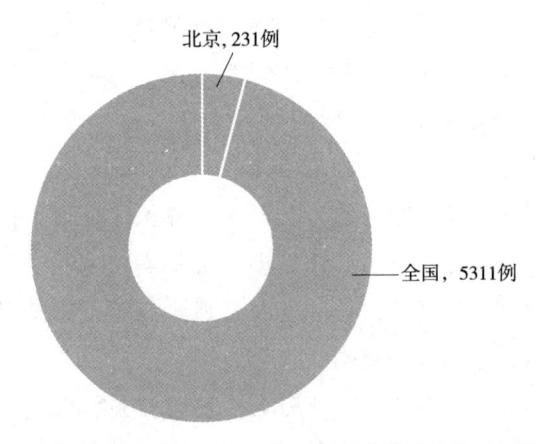

北京,231例

全国,5311例

图 1-3 中华骨髓库及其北京分库的各自成功捐献人体干细胞志愿者数

献血事业是红十字会工作的重要组成部分，宣传献血知识、扩大采血途径、保证献血质量，以及建设稳定的献血队伍，是红十字会献血工作的重点。北京市红十字会通过举办"世界红十字会日"和"世界急救日"等纪念活动，组织无偿献血的宣传动员工作，与有关部门协调制订无偿献血表彰办法。2013年3月，经市政府批准，由市红十字会、市卫生局、市人力资源和社会保障局等6部门制定的《首都无偿献血工作先进集体和先进个人表彰奖励办法》开始实施，将对无偿献血工作先进集体和先进个人的表彰纳入北京市系统评比表彰范畴，初步形成长效激励机制。除传统宣传方式之外，为了提升街头献血的质量，北京市西城区政府于 2010 年 6 月建设并投入使用 "西单献血"屋，这是北京市第一家无偿献血屋，通过为无偿献血者提供了卫生安全、温馨舒适的献血环境，进一步扩展采血业务，实现了街头献全血和成分血的目标，有力推动了献血事业的发展。

遗体与人体器官捐献工作是北京市红十字会开展的另一项生命关爱服务。1999 年，北京市红十字会设立北京市志愿者遗体工作管理办公室，积极探索遗体捐献工作的管理模式，在登记、接收、宣传服务和人文纪念等方面取得了突破性进展：北京市红十字会与市教委、市卫生局、市民政局、市公安局、市司法局联合制定了《北京市志愿捐献遗体暂行办法》，分别在协和医科大学、北京大学医学部和首都医科大学建立了三个遗体接收站，目前已登记自愿捐赠遗体者有 15727 人，其中 7933 人办理了公证手续，累计实现遗愿者为 1407 人；2004 年北京市志愿捐献遗体纪念碑落成，纪念碑上篆刻着历年遗体捐献实现者的名字，弘扬了尊重捐献人的社会风尚。北京市遗体捐献工作继续走在全国前列，为我国医学科学事业发展和社会主义精神文明建设做出了积极贡献。

北京市红十字会的"三献"服务进一步完善了动员、登记、捐献流程，实现了规范管理，积极探索并建立了红十字会参与无偿献血的有效工作模式，加强了对捐献者及其家属的信息反馈和人道关怀服务工作，积极培育和打造了社会参与度高、活动影响大、救助效果好、受助对象满意、具有北京特色的红十字人道关怀项目和人道救助品牌，推进了北京红十字事业的发展。

（五）开展社会救助与志愿服务，引领首都公益组织发展的专业示范

1. 打造人道关爱的骨干支撑工程

《中华人民共和国红十字会法》将红十字组织定义为"从事人道主义工作的社会救助团体"，《国务院关于促进红十字事业发展的意见》（国发〔2012〕25 号）则将红十字会定位为"人道领域的政府助手"。人道关爱工作显然是红十字组织的重要使命。

自北京市红十字会常务理事会议提出"履行人道关爱使命"后，

以社会救助为主要形式的人道关爱工作已经逐渐成为北京市红十字会的工作重点之一。创建于2004年的"博爱在京城"大型募捐救助系列活动承担着社会救助的任务。"博爱在京城"每年在全市范围内募集善款物资，从"博爱助困、博爱助学、博爱助老、博爱助幼"4个方面服务困难人群。北京市红十字会每年依据募集资金的多少，尽可能多地救助社会弱势群体。至2014年底，"博爱在京城"项目已累计募集款物超过20亿元，成为北京红十字组织的品牌项目和北京市著名的民生工程。

2. 首都志愿服务的专业示范

志愿服务是国际红十字与红新月运动的七项原则之一，也是北京红十字事业开展的基础。战时派遣的红十字医疗队成员来自招募的医务工作志愿者。当前北京市红十字会在备灾救灾、卫生救护、人道宣传、社区建设等方面建立了33支专门的志愿者队伍，造血干细胞捐赠、遗体捐赠志愿者数量也在不断增加。

目前，北京市红十字会拥有11.6万名志愿者，他们在青海玉树抗震救灾、北京"7·21"暴雨救险等突发事件中有出色表现，同时，他们还是造血干细胞捐赠、重阳敬老等项目的重要力量。北京市红十字会的志愿者经历了2008年的奥运会和残奥会保障工作，2012年伦敦奥运会志愿服务，以及亚太经合组织（APEC）领导人非正式会议的志愿工作。这些国际会议及活动为北京市红十字会志愿服务团队积累了宝贵的实践经验，促使其加强了志愿者队伍的组织和管理工作，锻炼了志愿者的专业素质，提高了医疗救护方面的能力。

（六）参与国际救援，发展民间外交的重要力量

作为国际性人道救援组织，北京市红十字会与多个国家和地区的红十字会建立友好了合作关系，积极参与国际红十字运动，对国际性灾害事件常伸出援助之手，从提供善款与物资，到走出国门赶赴灾区前线实施医疗救助、卫生防疫、物资发放等人道救援，逐步形成一套国际救援与交流机制。

2004年，北京红十字组织为印度洋海啸灾区发起募捐活动，共募集善

款 2553 万元，是一次参与规模大、收效好的人道主义救援行动。在 2013 年的菲律宾台风灾害救援中，北京市红十字会承担建立中国救援队以及开展救援的具体职责。中国红十字（北京 999）医疗救援队和中国红十字（蓝天）救援队成立了由 15 人组成的中国国际救援队，在菲律宾开展医疗救援、流行病学调查、板房需求调研和防疫知识的普及等工作。中国国际救援队在菲律宾的 16 天里，巡诊灾民 1891 人，治疗病患 959 人，搜集移交尸体 53 具，向当地灾民发放 400 万元的各类药品器械。[①] 这是中国红十字组织救援队时隔 90 年后再次踏出国门，也是北京市红十字会首次走出国门进行救援活动。

在国际红十字组织交流与合作方面，北京市红十字会主办了四届红十字工作国际研讨会，围绕突发事件应急处理等话题，与来自世界各地的红十字组织交流经验；加强了与中国香港、澳门地区红十字会的联系，在人道救援、志愿服务、红十字青少年工作等方面加强交流与合作；加强与中华台北红十字组织的交流与合作，增进包括青少年在内的两岸民众之间的沟通和互助，发挥红十字组织在推进祖国统一大业中的独特作用。同时，北京市红十字会正在努力构建独立自主的对外联络渠道，将以友好城市红十字组织为重点，实现与蒙古、印度、巴基斯坦、新加坡、印度尼西亚等周边国家，南非、巴西等新兴经济国家，以及伊朗、沙特、阿联酋、以色列等国家的首都红十字组织的通畅联系，逐渐开展全方位、多角度的交流与合作，打造北京红十字组织的国际化平台。

二　首都治理体系与治理能力现代化进程中北京红十字组织面临的机遇与挑战

目前，北京市已步入高收入经济体行列，居民生活水平大幅提升，正在从生存型向发展型转变，对公共服务和人道事业的要求就更加广泛、更加具体和更加多样。同时，北京市跟全国其他地区一样处于社会转型期，

[①] 孙晔：《我们代表中国，我们代表北京》，北京市红十字会编撰《人道北京》特刊，2014，第 77 页。

面临着社会建设落后于经济发展、人道事业发展与日益增长的社会需求不相适应的现象。这种新形势、新需求、新常态，要求北京红十字组织顺应时势，抓住新一轮发展机遇，建设具有北京特色的人道支撑体系。

（一）首都经济现状向人道事业提出公共服务的新需求

人类在不同经济阶段有不同的需求。马斯洛把人的基本需求由低到高分成生理需求、安全需求、社会需求、尊重需求和自我实现需求5个层次。他认为，当人的低层次需求被满足之后，会转而寻求更高层次的需要。按照这个理论，在温饱阶段，人主要追求生理需要和安全需要；进入小康水平后，社会需要和尊重需要得到重视；而在富裕阶段，自我实现需求日益彰显。

依据世界银行对不同发展水平经济体的界定①，北京市早在2012年（当年北京人均GDP折合13797美元）便已步入高收入经济体的发展水平。2014年，北京市城乡居民恩格尔系数分别为30.8%和34.7%，生活需求与支出结构从生存型向发展型转变，生活和健康问题成为重要话题，个人对价值和尊严的需求迅速提升，社会对公共服务的需要日益多样化。这些新需求均可转化为北京红十字事业的发展机遇。

1. 灾害等公共事件频发，人道救援重要性凸显

北京地处大陆季风气候区，周边植被遭破坏严重，洪涝与干旱灾害交替发生，大风、扬沙等自然灾害较为频繁，泥石流、地震地质灾害时有发生。火灾、踩踏和安全生产事故等人为灾祸也时有发生，带来严重的人身伤害和财产损失。如2012年"7·21"特大暴雨灾害造成77人死亡和116.4亿元的直接经济损失。对灾民的紧急救援、社区层面的日常减灾工作，都是红十字组织践行人道精神的机会。

随着国际恐怖主义形势日益严峻，中国连续发生多起重大暴力恐怖事

---

① 根据世界银行2013年的分类标准，经济体的人均国民总收入（GNI）低于1045美元的为低收入经济体；1045~12746美元的为中等收入经济体；12746美元以上的为高收入经济体。其中1045~4125美元的为中低收入经济体，而4126~12746美元的为中高收入经济体。根据世界银行的数据，2013年中国人均国民总收入为6560美元，而中国人均GDP为6807.4美元，大致相当。因此，我们以人均GDP为标准进行类似GNI的划分比较。

件，严重威胁普通民众的生命安全和社会和谐稳定。2013年10月28日，天安门恐怖主义袭击事件，致使5人死亡，40人受伤。同时，北京作为全国政治文化中心与国际大都市，全国性和国际性大型会议、活动在这里举行呈现常态。这些都凸显了人道工作的重要性，对北京的城市安全管理、应急响应和人道救援能力提出全新要求，人道救援配套机制不可或缺。

从美国、英国、日本等经验来看，应对自然灾害和人道灾难，红十字组织承担重要职责。例如，"二战"后美国红十字会的第二大业务是灾害救助，2013年美国红十字会在国内救灾方面的支出占其年度总支出的1/6；英国红十字会2013年投入2850万英镑用于紧急救援，开展的应急响应与救护涵盖了短期危机响应、紧急救护和对抗饥饿；加拿大红十字会的核心业务是国内国际的救灾和应急响应，包括各类自然灾害，如水灾、火灾、风灾、海啸、地震和武装冲突、恐怖袭击等人道灾难，2013~2014年度，加拿大红十字会在国内救援了2901场灾害，直接救助8.9万人，对5.5万人开展备灾培训，培训6400名救灾志愿者；日本身处地震多发海岛群，国内灾害响应是其人道事业的重要内容。日本红十字会是日本《灾害对策基本法》的指定救灾公共机关，并加入"中央灾害管理委员会"参与国家的灾害管理。

无论是从北京市的现实需求出发，还是从国外红十字会职能范围来看，应对自然灾害和人道灾难，都是首都人道事业的重点业务，应给予更多关注和投入，不断完善北京红十字组织的应急救援体系，拓展社区减灾服务。

2. 老年人和残疾人护理与照料需求增长迅速，人道救护救助大有作为

北京市老龄人口规模大、增长速度快。在常住人口中，截至2013年底，北京市60岁及以上老年人口约为292.9万，约占全市常住人口的13.9%。其中65岁及以上人口约占常住人口的9.2%，已经进入老龄化行列①。2013年底，北京市60岁及以上户籍老年人口的为279.3万人，约占总户籍人口的21.2%，65岁及以上户籍老年人口比例约为14.6%。其中，

---

① 按照国际标准，当60周岁及以上人口比重超过10%或65岁及以上人口比重达到7%时，则表示这个国家或地区进入老龄化社会。

80岁及以上高龄老人约为47.4万人。同时，老年人口正以每天400人左右、每年15万人左右的规模和年均约6%的速度增长。① 由于高龄老人快速增长，"空巢"现象更为普遍，老年人口总体健康水平呈下降趋势，患痴呆症、卧床不起的失能老年人在不断增加。2013年，北京市失能老人达45万人，"空巢"老人约占老年人口一半左右。北京市面临老年人口基数大、增势猛、程度深的问题，需要家庭和社会照料护理的老年人大量增加，对养老设施、医疗、护理和人道救护救助等公共服务提出更高要求。

与此同时，北京市也面临残疾人数量大、增长快、结构复杂、双重弱势者众的问题。2006年，北京市残疾人总数约为99.9万人，约占总人口的6.49%，比1987年增加了58.6万人，比例上升约2个百分点。其中，60岁及以上残疾人增加41.1万人②，残疾人老龄化趋势加深。当前和今后一个时期，北京市残疾人口结构复杂，农村残疾、重症残疾、残疾人贫困等问题突出，残疾与其他弱势地位叠加，残疾人人道服务、社会服务需求大大增长。

很多国外红十字会对社会需求和发展趋势保持敏感性并做出必要的响应。比如，近些年英国红十字会为老人、残疾人等群体开展居家、交通和助行等独立生活服务，2013年该项服务使43.9万人受益。日本红十字会的业务十分广泛，社会福利和救灾是其规模较大的两项业务。加拿大红十字会则将支持社区健康服务作为其和平时期的重要职能，为老人、残疾人及其照顾者提供陪伴、送餐、保障住房、代步等各类社区支持服务；建立卫生设备贷款服务，提供拐杖、轮椅，并为在家康复中的患者提供短期贷款；为生病或受意外伤害的儿童提供支持服务，防止儿童虐待；设立红十字移动食物银行，为需要之人免费提供食物。

无论从首都发展需求，还是从国外实践经验来看，北京市专业化服务都尚待提升，专业化组织与设施和日益增长的社会需求不相匹配，如2013年，北京市每万人口中的社会服务机构数为12.9个，每万人口中的社会服

---

① 《北京低收入失能老人有望获护理补贴》，资料来源：《新京报》，http://news.sina.com.cn/c/2014-07-25/031930575622.shtml，最后访问时间：2013年3月11日。
② 《北京残疾人总数达99.9万占全市总人口6.49%》，资料来源：新浪网，http://news.sina.com.cn/c/2006-12-27/131811898629.shtml，最后访问时间：2015年3月12日。

务床位为63.5张，城乡养老服务机构为407家，年末床位数为7.775万张，每千老年人口中的养老床位为39.3张。北京市为残疾人提供服务的康复辅具机构仅1家，为残疾人服务的福利机构仅28家。专业化人才数量偏少，每百万人口中的社会工作师、助理社会工作师为729.6人；养老护理员仅5000人，缺口1.6万人；2004~2013年，取得红十字急救证书者累计为91万余人，占常住人口的4.2%。此外，社会服务专业化水平较低。

医疗救护是我国红十字组织"三救""三献"的核心业务，北京红十字组织应发挥其资源优势、技术优势、组织优势，响应老龄化、残疾照料等社会服务需求，深入社区，将人道救护救助业务做得更大更细。

3. 流动人口多，出行安全和城市治理压力加剧，人道关爱不可或缺

2014年，北京常住人口达到2151.6万人，远远超出了1800万人人口的"红线"，其中外来人口从2001年的262万增长到2014年的818.7万，在常住人口中的比重从19%提升至38%。另外，北京市居住半年以内的流动人口，无论就其规模还是就多样性和复杂性而言均居全国之首。人口的快速膨胀和流动，对城市环境、基础设施、交通、社会秩序维护方面带来巨大压力，对城市医疗等公共服务也提出挑战。

城市人口膨胀和流动在世界范围内普遍存在，一些外国红十字会的应对办法对北京市拓展人道事业有重要启示。比如，英国红十字会将传统的救助平民的人道行动发展成更为广泛的难民服务，并将其发展为英国红十字会的重点及特色工作。该组织在全国59个城市及街道设立服务点，为难民提供食物、英语培训、应急衣物、情感支持及法律咨询等工作，通过完善政治避难体系（asylum system），减少接受难民身份者的贫困，并为难民提供法律援助，帮助其与家庭团聚。2013年，有1万名成年难民从这项服务中受益。

加拿大则根据其国情在急救护理培训基础上开创游泳与水上安全特色服务，通过开设游泳课程、教授急救方法，降低国民在水上运动中的事故发生率。2013年，加拿大红十字会有2万多名游泳与水上安全教练，超过121万加拿大人接受过加拿大红十字会的游泳与水上安全课程培训。

北京市作为中国的政治中心和优质医疗资源的会聚地，上访者、求医者等群体规模庞大，他们面临变故和不幸，尤其需要人道关爱。北京红十字组织可通过救援、救护、救助服务和心理疏导，充分展示其人道博爱精神，将人道灾难的事后救援延伸到事前的防范，以事半功倍的方式促进社会和谐。

（二）首都发展现状要求北京红十字组织发挥社会治理复合功能

中国市场经济体制改革与对外开放，推动经济发展，并取得重大成就，社会发生重大变化，正由政治主导并决定性地影响经济与社会事务的政治社会期，向由经济与社会事务主导并决定性地左右政治事务的社会政治期转型。

实现向社会政治型国家的完全转化，需要实现三大转变：一是在方向上，实现政治性向社会性转变，以社会需求和公众福祉为出发点，解决社会问题；二是在方式上，从管人向管物转变，以法治为基础，改革体制，建立问题解决的机制、程序和规范；三是在技术上，从习惯性向专业化转变，这对人道事业及社会服务的精细化和规范化管理提出更高的要求，需要加速推进社会管理和公共服务的专业化、职业化、长期化和稳定化发展。[①]

1. 现有社会问题化解机制与经济发展水平尚未匹配

从经济上看，北京市已经达到发达经济水平，社会保障、社会服务等社会发展指标持续在全国保持领先地位。与北京市已经达到的经济水平相比，社会服务则支出偏低，且红十字事业支出尤其偏低。2013 年，北京市在教育、社会保障与就业、医疗卫生、住房保障等领域的财政支出共为1474.92 亿元，占财政总支出的35%，在 GDP 中占比7%（见表 1-1）。而根据国际货币基金组织的数据，2011 年，发达经济体在社会保护、卫生、教育等领域的支出在 GDP 中的比例平均超过25%，新兴欧洲国家及中南美洲国家也分别达到20%和15%的比例。[②]

[①] 本节关于"社会政治"的理论是根据田小红与王振耀的研究成果进行论述的。主要参考资料为田小红、王振耀《社会政治时代与国家治理体系现代化》，《行政管理改革》2014年第8期，第47页。

[②] International Monetary Fund, *Fiscal Monitor* April 2014："Public Expenditure Reform: Making Difficult Choices", p. 34.

表 1 – 1   2013 年北京市社会福利支出情况

单位：亿元

	教育	社会保障与就业	医疗卫生	住房保障	前项合计	财政总支出	占比（%）
北京市	681.18	469.13	276.13	48.48	1474.92	4173.66	35

数据来源：中华人民共和国国家统计局编《2014 中国统计摘要》，中国统计出版社，2014，第 197~199 页。

北京市社会建设整体发展仍未达到与发达经济体相适应的水平，畅通的社会公共服务供给机制尚未完全确立，社会组织培育不足，还不能够完全承担相应的社会服务。2014 年，北京市社会组织总数 9077 个，在全国除港、澳、台地区以外的 31 个省级行政区中居第 24 位，占全国社会组织总数的 1.5%。

北京市在贫困、弱势群体的救助服务方面也相对薄弱。2013 年，北京市城镇居民最低生活保障人数为 10.4 万人，农村居民最低生活保障及五保人数共为 6.4 万人。北京城乡最低生活保障人数约占全市户籍人口的 1.25%，不足常住人口的 0.8%，远远低于全国 5.87% 的水平，[①] 在 31 个省级行政区中处于末位。从财政投入的最低生活保障资金来看，北京城乡最低生活保障投入为 9.55 亿元，约占全年公共财政总支出的 0.23%，低于中央财政 5.77% 的投入比例，与其在全国排第 6 位的公共财政收入规模不相匹配。最低生活保障人数比例的偏低与财政投入的不足，客观上制约整个北京市社会发展水平的提升。

从红十字事业投入来看，若以北京市红十字会获得较高的年度财政经费 1 亿元来计，不足 2014 年北京市财政总支出的 0.024%，如按西城区每年约 400 万元的行政拨款标准来推算的 16 个区红十字组织的行政经费，则仅占北京市财政总支出的 0.015%。由此可见，北京市红十字事业的财政投入十分有限。

2. 发挥红十字组织的社会治理复合功能，推动相关社会政策改革

国际红十字运动与联合国、国际奥林匹克委员会一起，组成三大国际

---

① 数据来源：中华人民共和国民政部编《2014 中国民政统计年鉴》，中国统计出版社，2014，第 456、458~460 页；中华人民共和国国家统计局编《2014 中国统计年鉴》，中国统计出版社，2014，第 28 页。

组织，它们一直是全球治理的重要参与者。在很多国家，红十字组织常常作为重要的社会治理主体，积极推动社会政策的变革。如在英国，英国红十字会除了开展具体的服务行动外，还积极开展社会活动，推动制度建设。英国红十字会在建制方面的方向明确，近期目标有三个：一是确保将急救护理纳入国家课程，并鼓励更多学校开展急救护理训练。目前英国国家课程中仅有关于人权和国际法的内容，但急救护理仍是各个学校"个人、社会、健康教育"（PSHE）学习项目选修课程内容。二是推动庇护制度的变革，解除被贴上难民标签群体的贫困，从法律上满足难民寻求与家人团聚的需要。三是争取国家与地方对预防保健和社会关怀的政策支持，推动《保健法》（*Care Bill*）的修订，废除了享受基础社会医疗保健的条件这一规定，使所有人都能享受该项权益，有尊严地、独立地居家生活。

在我国，随着国家治理体系与治理能力现代化建设的推进，各级红十字组织的社会治理主体地位逐渐得以明确。另外一个有利形势是，发展红十字人道事业被提升到国家战略的高度。2012年7月10日，《国务院关于促进红十字事业发展的意见》（国发〔2012〕25号）正式出台，随后在中国政府网全文发布，并由国新办举行新闻发布会。这是新中国成立以来，中央政府为促进红十字事业发展出台的第一个纲领性、指导性文件，具有重大意义，不仅明确了中国红十字事业的性质、地位、作用、职能职责和未来发展方向，还把促进红十字事业的发展提升到国家战略和社会建设的高度。

2013年，全国人大常委会将修改《中华人民共和国红十字法》列入立法预备项目；十八届三中全会通过《中共中央关于全面深化改革若干重大问题的决定》，将改革总目标明确为"完善和发展中国特色社会主义制度，推进国家治理体系和治理能力现代化"，这给红十字组织体制破局发展提供了契机；而"治理主体多元化"理论在政治改革中的应用，为红十字组织利用社会救助团体身份优势发挥治理主体功能提供了理论依据。

北京市红十字会不是普通的地方红十字会，在国际合作和担任政府人道助手的实践中，应发挥主观能动性，从规则遵守者向制定者转变：根据自身战略谋划筹资、探索购买服务规划；主动设计自律机制，根据红十字特性制定合适的财务管理及内控制度，设计可行有效的信息公开制度及投诉举报、审查监督制度，提升红十字组织的公信力。

3. 配合北京市发展战略，充分发挥红十字组织人道支撑作用

北京作为全国的政治、文化、教育、科技、交通中心和上千万人口的特大型城市，具有"地位高、体量大、实力强、变化快、素质好"等特点和优势：经济持续发展位于全国前列，2014年人均GDP达到1.6万美元，是全国平均水平的2倍多；社会保障、社会服务、社会治理、社会环境等各项社会发展指标持续在全国保持领先位置；财政资源相对充裕，市政府支持力度大，北京市红十字会获得的政府拨款占到全国的10%。另外，北京市作为教育科技中心，智力资源丰富，也能在一定程度上促进北京市红十字会的战略提升和长远发展。

当前，首都发展进入调整优化功能和经济社会转型升级的新阶段。根据习近平总书记的要求，北京确立了作为全国政治中心、文化中心、国际交往中心、科技创新中心的功能定位和发展目标。围绕首都发展的阶段性特征，将强化拓展核心功能，优化疏解非核心功能，着力优化首都功能产业结构和资源环境，深入实施"人文北京、科技北京、绿色北京"战略，提高生活服务品质，打造国际一流的和谐宜居之都。同时，首都还承担"四个服务"的特殊使命，即"为中央党政军领导机关的工作服务，为国家的国际交往服务，为科技和教育发展服务，为改善人民群众生活服务"。

北京是首善之区，北京稳则全国稳。北京红十字组织可以利用国家安全和平安北京建设的新形势、新需求，发挥紧急救援业务优势，探索安全维稳新职能，开辟全新业务领域，从而增强实力，提升影响力。另外，"京津冀一体化""大都市圈"等城市发展新概念，为北京红十字组织承担首都人道救助救护救援任务提供了新的发展方向与动力，无论是人道服务质量标准的提高，还是服务半径的扩大，都是北京红十字组织新一轮发展的驱动力。

（三）社会主义核心价值观建设需要红十字事业弘扬人道主义精神

党的"十八大"报告在谈到加强社会主义核心价值体系建设时明确指出："倡导富强、民主、文明、和谐，倡导自由、平等、公正、法治，倡导爱国、敬业、诚信、友善，积极培育和践行社会主义核心价值观。"社会主义核心价值观是那些在社会主义价值观体系中居统治地位、起决定性指导作用的价值理念，这种核心价值理念从更深层次上影响着全体国民在建设中国特色社会主义伟大实践中的思想方法与行为方式。

红十字人道主义精神与社会主义核心价值观在很多方面是高度契合的，红十字事业可以通过践行其"人道、博爱、奉献"文化，使"文明、平等、和谐、友善、诚信"等价值标准具体化。

1. 文明

"人道、博爱、奉献"的国际红十字运动精神是人类文明长期发展积累的成果，它体现了人类文明中最为美好、善良、温情的特质。社会主义核心价值观与其有异曲同工之处，"文明"是中华民族梦寐以求的美好夙愿。

从时间范畴上来看，国际红十字运动精神诞生于1863年，社会主义核心价值观是改革开放以来我国社会主义价值观建设的总结，并最终于2012年由党的"十八大"报告明确提出。前者是全人类共同追求的普世价值；后者与中国特色社会主义发展要求相契合，与中华优秀传统文化和人类文明优秀成果相承接，是我们党凝聚全党全社会价值共识做出的重要论断。

2. 平等

红十字组织在实施人道救助的时候，不持有任何立场，不偏袒，不徇私，任何时候都不参与带有政治、种族、宗教或意识形态性质的争论。红十字组织的此项原则与社会主义核心价值观中的平等不谋而合。社会主义核心价值观所倡导的平等，是通过平等的社会机制和价值引导，既保障公民个人享有平等的权利，也保障每个人基于对社会贡献所要求得到的权利、利益和尊严。坚持法律面前人人平等，任何组织和个人都没有超越宪法和法律的特权。

3. 和谐

和谐，也就是和睦协调，这几乎是中国传统文化中最具代表性的理念，是各家各派思想的共同主张，是中国人从古至今源远流长的文化心理、政治信条、智慧要求。追求和谐既是我国传统社会的理想，又是社会主义发展的价值追求。中国人追求身心和谐、社会和谐、天人合一、世界和谐。

国际红十字运动的所有活动均有一个核心目标,即通过它的人道工作和理想的传播,促进持久和平。这与中国人追求世界和谐的目标是一致的。

4. 友善

友善,"友"是友好,表现友好,是对行为的要求;"善"是善良,心怀善意,这是对心理的要求。友善,作为社会主义核心价值观在个人层面上的表现,是处理人际关系的基本准则,是公民的基本道德规范,强调公民之间应互相尊重、互相关心、互相帮助、和睦友好,努力形成社会主义的新型人际关系。

红十字组织从人的生命权、生存权出发,减轻人的疾苦,并采取一视同仁、不求回报的态度,其背后必定怀着友善的态度。这与社会主义核心价值观的诉求是一致的。

5. 诚信

诚信是人类的普遍道德要求,诚信是中华民族的传统美德。具体来说,"诚"是尊重事实、真诚待人,既不自欺也不欺人。"信"是忠于良心、信守诺言。诚信是立身处世之道。诚信是人之为人的道德规定,是每个人最早接受的规则教育之一。

对于北京市红十字会甚至中国红十字会而言,在新的社会环境中,诚信建设离不开公信力和影响力的建设。回首中国红十字会110年的发展历史和北京市红十字会86年的发展历史,在公众记忆里,它们曾经是负面新闻最少的公益组织。然而随着社会管理的复杂程度不断加深,任何机构团体都不会对利益交换、管理混乱、效率低下等弊病具有天然的免疫力。只有执行好信息公开、社会监督、公众参与等措施,大刀阔斧推进改革,才能重获社会的信任,找回公信力,扩大机构影响力。

(四)国际红十字运动需要北京红十字组织承担人道事业引导使命

一方面,全球化的发展,让不同国家组成的世界逐渐成为一个关系密切、相互影响的整体,并形成了"和平、发展、合作、共赢"的国际大势。① 另一方面,中国已经成为世界第二大经济体,国际地位明显上升,有责任也有能力更好地履行国际义务并承担起一定的引领责任。

中国是《日内瓦公约》缔约国成员,也是红十字会与红新月会国际联合会的副主席成员国之一。在汶川地震等重大自然灾害中,国际红十字组织给中国灾区提供了大量的国际援助,同时也期待中国积极参与其他国际救援行动。红十字组织是政府在人道领域的助手,依法代表国家履行《日内瓦公约》等国家承诺,而且其人道主义精神是跨越国界、种族的。北京红十字组织可以发挥"人道外交""民间外交"的优势,传播中国故事。

北京红十字组织具有人财物和渠道优势,经常代表国家参与国际救援、服务等活动,国际交往与合作的机遇增多,这都有利于北京红十字组织实现"国内领先、国际先进"的发展目标。

三 完善红十字人道支撑体系,推进首都治理体系和治理能力现代化

进入新时期、新阶段,为实现北京红十字组织在首都治理体系中的人道支撑主体功能,需要加大改革创新力度,实施提升北京红十字组织治理能力的四项战略:一是完善以理事会、会员制为核心的治理结构;二是强化区街基层组织,加强以募款和应急反应为重点的能力建设;三是借鉴国际经验,拓展创新社会企业、空地立体救援、弱势群体服务等新型人道业务;四是运用互联网等现代技术提升人道主义文化传播能力,以人道精神凝聚全社会的共同价值。

(一)健全北京红十字组织治理体系

1. 完善北京市红十字会内部治理结构

在组织内部治理方面,《中华人民共和国红十字法》规定:"各级红十

---

① 见"十八大"以来习近平关于经济工作的重要论述:"要善于把握和平、发展、合作、共赢的国际大势,善于把握富强、民主、文明、和谐的国内大势","统筹好国内国际两个大局,在时代前进潮流中把握主动、赢得发展"。资料来源:新华网,http://news.sina.com.cn/c/2014-02-22/121929538002.shtml,最后访问时间:2014年12月29日。

字会理事会由会员代表大会民主选举产生。理事会民主选举产生会长和副会长。各级红十字会会员代表大会闭会期间，由理事会执行会员代表大会的决议。理事会向会员代表大会负责并报告工作，接受其监督。"但实际上不少省级红十字会（包括北京市红十字会）仍没有明晰的章程和治理结构，其会长、副会长并不是真正由理事会选举产生的，红十字会理事会未起到应有的作用。

在监督体系上，红十字会的监督主体有会员代表大会、政府部门，但没有接受公众监督的操作程序，也没有类似于基金会那样的监事会，在组织治理模式上与红十字会社会性特征不相符。

目前北京市红十字会的治理结构中还存在一些问题，如理事会规模庞大，接近200人，但是理事会成员较为单一，主要是各委、办、局的代表；理事人数太多，决策效率低，而且容易造成理事不理事；常务理事人数偏多，以至于常务理事也不理事；兼职副会长过多，兼职而不履职，官员多但决策者、担责者少；执委会错位，成为实际上的执行者；会长为上一级领导兼任，由常务副会长主持工作，权利义务不对等。

在决策机制和治理功能履行上，北京市红十字会理事会管理比较松散，每年仅开一次会议，且会议决议有走过场的形式。

红十字会要加强内部治理能力建设，消除上述弊端。首先，在治理结构上应借鉴和学习国外红十字会、现代基金会的治理结构特点，增设监事会，实行理事会、执委会、监事会，分权管理，各司其职，分别履行决策、执行、监督的职权。其次，限制理事会规模。研究表明，10~25人的理事会效率最高。北京市红十字会可以通过明确职责、年度评估、投票表决等方式重组理事会，只保留积极、有贡献的理事会成员。

2. 加强街道社区红十字组织的队伍建设

在街道、社区层面，北京红十字组织面临的挑战主要是想做事情而资金和人力不足，或有资金、人员但是不知道如何开展工作。这就导致基层红十字组织缺少活力，关键时刻不能起到作用。应壮大基层红十字组织队伍，提高其活力，需充分发挥基层自治潜力。比如，在每一个社区及大型企事业单位建立红十字志愿服务队，授权其根据本地需求开展活动，每年在全街道开展评选活动，优胜者可以领导更高层级的红十字志愿服务队，甚至可以获得上级的项目经费赞助、政府购买服务经费，以及培训机会。

3. 加强上一级红十字组织的指导功能

区级以上红十字会均依法成立，受本级人民政府领导，因此市级红十字会对区级红十字会的指导作用比较弱，不利于其在紧急时刻统一协调，调度资源。上一级红十字会可以工作项目经费分配、人事建议、人道事业发展水平评估等方式加强对下级红十字会的指导。

4. 向会员和基层赋权，促进基层红十字组织自治

红十字会会员享有选举权、被选举权和表决权，并可对红十字会工作提出建议和批评，也有自愿参加或退会的自由。各级会员代表大会是本级红十字会的最高权力机关，享有选举理事、修改章程、审议工作报告和工作计划、决定重大事项的职权。北京市红十字会应向会员赋权，在内部治理中发扬民主，提高会员积极性，增强权利责任意识。对于区红十字会和基层红十字组织，在加强指导并敦促其完善章程制度规范化发展的同时，也要充分赋权，激发其自治活力。

5. 实施能力建设计划，提升基层组织的业务能力和管理能力

市级、区级红十字会应根据组织发展战略，评估人力资源现状，查漏补缺，培优补差。对于新入职人员，采取管理培训生的模式让其轮岗并安排到最合适的岗位上工作；对于能力不足或有提升需求的人员，制订培训计划，从专业技能、职业素养、管理能力等多方面提升其职业化水平，将其培养为"具有国际视野、专业素质、奉献精神、清正廉洁"的人道队伍；对于基层红十字组织，更需要提供培训、学习机会，提升其业务能力。

（二）加强北京红十字组织能力建设

1. 提高公益募款能力

提高公益募款能力，需要从组织公信力、项目设计和筹款技能等方面着手。组织公信力上，北京红十字组织可通过增加透明度和改善组织治理来获得公众信任；项目设计上，要抓住当前北京最迫切的社会服务需求，如老年服务、儿童大病救助、广大市民家庭医疗常识等，设计有竞争力的项目来吸引社会捐赠；筹款技能方面，要特别注意保护潜在捐赠人的捐赠意愿和自愿性，通过网络技术打通捐赠渠道，设计公益拍卖、小额众筹、冠名基金等受人欢迎的捐款方式。

2. 多渠道拓展收入结构

目前，北京红十字组织收入来源包括政府资助、常规募捐、市场服务。其中，政府资助占主导，市场服务主要来自 999 等自收自支事业单位。总体上，北京红十字组织的会费和资产增值部分收入占比太小，常规募捐有一定市场份额但发展形势较为严峻。因此，一方面要突破机制约束增加会费收入和投资增值收入，另一方面要设计救助项目、策划募捐活动以吸引企业和市民自愿捐赠。

3. 建立医疗救护专业志愿服务团队

"普及卫生救护和防病知识，进行初级卫生救护培训，组织群众参加现场救护"是法律赋予红十字组织的职责。在现有资金和人员不足的情况下，北京红十字组织可通过专业志愿服务来推动医疗救护、防病方面的工作。

在具体策略上，要加强红十字志愿服务的宣传力度，充分利用新媒体等手段加强红十字志愿精神的宣传，让公众更多了解志愿服务组织的使命、管理模式和运行机制，同时也要整合现有的与医疗救护相关的资源，进行合理、充分的利用。比如，将取得救护培训资格证书的会员发展为志愿者，鼓励其向身边的人传播基础救护知识，在必要的时候提供应急救护服务；建立医疗救护志愿者资源库，掌握其地理位置和时间分配，一旦遇到救险救急需求，可就近安排志愿者到场，从而在不增加人力成本的前提下提升人道救援的效率；根据现有志愿者分布情况，找出救护资源少、志愿服务基础薄弱的街道、社区，有针对性地提供培训和志愿队伍培育，从而让全北京市的志愿网络均衡发展。

4. 做好志愿服务需求调查和岗位开发

随着首都社会治理体系和治理能力的现代化，北京红十字组织将有越来越多的机会承担更多的公共服务职能。在正规人员编制难以增加的条件下，要解决专业人才不足的问题，就需要从强化志愿服务队伍建设入手，形成覆盖广泛、功能强大的救助服务提供主体，为首都日益增长的人道服务需求提供人力和组织支撑。

红十字人道事业涉及多个领域，在献血及器官捐献、医疗救护培训、灾害救助、大型活动医护服务、社区服务、日常事务支持等各方面，都有志愿者发挥价值的空间。在志愿者招募上应先做好需求调查，并在招募过程中明确志愿者服务时间、岗位职责和权利。

在具体策略上，可梳理北京市在人道事业方面的志愿服务需求，有条件的可开发志愿服务岗位，招募志愿者提供服务；培养大数据思维，充分利用北京市或国内现有的志愿管理数据库，对志愿服务需求、志愿者资源、时间匹配等信息进行系统管理；定期对志愿服务资源分配情况进行统计分析，研究人道志愿服务发展趋势，并提前做好应对计划。

5. 做好志愿服务督导和激励工作

志愿服务的有序开展和良好社会效果，离不开科学系统的管理。为了增强志愿服务的有效性，需要向志愿者明确传达志愿服务规范和道德准则；根据志愿服务记录和被服务对象的反馈来评估服务质量，并根据岗位需求培训志愿者的专业技能，提升其服务素养。对于志愿者的服务表现，要进行适时的评估、激励。

6. 通过首都大型活动积累志愿服务管理经验

北京红十字组织应以大型活动为起点，加强对志愿者队伍的组织和管理，提高志愿者的专业素质尤其是医疗救护方面的能力，为构建一支有特色的（集中于救护和安全维稳领域）专业志愿服务团队积累宝贵经验。从长远看，北京市红十字会应开展与市团委、市精神文明办、市志愿服务联合会等组织的交流合作活动，汲取志愿服务管理方面的经验，打造各具特色而又可统一调度、管理的现代志愿服务体系。

（三）拓展红十字特色人道业务领域

1. 倡导减灾工作进社区，提高公众减灾防灾能力

城乡社区作为社会的基本构成单元，是减灾的前沿阵地。减灾从社区做起，是以社区为平台开展减灾的工作，有效整合各类基层减灾资源，落实各项减灾措施，增强社区的综合减灾能力，最大限度降低灾害损失。

自然灾害中的减灾是国家红十字会长期以来的主要活动领域。北京市红十字会也可将社区减灾作为一个具有发展空间和潜力的业务领域，充分

利用国内外资源与专业优势，推进社区减灾工作。

2008年汶川地震后，民政部和国家减灾委员会将社区减灾体系建设列入重要日程。2013年9月，国家减灾委员会办公室颁布《全国综合减灾示范社区标准》，制订减灾示范社区标准，成立社区综合减灾工作领导小组，制定社区综合减灾规章制度，在各社区内制订综合应急预案并开展应急演练等。

中国红十字组织是国家减灾委员会的组成机构之一，应参与减灾协调、配合、宣传等工作。近年来，中国红十字组织正在成为社区减灾项目的积极参与者，并且在国际合作方面的优势比较突出。例如，2010年在贵阳启动的中国红十字会欧盟社区减灾项目，就是由中国红十字会向欧盟红十字组织申请的以社区为本的减灾项目。北京市红十字会也建立了备灾救灾服务中心，致力于提供灾后应急救援与赈灾工作。在参与社会减灾方面，2010年5月12日，北京市崇文区红十字会在区应急办的组织下，与14家单位联合开展以"减灾从社区做起"为主题的防灾减灾宣传活动。

红十字组织在减灾知识宣传、应急救护培训、救灾预案和演练、紧急救援等方面具有专业优势。在新形势下，北京市红十字会可加强与北京市民政系统及国际减灾机构的联系，开展更多的社区减灾项目，从而发挥其在自然灾害救助应急响应体系中的专业优势，树立其在社区减灾工作中的关键性地位。

北京红十字组织参与社会减灾，可以从如下方面发挥作用：积极参与社区减灾相关法律政策和体制机制的建设，突出北京市红十字会在社区减灾管理体制中的地位；普及灾害预防、避险、逃生以及自救互救等减灾知识，做好社区居民应急救护培训；参与社区灾害应急预案的制订与实施，参与组织实施社区救灾演练活动；大力发展以社区减灾为主题的红十字志愿服务，结合个体需求提供个性化救助；利用基层红十字组织的社工力量，在社区减灾中导入心理咨询服务，从心理健康角度弥补民政救灾的不足等。

2. 拓展社会救助业务，当好政府人道领域助手

《中华人民共和国红十字会法》将红十字组织定义为"从事人道主义工作的社会救助团体"，《国务院关于促进红十字事业发展的意见》则将红十字会定位为"人道领域的政府助手"。人道关爱工作显然是红十字组织的重要使命。自北京市红十字会常务理事会议提出"履行人道关爱使命"以来，以社会救助为主要形式的人道关爱工作一直是北京市红十字会的工作重点。

北京红十字组织人道救助应重点提供医疗救助，尤其是血液事业和艾滋病防控领域的救助工作。北京红十字组织应在无偿献血及血液供应体系方面发挥更重要作用，摆脱仅仅承担义务献血宣传的被动局面。同时，借鉴中国红十字基金会实施的儿童白血病救助"小天使"项目的成功经验，承续北京市红十字基金会曾成功实施少儿大病互助保障项目的传统，继续深入开发血液病救治的公益项目。

北京红十字组织应加强与卫生部门合作，获得财政部门的预算支持，力争成为首都医疗救治体系中的骨干力量。

北京红十字组织应借助《中华人民共和国红十字法》的修订，争取将"三献"服务工作特别是器官和遗体捐赠的内容写入法律，并争取将具备红十字组织认可的救护资质人员在实施救护时可能遇到的风险给予免责。

3. 建立京津冀一体化空中应急救援体系

当前空地结合的应急救援体系是北京红十字组织能力建设最为突出的方面，应大力发展空地联合救援，并作为战略重点进行谋划布局，在争取政府加大支持和实现市场化运营两方面精心设计，强力推进。

在京津冀一体化的背景下，建立京津冀空中救援联盟，一旦遭遇紧急情况，三地都能第一时间调配空中急救力量，运送需要急救的重症患者到具备医疗条件的医院接受治疗，为三地的广大群众开辟顺畅的空中紧急救援通道，使北京市所独有的空中救援资源得到最大程度的利用。为解决空中救援费用过高、市场普及难度大的问题，目前北京市红十字会已与中国人寿保险股份有限公司合作推出了面向首都市民的中国首个航空医疗救援保险服务产品，空中紧急救援费用补偿医疗保险分为299元惠民版和999元尊享版。下一步，应就这一新的保险产品制订专门的推广计划，可以北京市城郊区为起点，先在京津冀地区推广，然后考虑进一步覆盖北京周边的有效服务区域；同时，可考虑建立人道空中紧急救援基金帮助社会困难群体。

4. 参照国际经验拓展新业务

虽然红十字组织发源于战争期间，但是在和平时期，各国家红十字组织并没有放弃发挥自身的优势与职能，而是立足社会组织的优势地位，发展出多种多样的社会服务，充实并完善自身的社会功能。宝贵的国际经验值得北京红十字组织借鉴。

英国红十字会开办零售商店，并在官网上开通网店，售卖各类小礼品、急救护理培训书籍、急救包和支持独立家居生活的辅助器材等。2013年，英国共有332家红十字实体商店，零售收入2800万英镑，约占当年总收入的12%。另外，英国红十字会还举办商业服务收费，包括急救护理培训和独立生活项目收费，如工作场所的急救训练、重大活动中的急救预案等。这些项目的部分资金虽是从资助款中转拨过来的，但更重要的是英国红十字会的这些活动本身创造收入。2013年，英国红十字会通过提供商业服务，获得4400万英镑收入，约占其总收入的19%。服务收费和零售是英国红十字会仅次于捐赠的两大收入来源。

加拿大红十字会在卫生方面的工作聚焦在社区健康服务上，通过社区健康服务支持安全、有尊严的居家生活和护理。该组织为老人、残疾人及其照顾者提供陪伴、送餐、保障性住房、代购等各类社区支持服务；建立卫生设备贷款服务，提供拐杖、轮椅，并为在家康复中的患者提供短期贷款；为生病或受意外伤害的儿童提供支持性服务；防止虐待儿童；设立红十字移动食物银行，为需要之人免费提供食物。

医疗服务是日本红十字会最为核心的工作，并使日本红十字会成为日本医疗卫生系统中的重要组成部分。截至2013年，日本红十字会共拥有104家医疗机构和26家护理机构，其中包括医院92家，约占全国医院的1.07%，提供全国约2.19%的病床。在2012财年，日本红十字会日均服务的门诊患者与住院患者分别约占全国的5.17%和2.38%。

日本红十字医院除了同普通医院一样提供综合性医疗服务外，还承担了其他一些特殊人道职责，包括紧急救护、器官移植、艾滋病治疗等工作。在92家医院中，86家被确定为急救医院，为各类灾害与突发事件开展紧急医疗救护；有37家医院开展器官移植服务；32家医院提供艾滋病治疗服务。此外，日本红十字会还重视对孕产妇、新生儿提供专业性服务。

上述国家的红十字会创办社会企业，为老年人、儿童提供健康护理服务，开设红十字医院，都是结合本国社会的实际需求而做出的创新举措，值得北京红十字组织借鉴与学习。

（四）创新人道主义文化传播方式

从境外红十字会人道主义文化传播经验中，我们发现，境外红十字会关于人道主义文化的传播主要是针对青少年群体的，传播内容也多为实用性的应急知识，并运用最为新颖的传播平台。结合北京红十字组织的实际情况，我们可从以下几方面探索创新人道主义文化传播方式。

1. 运用互联网传播人道主义文化

在当今经济社会发展的环境下，互联网已经不再单单是一种工具，它已经成了一种社会的基础设施，对于中国社会甚至对于世界的变化都有非常大的革命性影响。在如此强大的变革当中，北京红十字组织应当积极应对互联网给人道精神传播带来的变化与挑战，更新以往的传播方式，更好地利用互联网技术为人道主义文化传播工作服务。

随着网络技术的快速发展，互联网不仅是一种信息传播平台，而且形成了自己独特的网络文化体系。网络文化是一种只在互联网上流行的独特文化。由于网络遍布于全世界，各地的文化在被提上网络给人认识之外，还在网络上同化、融合、产生文化，甚至衍生成现实世界的文化，而且网络文化这种演变非常迅速，故此传送的速度很快。有学者认为，网络文化是人们在互联网这个特殊世界中工作、学习、交往、沟通、休闲、娱乐时所形成的活动方式及其所反映的价值观念和社会心态等元素的总称，它包含人的心理状态、思维方式、知识结构、道德修养、价值观念、审美情趣和行为方式等内容。[①] 因此，北京红十字组织的人道主义文化传播不仅要借助互联网技术，还要与互联网文化相结合，借助互联网广泛而迅速地将北京红十字组织的核心价值观传播出去。

---

① 韩晓辉：《我国网络文化建设存在的问题及对策》，《工会论坛》2011年第17期。

2. 传播对象以青少年为主体，将人道主义文化与各类考试相结合

从各国红十字会的工作经验中，我们可以看到，人道主义文化传播的对象都是以青少年为主的。针对这一特点，各国红十字会利用红十字国际委员会提供的教材或自己开发的符合自己国家国情的教材，专门针对教师、学生开展人道主义文化教育。北京红十字组织可以充分吸收此项经验，积极翻译、开发相关教材、工具箱，向广大中小学生、家长、教师宣传普及人道主义文化。

为了适应中国的教育制度，可以将人道主义文化、北京红十字组织核心价值观、应急知识技能等内容与各类考试相结合，设计合理的加分制度，激励学生、教师积极学习。

在成人教育方面，可以学习美国红十字会的经验，将人道主义文化教育、应急救护培训等课程与汽车驾驶执照的考试结合起来。个人在取得汽车驾驶执照之前，必须通过心肺复苏术等知识的考试，以半强制的方式使成人接受人道主义文化教育。

3. 强化社交媒体作用，吸引更多人群关注人道主义文化

目前，北京市红十字会已经拥有一些社交媒体账号，但其功能有待进一步开发。如微博账号"北京红十字志愿者"（http：//weibo.com/bjzhijia）和"北京999紧急救援中心"（http：//weibo.com/u/1510046105），从这两个账号的发帖量、与网友互动的情况来看，并没有达到社交媒体的沟通互动，发起公共话题，引导公众讨论，组织线下活动的目的。

以"北京红十字志愿者"微博账号为例，该账号自2010年2月发出第一条微博以后，截至2014年12月，共发布微博2442条，其中原创微博约占3/5，平均每月发布微博41条。到2016年2月，该账号共吸引了6180个"粉丝"。每条微博的转发、评论数基本上在5条以下，这说明该账号与公众的互动非常少，没有利用好社交媒体的各项优势与功能。

建议在现有北京红十字组织社交媒体的基础上，通过设计新颖话题、组织线下活动、播放易于传播的宣传短片、组织问答、线上调查，甚至设置小礼品等形式，吸引更多的"粉丝"参与北京红十字组织的社交媒体的线上线下活动，进一步达到传播北京红十字组织核心价值观目的。

北京红十字组织基础扎实，业务广泛，管理也较为规范，人道支撑体

系已经初步形成。在首都治理体系与治理能力现代化建设以及建设国际一流的和谐宜居之都的新形势下，北京红十字组织需要继往开来，在承担传统核心业务基础上进一步担负起反恐维稳、构建京津冀一体化立体救援体系等新使命。作为对外传播中国人道主义形象的主体通道之一，北京红十字组织唯有"观大势、谋全局、干实事"，坚定人道使命、解放思想、主动创新、规范治理，方能不辱使命，方能开创与国家战略和首都城市发展目标相适应的人道事业新格局。

（作者：程芬、王振耀、高华俊、孙晓舒、赵延会）

分报告

首都红十字组织发展历史与功能

一 北京红十字组织的历史与功能

1928年至今，中国社会经历数次大战争、大变革，北京红十字组织的命运随之千回百转，其中遭遇八年抗战与十年"文革"的两次中断。在断裂与承续之间，其角色和功能在社会治理中虽有变化，但一直坚守捍卫人道主义的人类底线。

（一）北平分会时期（1928~1949年）：战地救护、救济难民

1928年，中华民国国民政府定都南京，中华民国红十字会从北平迁至上海，北平地区则单独成立中华民国红十字会北平分会（以下简称"北平分会"），即北京市红十字会的前身。自建立之日到新中国成立，中国经历十年内战、抗日战争和解放战争，战事连年、烽火不断。北平分会在这一时期的主要工作是战地救护和难民救济，同时辅助政府开展卫生防疫和公益服务，尤其是在战地救护方面发挥了不可替代的作用。在内部治理方面，北平分会建立起比较完备的组织体系，并在这一时期形成了会员征集和资金募集制度。北平分会受中华民国红十字会和北平市政府社会局的管理，同时也获得二者在会员征集和资金募集上的支持。

1. 以战地救护和难民救济为核心业务

在战地救护方面，北平分会组织救护队奔赴战线前方，设立临时医院，救护受伤军民。在1930年中原大战之豫中战役战地救护中，北平分会救护队抢救伤员1000多人，设立临时医院每日医治伤者无数。1933年，日军自东北向华北进犯，中华民国红十字会成立华北救护委员会，北平分会参加华北救护委员会所组织的担架队、救护队分赴战场，救护抗日受伤的士兵。在喜峰口战役中，北平分会设立7个临时救护医院，救治伤员共

7000余人。1948年,国民党胁迫2万东北学生来北平,企图将他们投入内战前线,造成东北学生流亡,肠炎痢疾在学生中流行。为此,北平分会支持北京大学医学院学生以红十字救护队的名义,突破封锁,对东北学生进行救治,从而有效控制疫情蔓延,充分彰显红十字中立与人道主义精神。

在难民救济方面,北平分会开设粥厂、暖厂和难民收容所,救济战争中的难民。自1929年起,北平分会开设的粥厂、暖厂每天收容50人左右,每年发放一次棉衣,每次约2000套,从未间断。① 在卫生防疫方面,由于当时卫生条件恶劣,难民患病极多,北平分会派出医师、护士到各处收容所为难民治病;北平分会还接管了中国红十字会北平医院及其下属肺病疗养院,为生活贫困的病人施医给药,对长期住院诊疗的病人酌情减免住宿费,对门诊患者一律免费;并在解放战争期间建立沙眼防治所,开展沙眼防疫宣传与检查。在公益服务方面,北平分会设立了福利站、识字班、托儿所等10项公益服务设施。

2. 形成完善的会员制度和募捐制度

这一时期,北平分会在会员发展上逐渐形成较为完善的会员制度。北平分会刚刚成立时,会员仅有40余名。1934年,北平分会成立征集会员委员会,开展会员征集活动,但受时局影响,后续两次会员征集活动未被批准。1946年,北平分会再次成立了征集会员委员会,下设63个分队开展会员招募工作。至1947年10月,北平分会的会员②总数达到41651人,形成了比较完善的会员制度,被中华民国红十字会列为甲级分会③。

北平分会的经费主要来自社会捐赠和会费。在内战与抗战期间,民不聊生,会员征集受挫,会费未能成为北平分会的经费来源。北平分会主要通过分会议事员、社会各界慈善团体和海内外爱国人士的款物捐赠才得以维持。在抗战结束后,由于征集大量会员,除社会捐款外,会费的收取也

---

① 孙敬敏编《北京市红十字会的65年(1928~1993)》,文津出版社,1995,第8页。
② 按照1946年《中华民国红十字会章程》中对于会员种类的规定,会员分为名誉会员、特别会员、普通会员、青年会员和团体会员。其中,名誉会员和特别会员为终身制,普通会员为10年制。
③ 根据《中华民国红十字会分会组织规程》第五条,分会分为甲、乙、丙三级,以会员数为标准。

成了其经费的主要来源。为此，北平分会还制定了《筹募捐款办法（草案）》，完善资金募集制度。到 1947 年底，北平分会已筹到会费 453.06 亿元，捐款 134.87 亿元[①]（会费标准见表 2-1）。

表 2-1　中华民国红十字会及北平分会 1946~1948 年会费标准

单位：元

	1946 年中华民国红十字会会费标准	1946 年北平分会规定会费标准	1947 年北平分会规定除会费标准外的附加捐款	1948 年北平分会规定会费标准
名誉会员	1000	>50000	自由捐款	1000000
特别会员	200	10000	20000	200000
普通会员	10	2000	5000	50000
青年会员	1	1000	3000	20000
团体会员	—	>100000	自由捐款	1500000

资料来源：孙敬敏编《北京市红十字会的 65 年（1928~1993）》，文津出版社，1995，第 23~25 页。

3. 组织系统与决策机制完备

这一时期，北平分会设立了决策组织理事会，对部门的分工进行了明确地划分，组织架构趋于完备。1928 年建会时，北平分会的大小事务均通过议事员会进行讨论决定，其中资产委员、理事、理事长、会长和副会长由议事员推选。材料股、庶务股、文书股、会计股、救济股等部门则由理事长委派。遭遇抗战时期的停顿后，北平分会在 1945 年复员，由会员大会选出理事会。理事会推选常务理事、会长、副会长，由会长推选总干事（类似于今天的秘书长），下设总务组与业务组（见图 2-1）。前期作为临时组织的救济股，成为常设的部门业务组，而之前分立到多个部门的行政文字事务统归至总务组，这反映北平分会业务逐渐常态化和成熟化。

北平分会受中华民国红十字会和北平市政府社会局的双重管理，与二者保持着密切的关系。北平分会在组织成立、理事会选举、业务开展与奖励等方面受总会的推动与监管。北平分会由中华民国红十字会聘请的议事

[①] 孙敬敏编《北京市红十字会的 65 年（1928~1993）》，第 23 页。

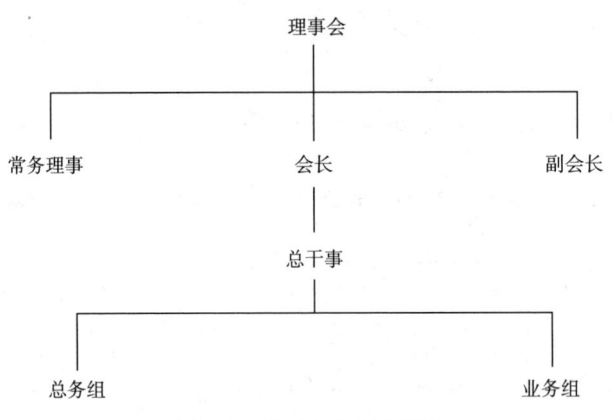

```
                    理事会
         ┌───────────┼───────────┐
       常务理事      会长       副会长
                     │
                    总干事
              ┌──────┴──────┐
            总务组          业务组
```

图 2-1　北平分会组织结构

员,通过召开议事员会而建立。1946年北平分会会员大会选举理事会,中华民国红十字会及北平市社会局均派代表出席,选出的理事会呈报给中华民国红十字会,并在北平市社会局备案,并由总会为理事颁发聘书。九一八事变后,北平分会在中华民国红十字会成立的华北救护委员会的统筹下,开展抗战救护工作。复员时期,随着中华民国红十字会将工作重点从抗战救护向和平建设的社会服务转移,北平分会遵照业务方向的变化将征集会员、筹集基金作为其工作重点。此外,北平分会在会员征集、救护工作方面均得到中华民国红十字会的表彰。除了理事会选举外,北平市政府还对北平分会会员征集进行监管,如征集会员的计划及征集会员委员会名单需上报给北平市社会局。同时,在会员征集和资金募集上,北平市政府对北平分会给予大力支持,在北平分会开展多次会员征集和募集活动中,均有市政府和国民党高级官员参与。如1946年,国民政府北平行辕主任李宗仁担任征集会员委员会总队长,由北平市长、北京大学校长等担任副总队长。1947年,北平分会发起的"北平分会征友募捐运动大会"则由北平市市长担任总队长。

(二)改组壮大到重整(1950~1966年):从医疗保健到卫生救护培训

1949年中华人民共和国成立,第二年中华民国红十字会改组成为中国红十字会,并协同改组省级红十字会。在这一背景下,1950年12月,北平分会接受政府改组,为中国红十字会北京市红十字分会(1950年12

月~1957年，简称"北京市红十字分会"），成为中国红十字会和北京市人民政府领导下的地方性人民卫生救护团体，协助北京市各级人民政府推进医药卫生及救济福利事业，并于1957年正式改名为北京市红十字会。卫生救护团体性质决定北京市红十字会职能向卫生保健方向偏移，迅速发展成卫生事业单位，协助政府解决医疗卫生建设不足与人民需求之间的矛盾；建立基层医疗机构，使之与红十字卫生站业务挂钩，发挥红十字卫生站作为基层医疗机构助手的作用。北京市红十字分会由于开展医疗保健、抗美援朝、血源管理、宣传教育与爱国卫生、卫生救护训练等活动与工作，业务繁多，超出红十字会承受能力，与卫生部门的职能交叉重叠，丧失了红十字会本身的特色。在组织上，北京市红十字会逐渐完善壮大，大力发展会员，建立起区县红十字会和基层组织的纵向组织网络；在制度上，健全规章制度，解决编制，明确领导关系；在经费来源上，逐渐从会费和捐赠转向政府财政拨款。

1. 发挥医疗保健和卫生救护功能

按照"人民卫生救护团体"的总体定位，一方面，北京市红十字分会积极开展医疗保健事业，除了继续经营结核病防治院（原肺病疗养院）外，还接管或创办了门诊部、医疗站、助产学校、产院、妇幼保健院等13个事业单位，开展普通门诊、接生服务、产士培养、防疫宣传、结核病防治等卫生工作，但后由于精力不足，北京市红十字分会呈请将这些医疗事业单位交由公共卫生局领导。另一方面，为改变积弊已久的卫生状况和传染病严重流行的现实，北京市政府发起群众性爱国卫生运动，在这一运动中，北京市红十字分会发挥群众卫生工作助手的职能，将卫生宣传与会员工作结合起来，会员成为卫生宣传员，印发宣传资料，开展卫生知识培训和宣讲，提高群众保健卫生意识。在三年自然灾害时期，由于精简机构、压缩人员编制，北京市红十字会的业务范围缩小，仅剩卫生宣传工作。

朝鲜战争爆发后，在中国红十字会的号召下，1951年北京市红十字分会成立北京市医药界抗美援朝联合委员会，发动医药界示威游行；除参与组织三批北京市抗美援朝志愿手术队外，还单独组织中国红十字会北京市红十字分会医防服务队赶赴朝鲜参与防疫医疗和战地救护工作，同时，北京市红十字分会号召社会各界为前线捐赠救护飞机、救护车和其他医疗器械；参加美帝国主义细菌战罪行调查和警戒训练，反对细菌战。

为解决北京地区献血工作长期存在的混乱局面，北京市红十字分会在1957年接管由北京市公共卫生局和东郊区人民政府卫生建设科创办的"志愿输血人联合登记处"，将之改名为"北京市红十字会志愿者输血登记站"，同时建立血源登记分配制度，统一管理，与医院挂钩，加强宣传，使献血工作走向规范，民众献血热情提高。

应朝鲜战争与战备的需要，北京市红十字分会还开展群众性救护训练。1951年，北京市红十字分会根据北京市人民政府关于推行急救训练的通知，建立起全市性急救训练委员会，举办家庭护理、防疫、接种等相关讲座，为厂矿、工地工人开办急救培训班，并捐购了大量急救教材给当地各部门单位开展训练，还于1955年制定了《基建工地急救训练方案》《工地急救组织规则》《防空救护教材》《初级卫生救护训练课本》《卫生员进修课本》等科普读物。至1959年5月，北京市红十字会共培训了9万余人，组织起7088个红十字卫生站。① 1962年由于与国民党纷争再起，北京市红十字会应战备需要，将工作核心放在群众性卫生救护训练方面，组成红十字卫生队以负责战地救护及日常工作。

改组后，北京市红十字分会与国际红十字组织的交流重新打开局面。北京市红十字分会先后接待了红十字国际委员会和20多个国家代表团，先后出访东欧国家红十字组织，开展交流，并出席日内瓦红十字协会会议。北京市红十字少年还与12个国家的红十字少年建立联系。北京市红十字分会与各国的交流使中国的卫生事业在国际上提升了影响力。

2. 经费依赖财政拨款

随着北京市红十字分会被纳入行政和事业编制，财政经费逐渐替代会费和捐赠成为其最重要的经费来源。北京市红十字分会在建立之初规定，成年会员年纳会费6角，学生会员年纳会费2角。北京市红十字分会还专门制定了《关于缴纳及使用会费的暂行规定》规范会费的交纳与使用。此外，社会个人与团体的捐赠也是其业务经费的来源。人员经费则由财政承担。而到1965年，北京市红十字会行政经费由市财政局拨付，卫生事业费

---

① 孙敬敏编《北京市红十字会的65年（1928~1993）》，第68页。

则由市卫生局拨付。

3. 建立起纵向组织网络和组织管理制度

北京市红十字分会之所以能履行卫生保健职能，是因为它建立了一个完整的组织结构和会员体系。1952年，北京市红十字分会成立发展会员专门委员会（后更名为"发展会员推行委员会"），由副市长任名誉主任，将爱国卫生运动和发展会员结合起来。当年底，共发展会员1.7万人[①]，到1966年，会员人数达到31万人[②]。在会员发展的基础上，北京市红十字分会着手推动区县红十字会的建立，至1958年，共建立起10个区县红十字会。在区县红十字会下，北京市红十字分会最初在街道、厂矿、学校建立基层红十字会，后根据派出所辖区建立会员大组，以居委会划分会员小组。从1958年起，北京市红十字会在全市普遍建立红十字卫生站，使基层医疗机构与红十字组织的业务挂钩。红十字卫生站以会员为依托，建立疫情监测网络，开展卫生救护训练和卫生知识宣传，并向基层医疗机构反馈卫生工作情况，成为政府卫生系统在基层的触角，很好地弥补了基层医疗卫生服务的不足。1959年，北京市红十字会撤销基层委员会，改由红十字卫生站行使基层红十字活动职责。至此，北京市红十字组织建立起区县红十字会和基层组织的纵向组织网络。

在这一阶段，北京市红十字分会制定了多个制度性文件（见表2-2），在人事、会员、基层组织、经费等方面形成了一个完整的管理制度。

表2-2 北京市红十字分会管理制度文件一览

管理制度	文件名称	颁布年份
组织整体	《中国红十字会北京市红十字分会组织规则》	1950
基层组织	《支会组织规则》《基层红十字会暂行组织通则》	1953
会 员	《会员评奖实施办法》《会员训练办法》	1953
经 费	《关于缴纳及使用会费的暂行规定》	1957
人 事	《工作人员任用办法》	1951
行 政	《公文处理办法》	1951

---

① 孙敬敏编《北京市红十字会的65年（1928~1993）》，第49页。
② 孙敬敏编《北京市红十字会的65年（1928~1993）》，第90页。

（三）恢复发展与奠基（1979~1992年）：承担卫生与社会福利职能

改革开放后，停顿了12年之久的北京红十字事业重新起航。1979年，北京市红十字会理事会通过《北京市红十字会组织通则》，确定"救死扶伤，做好卫生知识宣传，提高国内社会卫生水平"的主要任务。1985年，北京市红十字会由北京市的"人民卫生救护团体"正式改为"市级人民卫生救护、社会福利团体"，业务领域再次拓展，扩至社会福利。因此，这一时期北京市红十字会主要承担了卫生救护和社会福利的职能，同时开展募捐赈济（开始设立募捐箱）、献血宣传等业务，为以后北京市红十字会的业务格局奠定基础，并为现行北京市红十字会的组织结构、业务模块勾画了轮廓。

1. 开展群众性卫生救护工作和发展社会福利事业

在卫生救护这一传统业务方面，北京市红十字会主要开展医疗救护知识培训和群众性医疗救护工作，建立起参与突发事件救护机制，并与国际组织合作开展对在华外国人士的急救。在整个1980年代，北京市红十字会将群众性卫生救护作为工作重点：1981年，北京市红十字会将卫生救护知识在普通群众中进行推广；在1985~1990年五年工作计划中提出在近郊区和易发生意外伤害的地区建立群众性卫生救护网络，还发布了《群众性卫生救护训练大纲》《北京市红十字救护队组织规程》及救护队考核验收标准，用于规范训练和检验；在全市范围内举办驾驶员救护培训班。截至1993年，北京市红十字会在全市训练会员群众40多万人，组建救护队2600多个。[①] 在此基础上，北京市红十字会开始投入各类大型社会事件、突发事件的救护中去。1987年，北京市红十字会组织医疗队赴大兴安岭火灾灾区，为灾区负责复建的工人和农民提供巡诊、防疫服务，并协助灾区医院重建。北京市红十字会为1990年亚运会开展医疗救护技术培训和医疗咨询等服务；在1989年动乱时，为绝食学生和戒严伤病军人提供抢救、消毒、防暑服务，抢救绝食学生9300多人次；与亚洲国际紧急救援中心合

---

① 孙敬敏编《北京市红十字会的65年（1928~1993）》，第180页。

作，设立北京办事处，并开通报警系统，为遭遇伤病、意外事故的来华外籍人士开展紧急救援服务。这些救护实践，不仅保护了人民群众、外籍人士的生命安全，而且使北京市红十字会初步建立起紧急救援机制，为以后紧急救援体系的建立积累经验。

改革开放思潮和经济体制改革的推进，对红十字事业产生了深刻的影响，兴办各类社会福利实体成了全国红十字组织创新发展、减少对财政依赖的重要举措。1985年北京市红十字会被确定为"市级人民卫生救护、社会福利团体"，并专门成立社会福利部负责社会福利事业。此后，北京市红十字会建立起20个社会福利事业机构，包括红十字医院、门诊部、老年病关怀医院和保健品厂等，广泛为孤老病残人服务，同时也加强自身发展，产生了一定的经济效益。

这一时期，北京市红十字会在献血方面的角色从管理者转变为协助者，即协助卫生部门开展献血宣传、动员和表彰活动，并从1986年开始开展"无偿献血日"活动，扭转额外献血补贴现象，促进公民从义务献血向无偿献血方向转变。1993年，北京市全部实行无偿献血的单位达到861个，总人数为28448人。①

在对外交流方面，因台湾当局于1987年开放，允许台湾同胞赴大陆探亲，北京市红十字会为协助处理相关工作，新增台湾事务服务部，为海峡两岸的同胞寻找亲人，并协助处理台胞在京意外伤亡事件。从1980～1993年，北京市红十字会先后接待了红十字国际委员会、红十字会与红新月会国际联合会以及丹麦、西班牙、阿尔及利亚、加拿大、美国等20多个国家以及中国香港、台湾等地区的红十字代表团和民间友好组织及个人来京参观访问，并与美国红十字会旧金山分会建立了姐妹会关系。同时，北京市红十字会主动走出国门，出访波兰、缅甸、日本、新加坡、加拿大、澳大利亚、法国等10多个国家，交流、学习从事红十字事业的经验。

2. 确立管理体制和组织架构

在领导关系上，北京市红十字会的管理机关由北京市卫生局更改为市政府文教办公室，确立管理体制。在治理结构上，随着组织的壮大，理事

---

① 孙敬敏编《北京市红十字会的65年（1928～1993）》，第190页。

会规模扩大,成员结构发生变化,将北京市卫生、民政、体育、教育等政府部门的领导纳入其中,这使北京市红十字会能够和各部门更好地协作。在组织发展上,北京市红十字会机构设有办公室、组训部、宣传部、社会福利部和台湾事务部(后改为"联络部"),并增加医疗服务中心负责人的编制。在基层组织建设上,复建分会与基层组织,规模逐渐壮大,分会纷纷建立理事会并配备专职干部,大力发展会员;各厂矿企业级学校设立工作委员会,开展青少年红十字运动。到1990年,北京市18个区县全部设立红十字会,并建立基层组织8300个,发展会员110万。① 由此,北京市红十字会确定了其与政府的关系以及其组织架构,并沿袭至今。

在经费上,除了行政经费来自于财政外,北京市红十字会还建立起募捐机制。1981年为国际残疾人年,北京市红十字会首次发动会员募捐。10年间,北京市红十字会为国内外受灾地区、残疾人群体开展了7次大型募捐活动,累计募集善款500多万元。② 在1985年和1987年,北京市红十字会分别建立起第一个募捐站和募捐箱,并制定了《红十字募捐箱暂行管理办法》《红十字募捐款取送办法》等管理制度,使募捐工作常态化和制度化。

(四)现代转型(1993年至今):在社会治理中发挥人道支撑作用

1993年,《中华人民共和国红十字会法》颁布,1994年,《北京市实施〈中华人民共和国红十字会法〉办法》由北京市人大常委会通过,确定北京市、区县红十字会是中国红十字会的地方组织,是从事人道主义工作的社会救助团体。至2014年,北京市红十字会已经形成"人道应急、生命关爱、文化传播、外部交流"四大业务体系。在人道应急救援层面,逐渐建立起空地一体化救援机制,并参与到首都反恐维稳与京津冀一体化体系中,从日常院前救援发展到参与维护首都安全稳定、区域社会治理;在人道救助层面,北京市红十字会打造出"博爱在京城"等品牌募款项目,同时通过物资的募集、采购,在大病、自然灾害等突发事件发生时提供资

---

① 孙敬敏编《北京市红十字会的65年(1928~1993)》,第108页。
② 孙敬敏编《北京市红十字会的65年(1928~1993)》,第131页。

金与物资的临时救助；在人道救灾减灾方面，奔赴各种自然灾害救助前线开展人道救援与救助，开展社会减灾能力建设；在生命关爱方面，发展出为献血、人体干细胞捐献、遗体与器官捐献服务的"三献"服务；在人道主义文化传播方面，开展人道救护培训，普及人道知识，传播人道精神；在外部交流方面，向世界受灾国家、地区伸出援助之手，并走出国门开展国际救援活动，探索一条人道民间外交道路。

1. 国际水平立体化人道应急救援机制初步建成

进入新的历史发展时期，北京红十字组织在继承人道应急救援传统，参与各类应急救援行动的基础上，形成了以北京市红十字会紧急救援中心（999）为主体、地面救援与空中救援相结合的立体化人道应急救援机制。

1995年，北京市红十字会进一步加强与亚洲国际紧急救援中心的合作，成立具有国际水平的北京亚洲国际紧急救援医疗服务中心，专门为外籍人士提供医疗保健、救援报警、国际联络及紧急救援服务。

进入21世纪，北京市红十字会正式建立起人道应急救援体系，主要以999为依托。2000年3月，北京市红十字会紧急救援中心经北京市机构编制委员会办公室批准正式成立，999号码作为北京市红十字会开展救护、救助、救灾的专用急救电话号码，于2001年9月19日正式开通。目前，999拥有医疗救护车307辆，在北京市所有16个区设有急救站点130个，承担着北京全市约50%的日常医疗救援，至今急救各类患者300余万人次。2011年，999还建立医疗急救联合指挥调度平台，整合北京市的120、999两大院前医疗急救体系，并与110报警系统实现联动。999已发展成首都院前急救的专用医疗平台，不仅提升首都城市医疗急救水平，而且为中国红十字组织应急救援体系树立典范。

为应对日益严重的交通拥堵问题，提高人道救援速度，999在2009年启用20辆急救用摩托车和30辆急救用电动自行车，为地面人道救援增强灵活性，进一步增强力量，提高效率。

因自然灾害等突发事件救援任务趋于频繁，跨区域、跨国境医疗转运需求逐渐增加，北京道路拥堵问题日益加剧，救援设备迫切需要更新，国际水平的空中救援体系也需要尽快建立。因此，在地面救援业务蓬勃发展的基础上，2010年，北京市红十字会积极探索空中救援体系建设，在全国率先开展了空中救援转运业务,努力推动人道救援手段的现代化。5年来,已为国内外患者提供了200多次救援和转运服务。

2014年,999自筹6000万元从欧洲直升机公司购买两架空中救援专用直升机。北京市红十字会由此成为国内第一个拥有专业航空医疗救援直升机的红十字组织,这标志着首都空地立体化救援体系进一步完善。为解决救援经费,北京市红十字会与中国人寿保险股份有限公司合作,推出299元惠民版和999元尊享版两种保险,首创空中医疗救援的保险机制,以商业模式带动航空救援运营。

未来3年内,北京市红十字会计划在增购两架直升机的基础上,引进固定翼飞机,实现直升机与固定翼飞机救援的结合,从而建立一支具有国际水平的空地立体化救援队伍,进一步完善首都人道应急救援机制。

2. 在首都反恐维稳与京津冀一体化中扮演人道中坚力量

近年来,国际恐怖主义形势严峻,中国亦连续发生多起重大暴力恐怖事件,严重威胁普通民众的生命安全和社会的和谐稳定,这引起党和政府的高度重视。中国共产党十八届三中全会提出设立国家安全委员会,完善国家安全体制和国家安全战略。为更好地配合首都安全维稳工作的综合推进,在暴力恐怖与突发事件中及时提供人道救援服务,挽救生命,北京市红十字会在2014年4月进入北京市维护稳定工作领导小组,5月与北京市公安局签订了《处突维稳合作协议》,在联手反恐防暴、开展空地救援、日常救护保障、强化监区医疗、救护技能培训、爱警人道关怀等方面,建立常态化、长效化的合作机制。由此,北京市红十字会正式参与到首都应急体系和反恐维稳工作体系中。

在硬件设备上,999引进的两架医疗专用直升机,从装备上实现首都公安警航直升机和人道救援直升机联防联手。999还自筹资金近3750万元购置50辆首都红十字处突维稳医疗专用车,从而为立体反恐防暴体系在硬件设备上奠定基础。处突维稳医疗专用车具有防毒、防化、防爆等84项功能,在原先医疗急救设备基础上,新增添了多种反恐专用设施,并经过特殊改装,将转运伤员容量提高至2~3人。同时,每辆车配备3名专业救援人员,包括司机在内均持有初级急救救援证书,可以对伤员有效开展救援。这50辆首都红十字处突维稳医疗专用车,10辆部署在天安门地区及长安街沿线配合有关部门参与反恐处突维稳工作；40 辆部署在鸟巢、金融街、机场等重要敏感地区；未来还将增配 30 辆车。在人员队伍建设方面，每辆车配置 12 名工作人员，进行 24 小时轮值，并在全市东西南北中建立 5 个反恐防暴区域保障中心，配置 60 名工作人员，组成处突维稳人道救援队伍。在工作机制方面，北京市红十字会成立了维稳工作领导小组，建立了北京市红十字人道应急处突维稳指挥平台，组织开展反恐维稳的人道应急救援工作，形成维稳工作领导机制与工作机制。

2014 年 2 月，国家主席习近平在听取京津冀协同发展工作汇报时提出，努力实现"京津冀一体化发展"，将之提升至国家战略予以推进。在这一框架下，北京市红十字会着力推进京津冀人道领域一体化发展。北京市红十字会将空中救援范围扩大至津冀地区，新引进的专业航空医疗救援直升机航程半径为 620 公里，基本能覆盖京津冀地区救援。同时，北京市红十字会在本市已有 20 个 999 急救专用停机坪基础上，将在京津冀及周边地区 500 公里范之内将急救专用停机坪增至 106 个，从而提升城市间空中救援与运转能力，构建京津冀一体化人道应急救援新格局。

在人道救援一体化基础上，2014 年 12 月，三地红十字会举办"京津冀红十字工作协同发展领导干部培训班"，决定力争在 2015 年成立京津冀协同发展创新联盟，实现指挥中心信息共享、空地救援服务共建、移动服务平台共享、造血干细胞和器官遗体捐献工作共赢，开创区域红十字组织合作与发展新局面。

3. 参与人道救灾，建设社区减灾能力

在开展院前急救的同时，北京市红十字组织还承担起自然灾害、公共卫生事件、突发事件和重大社会活动的人道救护职责，提供人道救助支持。北京市红十字会先后参与三江流域特大洪灾、内蒙古乌海凌汛、"非典"、南方冰冻灾害、汶川地震、西南五省旱灾、玉树地震、北京"7·21"特大暴雨灾害、雅安地震等重大自然灾害的救援工作，在灾害发生后迅速派出救援队伍奔赴灾区前线，深入灾区开展抢险救援、伤员转运、医疗救护、心理干预、巡诊送药、饮食保障和物质发放等工作。据不完全统计，北京市红十字会在参与国内自然灾害救援行动中，共派出救援车 651 车次、救援人员 823 人次，救治伤员 4711 人次，累计募集善款物资价值约为 6.85 亿元，提供饮食服务4.36万人次、心理援助281人次（见表2-3）。此外，北京市红十字会参与密云踩踏事件、蓝极速网吧火灾、央视配楼火灾、"11·19"朝阳小武基村库房大火等1000余起重大公共事件的救援工作。

表2-3 北京市红十字组织参与国内救灾人道服务数据

参与救灾事件	年份	人道救护			人道救助			人道知识宣传
		派出救援人员（人次）	派出救援车（车次）	救治伤员（人次）	募集款物金额（万元）	饮食服务（人次）	心理援救（人次）	
三江流域抗洪救援行动	1998	—	—	—	1503.00	—	—	—
内蒙古乌海凌灾救援	2002	—	—	—	1028.28	—	—	—
抗击"非典"救援行动	2003	—	—	—	7700.00	—	—	印发《预防SARS知识手册》《红十字在行动》
风雪救援行动	2008	—	—	—	2400.00	—	—	发出"风雪救援行动"倡议
汶川地震灾害救援行动	2008	90	8	788	50400.00	30000	281	北京-什邡党政干部公共精神和应急能力研修班（2010年），开展心理辅导、心理减压培训与讲座
水源行动	2010	—	—	—	133.37	—	—	—
玉树地震灾害救援行动	2010	53	12	216	2026.09	1000	—	—

续表

参与救灾事件	年份	人道救护			人道救助			人道知识宣传
		派出救援人员（人次）	派出救援车（车次）	救治伤员（人次）	募集款物金额（万元）	饮食服务（人次）	心理救援（人次）	
"7·21"暴雨灾害救援行动	2012	600	631	707	—	400	—	—
雅安地震灾害救援行动	2013	80	—	3000	3099.39	12200	—	
鲁甸地震救援	2014	—	—	—	216.08	—	—	
总　计		823	651	4711	68506.21	43600	281	

数据来源：北京市红十字会编著《人道京华：纪念北京市红十字会成立85周年暨〈中华人民共和国红十字会法〉颁布实施20周年》，2013，第47~85页。

随着自然灾害的频繁发生，维护首都城市安全与社会稳定对备灾减灾救灾能力的要求愈发迫切。作为人道组织，北京红十字组织不仅直接参入各类自然灾害与突发事件的救护救助中，还在减灾救灾中承担着提升广大民众的防灾减灾意识，普及自救互救知识的职责，并以社区为依托，采取减灾救灾演练、知识培训、知识竞赛等方式，推进综合减灾能力建设。

2005年以来，北京市红十字系统多次在全市层面开展以自救互救为主要内容的群众性模拟灾害应急救援演练和应急疏散演练。从2010年开始，为适应首都公共安全体系建设的需要，北京红十字组织在"5·8"世界红十字日和"5·12"全国"防灾减灾日"期间，开展群众性救护演练。这项行动在2011年得到全面推进，当年北京红十字组织在16个区县轮流开展群众性防灾减灾、避险逃生演练，推动应急演练进社区。同时，建立999社区综合医疗服务站（红立方），并以之为依托，以"每个家庭有一个急救员"为目标，推广防灾减灾、自救互救培训。

4. 开展人道救助，缓解社会矛盾

作为从事人道主义工作的社会救助团体，北京红十字组织被赋予"在自然灾害和突发事件中,对伤病人员和其他受害者进行救助"的法定职责。26年来,北京市红十字会通过开展人道募捐活动,实施人道救助,深入社区等工作提供人道服务,并完善人道募捐与救助管理制度,有效地反映民生诉求,缓解社会矛盾。

在人道募捐方面,北京市红十字会推出"博爱在京城"活动,建立北京市红十字基金会,开展人道募捐活动。从2004年起,北京市红十字会推出"博爱在京城"大型募捐救助系列活动,每年在全市范围内募集善款物资,从"博爱助困、博爱助学、博爱助老、博爱助幼"四个方面服务困难人群。至今,"博爱在京城"项目已累计募集款物超过20亿元,成为北京红十字组织的品牌项目和北京市著名的民生工程。2008年,由北京市红十字会发起成立的北京市红十字基金会,为企业等社会力量参与人道公益事业打造平台。目前,该基金会共设立了15个助医助学领域的专项基金,其中"北京市少儿大病救助基金""共筑中国心""携手希望、唱响生命""红丝带"等项目已经成为人道医疗救助领域的品牌。近年,北京市红十字基金会各项专项基金年度共同募集的慈善款物大致为1亿元,其中包括两三千万元的善款和7000万元左右的药品等物资。北京市红十字基金会成为北京红十字组织开展人道公益募捐和与企业公益力量合作的重要渠道。

在人道救助方面,北京红十字组织关注"最易受损害、最困难和最需帮助弱势群体"的"三最"人群,在生活、医疗及护老等方面开展人道救助,对社会救助制度起到很好的补充作用。从1995年起,北京市红十字会连年在元旦、春节期间开展"红十字博爱送万家"活动("双节送温暖"),对因自然灾害、突发事件、疾病、鳏寡孤独等陷入困境且在低保与其他专项社会救助覆盖范围之外的人与家庭进行生活救助。20年来,北京市各级红十字组织在"双节送温暖"中共发放救助款物近1亿元,累计有超过91万人30万户家庭受益(见表2-4)。

表2-4 北京市红十字组织历年"双节送温暖"情况

年 份	发放救助款物(万元)	救助人数(人)	受益家庭(户)
1995~2012	7000.0	780000	260000
2013	1258.3	72967	24000

续表

年　份	发放救助款物（万元）	救助人数（人）	受益家庭（户）
2014	1284.7	61000	20840
总　计	9543.0	913967	304840

注：①1995～2012年救助人数、2014年受益家庭数是根据救助人数与受益家庭为3∶1的比例分别推算出的。

②1995～2012年数据来源：北京市红十字会编著《人道京华：纪念北京市红十字会成立85周年暨〈中华人民共和国红十字会法〉颁布实施20周年》，2013，第138页。

③2013年数据来源：《博爱暖京城　人道惠万家——首都红十字组织"两节"慰问困难群众》，《人道北京》2014年第2期，第12页。

④2014年数据由北京市红十字会提供。

对于红十字组织而言，提供与医疗相关的人道服务是一项重要业务。北京红十字组织在这方面开展了大量的医疗救助与宣传工作。其中最为突出的是推出"北京市中小学生、婴幼儿住院医疗互助金"项目，该项目由北京市红十字会与市卫生局、市教委联合发起。至2007年，北京市有233.1万人加入该项目，收缴互助金1.14亿元，救助6.03万人次，基本摸清北京市儿童住院率、住院疾病分类、医疗费用使用状况，为政府启动少儿基本医疗保险奠定基础。后因少儿住院医疗纳入北京市政府"一老一小"大病医疗保险制度，结余的3290万元由北京市红十字基金会成立的"北京市少儿大病救助基金"承接，分5年通过区县红十字组织为贫困大病儿童提供医疗救助。此外，北京红十字组织开展一系列活动，如艾滋病防治项目，包括对青年学生的艾滋同伴教育和培训，防艾主题明信片设计比赛，等等，以提高青年学生对艾滋病的认识，掌握预防知识，为感染者提供关爱帮助；先后开展为新中国成立前农村老党员免费体检、送医活动，并对其中的眼疾患者免费实施复明手术；配合政府医疗体制改革，发放大众用药手册，宣传医药知识等。

依托红十字博爱超市、红十字社区服务站项目，北京市红十字会将扶危济困、应急救援、救护培训和健康服务等各项人道服务深入城乡社区，完善红十字社会服务体系。从2004年起，西城区红十字会开办北京市第一家红十字博爱超市，向贫困家庭发放生活用品。至2012年，北京红十字组织共建立55家红十字博爱超市。

完善人道募捐与救助的组织管理制度，提升内部募捐救助治理建设水平。在组织上，2004年，北京市红十字会设立募捐接收站，募集善款。这一时期，北京市红十字会设立赈济部和备灾救灾服务中心，分别管理募捐救助和捐赠物资、募捐箱。在制度上，北京市红十字会近两年集中制定了多项制度，规范募捐和救助行为，如制定《北京市红十字会募捐和接收捐赠工作管理办法（试行）》《红十字募捐箱管理办法》《北京市红十字会人道救助管理办法（试行）》《北京市红十字会救助储备物资采购管理办法（试行）》等制度。

5. "三献"生命关怀服务成就突出

北京红十字组织开展的生命关爱服务，工作范围不断扩大，从之前的献血宣传发展为今天的"三献"服务，即为无偿献血、人体造血干细胞捐献、遗体和人体器官捐献开展的服务工作。

在"三献"服务工作中，为人体造血干细胞捐献服务是当前北京红十字组织发展最好的核心业务。这项工作由2001年11月成立的中国造血干细胞捐献者资料库北京管理中心（简称"中华骨髓库北京分库"）执行，主要从事如下工作：宣传造血干细胞知识、招募志愿者、组织志愿者培训、慰问造血干细胞志愿捐献者等服务工作，对志愿捐献者和患者资料实行计算机网络管理，为需要造血干细胞移植的患者提供准确的HLA配型数据，对捐献者做造血干细胞采集前后的跟踪服务、健康监测，为提高移植患者的成活率开展相关的科研指导，为无偿献血做宣传动员，等等。

自成立以来，中华骨髓库北京分库逐步形成了较完整的两个体系：一是组织管理体系。在北京市红十字会直接领导和中华骨髓库业务指导下，设立供者服务科、宣传科、办公室、志愿者之家、区县工作站，并与HLA高分辨分型确认实验室和移植医院保持业务合作关系，保证造血干细胞捐献工作及时、有效地展开。二是网络管理体系。北京分库建立起宣传招募、采集样血、资料录入、资料审核、志愿者回访、新闻报道、网上检索、初筛、再动员、高分检测、全面体检、入院准备、实现捐赠整个业务流程的网络管理系统，这一套完整的工作运营模式，使人体造血干细胞捐献工作流程更加规范化。[1] 北京分库还组建了两支队伍：一支是专家顾问

---

[1] 北京市红十字会编著《人道京华：纪念北京市红十字会成立85周年暨〈中华人民共和国红十字会法〉颁布实施20周年》，2013，第148页。

队伍,负责规范检索、配型、移植、采集工作,了解移植技术新进展;一支是志愿者队伍,即"志愿者之家"服务队伍,主要职能是组织培训志愿者,宣传和普及造血干细胞捐献知识,探望造血干细胞捐献志愿者,发起爱心募捐,等等。①

截至 2015 年 11 月 30 日,中华骨髓库共有 216.4 万名志愿者资料,数量在华人库中位居第一,世界库中位居第三,但与世界第一库差距很大。中华骨髓库从 2001 年启动,至 2015 年 11 月 30 日成功捐献 5311 例。② 北京分库共有 11.6 万名志愿者资料,从 2001 年启动至 2015 年 12 月,成功捐献 231 例,③ 并在全市 7 个区成立了造血干细胞工作站,与 16 家移植采集医院建立了密切的合作关系,成了具有较强社会影响力的公益品牌。

献血事业是红十字会工作的重要组成部分。宣传献血知识、扩大采血途径、保证献血质量,以及建设稳定的献血队伍,是红十字会献血工作的重点。北京市红十字会通过"世界红十字会日"和"世界急救日"等纪念活动,开展无偿献血的宣传动员工作,积极与有关部门协调制定无偿献血表彰办法。2013 年 3 月,经北京市政府批准,由北京市红十字会、市卫生局与市人力资源和社会保障局等 6 部门制定的《首都无偿献血工作先进集体和先进个人表彰奖励办法》开始实施,将对无偿献血工作先进集体和先进个人的表彰纳入北京市系统评比表彰范畴,初步形成长效激励机制。除传统宣传方式之外,为了提升街头献血的质量,北京市西城区政府 2010 年 6 月还建设并投入使用西单献血小屋。西单献血小屋作为北京市第一家无偿献血屋,通过为无偿献血者提供卫生安全、温馨舒适的献血环境,进一步扩展采血业务,实现了街头献全血和成分血的目标,有力地推动了献血事业的发展。

遗体与人体器官捐献工作是北京市红十字会开展的另一项生命关爱服

---

① 北京市红十字会编著《人道京华:纪念北京市红十字会成立 85 周年暨〈中华人民共和国红十字会法〉颁布实施 20 周年》,2013,第 148 页。
② 数据来源:中华骨髓库官网,http://www.cmdp.org.cn/,最后访问时间:2016 年 1 月 25 日。
③ 《寻找价值——记北京分库第 231 例捐献者》,资料来源:北京市红十字会官网,http://www.bjredcross.org.cn/zaoxueganxibao/zaoxueganxibao2/201501214/692431.htm,最后访问时间:2016 年 1 月 25 日。

务。1999年，北京市志愿者遗体工作管理办公室由北京市红十字会设立。北京市红十字会积极探索遗体捐献工作的管理模式，在登记、接收、宣传服务和人文纪念等方面取得了突破性进展：北京市红十字会与市教委、市卫生局、市民政局、市公安局、市司法局联合制定了《北京市志愿捐献遗体暂行办法》，分别在协和医科大学、北京大学医学部和首都医科大学建立了三个遗体接收站，目前登记自愿捐赠遗体者为15727人，其中7933人办理了公证，累计实现遗愿者1407人；2004年北京市志愿捐献遗体纪念碑落成，纪念碑上篆刻着历年遗体捐献实现者的名字，弘扬了尊重捐献人的社会风尚。

北京市红十字会组织的"三献"服务工作进一步完善了动员、登记、捐献和流程管理，积极探索建立了红十字组织参与无偿献血的有效工作模式，加强了对捐献者及其家属的信息反馈和人道关怀服务工作，积极培育和打造了社会参与度高、活动影响大、救助效果好、受助对象满意、具有北京特色的红十字人道公益慈善关怀项目和人道救助品牌，推进了北京市红十字事业的发展。

6. 普及人道知识，传播人道理念

北京红十字组织自成立以来一直将普及卫生救护和防病知识，开展初步卫生救护培训，组织群众参加现场救护作为重要的传统职责和业务。北京市红十字会开展群众性应急救护培训工作的专门机构为北京市红十字会应急救护工作指导中心，该中心成立于1998年，主要负责如下工作：组织制订北京市市民应急救护教育实施方案，指导各区县红十字会培训机构落实，编写各类应急救护教材和避险逃生、自救互救宣传普及读物，建设师资队伍，为应对意外灾害、突发事件而开展避险逃生、自救互救等应急教育和培训，等等。

在开展应急教育和培训方面，北京市红十字会应急救护工作指导中心协同全市各区县红十字会和培训机构，开展了全市红十字系统急救大演练、全市群众性救护技能演练，与市教委共同举办了中小学生应急疏散演练，并承办了全国红十字会应急救护技能大赛。该中心设立的"公开课"项目，主要以心脏复苏、创伤救护、避险逃生等应急救护知识为主，向特定人群普及急救知识。

在编写各类应急救护教材和宣传普及读物方面，北京市红十字会承办了市政府为民办实事的项目，在全市大力开展群众性的健康知识普及培训，在市民中推广《家庭急救手册》，从家庭急救、疾病预防、突发意外灾害等的应对方面介绍了一系列避险逃生、保护生命、保障安全、自救互救的知识和方法，贴近广大家庭和市民需求，体现了实用性和可操作性。《家庭急救手册》正式出版后，通过邮政投递，发送至600万户北京市民家中。2010年，面向全市大中小学生免费发送的200万册《青少年急救手册》，提高了北京市青少年的应急救护知识水平。

为了进一步提高重点行业、重点部门工作人员避险逃生和应急救护的意识和技能，2011年6月，应急救护培训被纳入北京市"十二五"时期应急体系发展规划中。2012年6月，北京市红十字会应急救护培训工作指导委员会成立，是全国首家应急救护培训工作指导机构。该指导委员会作为北京市红十字会应急救护培训体系建设的决策咨询机构，主要负责参与研究、制订北京市红十字会应急救护培训体系发展规划，协助开展北京市红十字会应急救护培训法律法规、政策理论的研究与咨询，协助处理应急救护培训体系建设中的全局性重大问题，拟定对策和决策评估等工作。

2012年，北京市红十字会与市人力资源和社会保障局共同下发的《关于在家政服务行业中开展应急救护培训工作的意见》，首次实现了将红十字救护知识纳入家政服务员岗前培训和职业资格培训范围。2013年，首都精神文明办和北京市红十字会共同举办"公共文明引导员的培训活动启动仪式"，标志着北京市在全国率先将红十字会应急救护知识纳入公共文明引导员的岗位资格培训内容。应急救护培训进机关、企业、社区、学校、农村，不断提高了应急救护培训的覆盖率和普及率。

当前北京市应急救护培训率为10%~15%，相比于全国平均培训率1%，居于领先水平，但是与世界发达国家相比还有着很大的提升空间。目前北京市每年取得红十字急救证书有10万人，2004~2013年，取得红十字急救证书累计91万多人。

北京市红十字会应急救护工作指导中心以教材修订、师资培训、业务规划、监督检查四个主要职能为核心，指导各区红十字会积极开展各项工作，切实提高了北京市应急教育和培训水平，加强了北京市应急救护能力等级,在构建"和谐宜居之都"的总体框架之下,继续在北京市建设中贯彻社会主义核心价值观。

7. 探索建立国际救援和民间外交机制

作为国际性人道救援组织,北京市红十字会与多个国家和地区的红十字会建立友好合作关系,积极参与国际红十字运动,对国际性灾害事件伸出援助之手,从提供善款与物资,到走出国门赶赴灾区前线实施医疗救助、卫生防疫、物资发放等人道救援,逐步形成一套国际救援与交流机制。

2004年,北京红十字组织为印度洋海啸灾区发起募捐活动,共募集善款2553万元,这是一次参与规模大、收效好的国际人道主义救援行动。在2013年的菲律宾台风灾害救援中,北京市红十字会承担中国救援队的建立以及开展救援的具体职责。中国红十字(北京999)医疗救援队和中国红十字(蓝天)救援队成立由15人组成的中国(北京)红十字会国际救援队,在菲律宾开展医疗救援、流行病学调查、板房需求调研和防疫知识的普及等工作。在16天里,巡诊灾民1891人,治疗病患959人,搜集移交尸体53具,向当地灾民发放价值400万元的各类药品器械[①]。这是中国红十字组织救援队时隔90年后再次迈出国门,也是北京市红十字会首次走出国门开展救援活动。

在国际红十字组织交流方面,北京市红十字会主办了四届红十字工作国际研讨会,围绕突发事件应急处理等话题,与来自世界各地的红十字组织交流经验。同时,北京市红十字会加强与中国香港、中国澳门地区红十字会的联系,在人道救援、志愿服务、红十字青少年工作等方面加强交流和合作。加强与中华台北红十字组织的交流与合作,增进包括青少年在内的两岸民众之间的沟通和互助,发挥红十字组织在推进祖国统一大业中的独特作用。

8. 建立比较完整的红十字组织体系

目前,北京市红十字会内设8个部门和6个事业单位,16个区均建立

---

① 孙晔:《我们代表中国,我们代表北京》,北京市红十字会编撰《人道北京》特刊,2014,第77页。

红十字会，成立了学校和国有企业系统的工作委员会（见图2-2）。全市现有基层组织4159个，团体会员单位5499个，会员132.23万人，红十字志愿者11.63万人，形成了较为完整的红十字组织体系（见图2-3）。

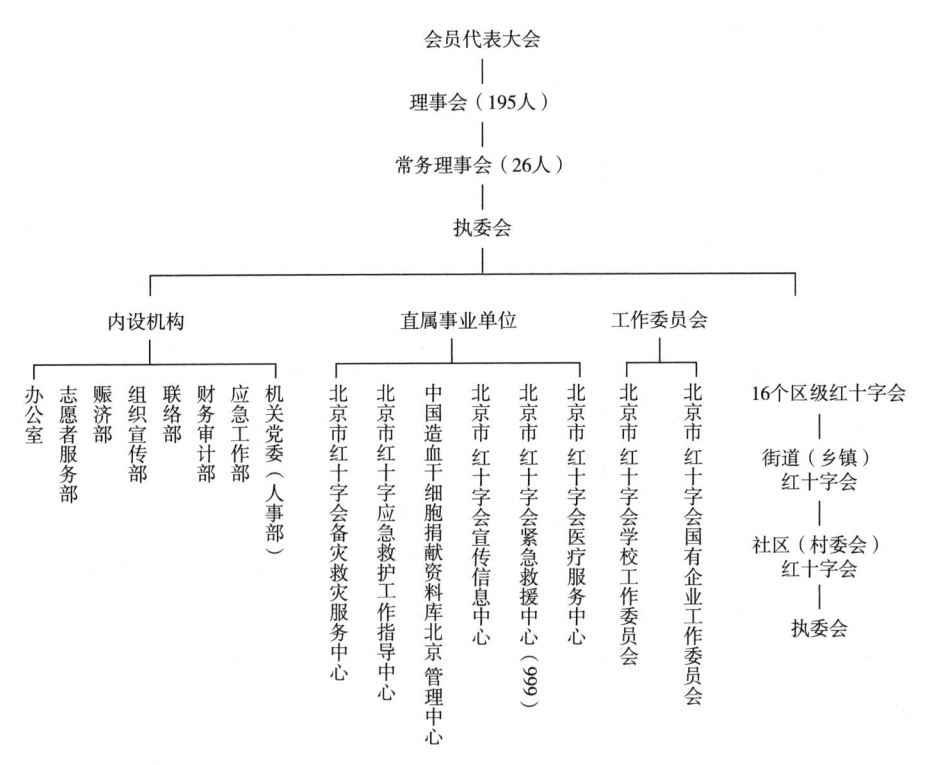

图2-2　北京市红十字会组织架构（2015年）

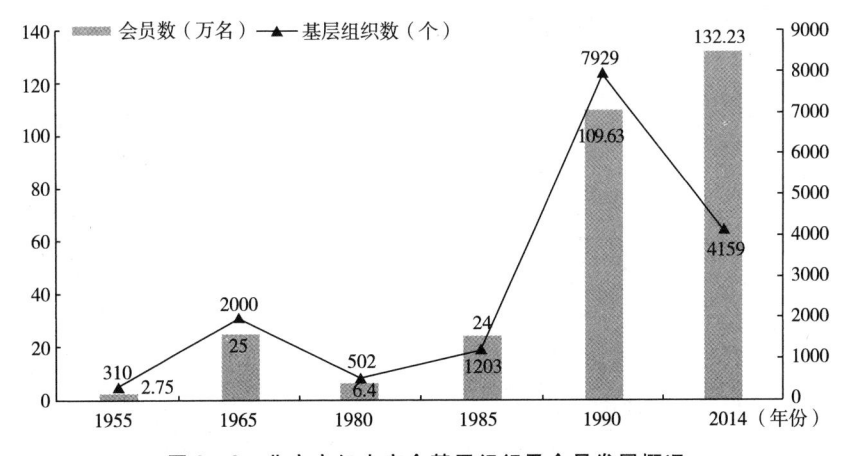

图2-3　北京市红十字会基层组织及会员发展概况

北京市红十字会在资金收入上依赖财政拨款，可分为常规经费和专项经费两项。其中，常规经费包括人员工作经费和项目经费，常规经费逐年提高，目前规模已达6000万元以上。专项经费则是在北京市红十字会承接重大项目时由财政部门专门拨付的，如奥运应急救护培训专项经费、999急救车专项购置经费等。此外，以"博爱在京城"为主的社会募捐活动也是其经费的一个重要来源，北京红十字组织每年募集善款的规模在5000万元左右。而作为历史上一项重要经费来源的会费则因被视为"行政乱收费"而被取消。

北京市红十字会在历史发展过程中呈现以下特征。

（1）传承红十字的核心业务，在不同历史发展阶段有所调整演变。人道救援、人道救助、文化传播和人道外交都是红十字组织延续至今的传统业务。其中，人道救援、人道救助仍旧是北京市红十字会的核心业务。国际红十字运动起源于战地救护救助，同样，北京市红十字会的初衷也是为武装冲突中的受害者提供援助，即战时开展战地伤病救护、难民救济。在和平年代，这种人道救援与救助则演变为日常医疗院前救护和灾害、突发事件中的医疗救护（救命）与物质救助（救急）。其中，以999为依托的院前医疗救护是北京市红十字会的特色服务，这一服务当前发展至地面、空中相结合的立体救援体系。而人道主义文化精神的弘扬是红十字组织得以延续至今的根基，人道外交由红十字组织的国际性决定。生命关爱、人道知识技能培训则是在红十字组织发展过程中逐渐拓展出的业务。而医疗卫生、公益事业、社会福利服务方面的业务则是在特定的时代背景下，应不同的时代需求所做出的调整（见表2-5）。

表2-5 北京市红十字会性质与业务变化

时间	性质	人道救援	人道救助	生命关爱	人道知识技能普及	文化传播	人道外交	医疗卫生	公益事业
1928~1949年	独立非官方人道组织	战地救护	难民救济	—	—	出版《红十字会刊》、征文	有	卫生防疫	公益服务
1949~1966年	人民卫生救护团体	抗美援朝战地救护	—	血源管理	群众性卫生救护训练	创办《北京红十字》	有	医疗卫生管理与爱国卫生宣传	—

续表

时间	性质	人道救援	人道救助	生命关爱	人道知识技能普及	文化传播	人道外交	医疗卫生	公益事业
1979~1992年	人民卫生救护、社会福利团体	—	募捐赈济寻亲服务	献血宣传	群众性卫生救护训练	响应"五讲四美"	有	—	发展社会福利机构，开展孤老病残服务
1993年至今	从事人道主义工作的社会救助团体	紧急救援（院前救护、灾、突救护）	募捐赈济救灾备灾	"三献"服务	应急救护培训	创办《人道北京》	有	—	—

（2）角色定位受政府直接影响。如同大多数国家的地区红十字会一样，从产生至今，北京市红十字会与市政府有着密切的联系。在不同的历史时期，北京市政府赋予北京市红十字会的角色不尽相同，造就了北京市红十字会在社会治理中具有不同的功能。新中国成立后，北京市红十字会最初被定位为"人民卫生救护团体"，接管卫生保健机构，将红十字卫生站与基层医疗机构挂钩，红十字卫生站成为向医疗部门反馈基层情况的信息点，并配合爱国卫生运动，向公众宣传普及卫生知识，从而成为市政府卫生领域的助手。改革开放后，北京市红十字会被赋予"人民卫生救护、社会福利团体"的性质，除了原有的卫生救护外，还在智弱儿童康复、精神健康、老年照护等方面承担社会服务工作。当前，北京市红十字会是"从事人道主义工作的社会救助团体"，回归到红十字组织最基本的人道救援救助定位上，被视为市政府人道领域的助手。

（3）有完备的部门结构和治理机制，并形成横纵向结合的组织网络。北平分会建立时，便成立理事会，推选出了理事长、会长和资产委员，由理事会委派办事部门开展工作。新中国成立后，北京市红十字会建立会员代表大会为最高权力机构和决策机制。

在组织结构上，随着红十字事业的发展壮大，从最初战时救护和赈济职能到和平时期的卫生、社会福利服务职能，北京市红十字会的业务部门逐渐拓展与分化，内部分工逐渐清晰。作为直接提供人道援助与服务的救助部门，在建立之初，业务组并不是常设部门，而是根据时局需要临时组建的组织。在新中国成立后，北京市红十字会在原有总务组、业务组之外，还专门成立了会务组，从事卫生救护训练、青少年红十字知识普及工作。1987年，北京市红十字会由卫生救护团体向"人民卫生救护与社会福利"团体过渡，新设立了社会福利部；1990年改由北京市政府文教办公室管理后，又增加了医疗服务中心。当前，北京市红十字会已经形成较为完善的组织架构，如设赈济部、应急工作部、志愿者服务部、组织宣传部、联络部等业务部门，拥有负责紧急救援、应急救护工作指导、备灾救灾服务、造血干细胞捐献资料管理、医疗服务等业务的事业单位。

北京红十字组织纵向组织体系建设起步于新中国成立后，1952年，各区县在响应市红十字会号召，发展会员，推行委员会的基础上，开始逐步建立起区县红十字支会；至1958年北京市共有10个区县建立了红十字支会。街道、厂矿、学校等也纷纷建立起红十字分支会，并按居委会、车间、班级设立红十字会员小组。后取消分支会，改以派出所辖区单位建红十字会员大组，以居委会为单位划分红十字会员小组，形成了由市红十字会、区县红十字会和基层红十字组织组成的纵向红十字组织网络体系。这套模式一直沿用至今。

（4）经费在社会募集与政府拨付间找平衡，志愿服务是北京市红十字会事业开展的基础。1959年以前，会费及捐赠是北京市红十字会的主要经费来源。无论是1947年的北平分会，还是1952年的北京市红十字分会，都发展了大量会员，按级别、年龄收取不同标准的会费，所获得的会费数额可观。1957年北京市红十字分会还特别制定《关于缴纳及使用会费的暂行规定》对会费收取与使用进行规范。不同时期的市政府都对北京市红十字会提供资金、人力等支持。北平分会在复员后，成立征集会员委员会和发起征友募捐运动大会时，均由市长及其他国民政府高级官员担任队长，支持北平分会会员征集与募款活动。新中国成立后，北京市红十字会的行政经费主要来自市财政，业务经费也依赖市财政。在"卫生救护团体"定位时期，北京市红十字会的卫生业务经费由市卫生局拨付。当前，北京市红十字会工作经费也主要来自市财政拨款，区红十字会经费由各区财政支持。

志愿服务是国际红十字运动常规业务，也是北京红十字组织所开展的基础业务。战时派遣的红十字医疗队来自于招募的医务工作志愿者。当前北京市红十字会的备灾救灾、卫生救护、人道宣传、社区建设等方面均依靠志愿服务,并建立了33支专门的志愿者队伍;造血干细胞捐赠、遗体捐赠志愿者数量在不断增加。

二 中国红十字会的历史与功能

(一)发起与近代人道救援(1904~1949年):战时发挥社会调节功能

20世纪前半叶,中国战争频繁、内外交困。中国红十字会作为独立的非官方人道主义组织,奉行"战时扶伤拯弱、平时救灾恤邻"的宗旨,在战地救护、赈济医疗、国际交流和慈善转型方面发挥了不可替代的作用。

1. 战地救护作用不可替代

中国红十字会发轫于1904年,其前身是在日俄战争中拯救中国战地难民的万国红十字会上海支会。此后近半个世纪里,战地救护成为中国红十字会最核心的职责。中国红十字会在1913年"癸丑兵灾"、张家口兵灾,1914年山东兵灾、皖豫两省兵灾,1916年护国战争兵灾,以及抗日战争等战争中开展伤病兵民的运送和收容工作,并派遣前线急救队,有效地补充军医力量,提升了医疗技术,对伤兵康复治疗、战地疾病的预防与控制均起到重要作用,成为整个战争救护体系中不可替代的组成部分。

2. 赈济医疗,缓解民生疾苦,起到社会调节的作用

20世纪前半个世纪,十年内战、八年抗战和三年解放战争,造成大量平民流离失所,土地荒芜,再加上各类自然灾害频仍、疫病丛生,平民生活困苦不堪,饱受病痛折磨。中国红十字会在开展战地救护的同时,承担起对难民、平民的赈济和医疗卫生工作,对缓解民生困苦与社会矛盾起到巨大的调节作用,弥补政府的缺位。

中国红十字会每逢水旱灾害时,都组织队伍奔赴灾区开展救灾、防疫和赈济工作,并发起募捐活动。冬天,中国红十字会为穷苦百姓发放钱、粮、衣药,此为冬赈;在春季,赠送种子、农具,帮助农民恢复春耕生产,此为春赈。在兵灾减少的年景里,中国红十字会还开展医疗卫生事业,如建造医院、施医给药、救治时疫、施种牛痘、建立医学堂等。这些慈善活动是中国红十字会得以持久存在的基础。

3. 建立近代慈善管理机制,推动慈善近代化

1912年,中国红十字会召开第一次会员大会,全体参会会员以无记名方式选出议事会作为中国红十字会的常设机构,并行使决策职能,代替之前的临时决策机构董事会。大会还表决通过了中国红十字会第一个纲领性文件《中国红十字会章程》,对组织的决策机制、领导机构、运作管理及会员权利义务等进行了规定,从而建立起一套近代慈善管理机制。

在募捐方式上,中国红十字会也有所创新,创建现代募捐方式。如在1917年直隶水灾期间,为方便市民捐款,中国红十字会在上海各大宝号设立木箱,张贴灾民惨状画为募捐之助,这是中国红十字会设立募捐箱之始①。在救助1928~1930年西北华北旱灾时,实行宝塔捐,这种方式相当于中国现行福利彩票。

在红十字文化传播、中国红十字会及各地分会的建立过程中,以孙实甫、沈敦和、盛宣怀等为代表的绅商阶层,在倡导成立、财力支持、决策领导中均扮演重要角色。他们通过中国红十字运动,救民于兵祸灾害,对社会矛盾有一定的缓解作用,对国家治理产生了积极影响。

4. 参与国际交流,促进封闭中国的开放

中国红十字会的建立是基于对国际经验的借鉴,其机构本身具备的国际性,决定了国际交流不可避免。中国红十字会自1912年首次派代表参加红十字国际委员会第九次联合大会起,多次出席国际红十字组织的相关会议,向国际社会介绍中国红十字运动,发出中国声音;对遭遇战争或自然灾害的邻国开展国际性救护和赈济援助;与红十字国际委员会、红十字会与红新月会国际联合会及成员国一起,开展调查救护、改良卫生、防治疾病等工作;帮助他国寻找战俘。中国红十字会与国际社会的交流,在客观

---

① 《中国红十字会开检第一次募捐箱志谢》,《申报》1917年10月23日;转引自池子华《民国北京政府时期中国红十字会的赈灾行动述略》,《中国社会历史评论》2005年00期,第57页。

上不仅促进了中国与国际社会的联系，而且引入了战地救护等方面的国际经验。

（二）改组（1950~1966年）：政府在卫生与救济领域的助手

新中国成立后，中国进入社会主义历史发展时期，中国红十字会的定位也随之产生转变。1950年，在周恩来总理指示下，中国红十字会从上海迁至北京，并进行了改组，修订了《中国红十字会章程》，成为新政府下辖的人民卫生救护团体，被赋予两项职能：一是协助卫生部发动民间力量，开展医疗卫生工作；二是协助救济总会开展救济工作。因此，在这一时期，中国红十字会的工作主要围绕基础卫生防疫和自然灾害赈济来开展，对于改善当时整个国家落后的医疗卫生状况，保护人民生命与健康，以及减少频繁的自然灾害对国家经济社会发展带来的冲击，均起到重要作用。1952年中国红十字会恢复了在国际红十字运动中的合法席位，协助新政府履行《日内瓦公约》，多次参与国际救灾，在朝鲜战争中开展战地医防服务，妥善处理抗日战争及朝鲜战争中的战俘问题。这些工作的开展，在当时多变紧张的国际政治格局中，有助于新中国赢得国际社会的尊重，改善外交环境。

1. 开展医防服务，承担卫生职能

新中国成立前，中国处于半封建半殖民地社会，并经历了约一个世纪的内外战乱，人民生活颠沛流离，整个社会卫生状况恶劣，疾病丛生，疫病横行，人口急剧下降。新中国成立后，为了尽快改变医疗卫生的落后状况，新政府决定集中力量预防流行性疾病，建立基层卫生组织，并开展群众性卫生运动与卫生教育，提高人民群众的卫生意识。为配合这项运动，中国红十字会及各地分会建立起"农村巡回医防服务队"，到缺医少药、疾病流行、卫生状况差的农村地区及边远地区开展巡回医疗卫生服务。在城市，则广泛开展卫生宣传教育工作，进行急救、家庭护理、新法接生、保育等训练，在工矿、学校中组织群众进行防疫、保健等工作。可以说，当时的中国红十字会因应社会的需要，在医疗卫生条件整体落后的情况下，在推动农村地区的医防和卫生宣传教育方面起到积极的作用，并承担起部分卫生防疫职能，很好地完成了"协助卫生部发动民间力量，开展医疗卫生工作"的任务。

2. 承担赈济职能，参与国际救灾提升国家形象

1949~1966年，中国连年遭遇自然灾害，中国红十字会积极参与救灾工作，并发挥相应的救助功能。如在1950年江淮水灾中，中国人民救济总会及中国红十字会等7个组织联合成立灾民寒衣劝募总会，向全国募集寒衣支援灾区。中国红十字会在自然灾害中积极开展防疫、疾病治疗、环境卫生改善等工作，并深入农村为"抗旱保秋""抗旱除虫"的农民服务，协助中国人民救济总会开展救济工作。

此外，中国还广泛参与国际救灾。在20世纪60年代，中国坚持"反帝""反修"，与美国、苏联关系紧张，处于全方位的"强硬外交"时期，中国在自身经济不发达的情况下，对第三世界进行全面援助。其中，中国红十字会参与国际救灾，便是其中一项重要内容。根据初步统计，仅1951~1966年间，中国红十字会向发生粮荒、水灾、地震、寒潮、霍乱、飓风等自然灾害的30多个国家都给予了积极援助，其形式有捐款，捐赠医疗物资（疫苗、药品等）和救灾物资等，有效帮助这些国家渡过了难关。应当看到，这一时期的中国红十字会对内发挥的救灾功能和对外开展的国际赈灾援助，有助于中国树立大国形象，在一定程度上缓和了当时中国孤立无援的外交局面。

3. 抗美援朝战场救护，战后问题处理

朝鲜战争爆发后，中国红十字会配合中国人民保卫世界和平反对美国侵略委员会发出《为组织救济朝鲜难民医疗队给各地分会的通知》，号召各地红十字分会组成抗美援朝医防服务队赶赴朝鲜。抗病援朝医防服务队救护朝鲜人民军和中国人民志愿军的伤病员，并为受难朝鲜人民提供医防、救助服务。此外，中国红十字会还与中国人民救济总会一道在全国发起大规模的募集慰劳品和救济品的运动，开展群众急救训练、会员吸收、红十字少年等工作，并加强对抗美援朝的宣教、检查工作。

此外，中国红十字会与外交部、公安部、总理办公室等部门制订协助日侨归国的计划，推动出台《政务院关于处理日侨若干问题的规定》，帮助因抗战影响而居留在中国的日侨回国。截至1958年7月，中国红十字会共分21次送了约3.5万名日侨归国。在处理朝鲜战争战俘问题上，中国红十字会也做了大量工作。针对中方被俘人员遭受美方的非人道主义待遇，中国红十字会积极借助红十字国际委员会的力量向美方施压，并对美军虐杀中方战俘事项进行详细的调查并向国际社会公开。

（三）恢复发展（1978~1992年）：组织体系和救灾机制逐步形成

"文革"十年，中国红十字会及全国红十字工作停顿。1978年4月1日，国务院批转卫生部、外交部《关于恢复红十字会国内工作的报告》，标志着国内红十字工作进入全面恢复发展时期。1985年5月，中国红十字会四大修订章程，将中国红十字会定位为"人民卫生救护和社会福利团体"，是"政府的助手"，在"人民卫生救护团体"基础上添加了"社会福利团体"的职能，首次提出要把中国红十字会办成具有中国特色的社会主义红十字会，以实行人道主义为宗旨。这一时期，中国红十字会在业务活动及组织机构发展上均得到恢复，并有所发展。在国家市场经济体制改革驱动下，中国红十字会的收入方式也进行开放性探索，尤其是允许兴办经营性实体，拓宽中国红十字组织资金来源。

1. 组织恢复发展，组织体系基本形成

这一时期，中国红十字组织重启建设之路，建立各级红十字组织，并向国家机关、行业系统延展。到1989年，红十字组织在全国30个省、自治区、直辖市恢复和建立，基层组织达到8.7万个，会员达850万。各级红十字组织，不仅按国家行政区域划分的省、市、县、乡、村逐步向下延伸，而且逐步向国家机关和行业系统发展，个别特殊行业也建立红十字组织。①

2. 救灾体制逐步完善，台海服务促进两岸融洽

发动人民群众参与国内外的救灾工作是中国红十字会组织恢复发展时期的重要内容。例如，针对20世纪80年代的非洲干旱灾害，中国红十字会在全国开展社会性募捐运动。在1987年大兴安岭特大火灾中，中国红十字会呼吁为灾区募捐，派出7支防疫医疗队开赴火灾现场进行检疫、防疫工作，并首次向国际社会提出受援请求并得到积极

---

① 王立忠、江亦曼、孙隆椿主编《中国红十字会百年》，新华出版社，2004，第177页。

响应。① 基于对提高救灾效能的认识，1990年中国红十字会第五次全国会员代表大会提出逐步建立备灾救灾体制，并专门设立备灾救灾中心。

20世纪80年代中后期，随着海峡两岸形势的缓和，大陆与台湾地区互往的探亲、访问、旅游等人数逐年增加，在人员往来中衍生出寻人工作、医疗服务、死亡处理、遗产继承等诸多问题，使得对台湾事务服务工作变得更加艰巨。1988年初，中国红十字会成立"台湾事务部"，开展台湾事务服务工作。中国红十字会与中华台北红十字会通力合作，先后促成了"三保警"和"闽狮渔"突发事件的完满解决。尤其是1990年两岸红十字组织达成的《金门协议》，为两岸处理遣返人员而引起的突发事件找到了沟通的有效途径，架起了一座人道之桥、友谊之桥。② 这些为稳定台海局势起到了积极作用。

此外，参加公民义务献血的宣传、动员、组织，首次成为中国红十字组织的任务。

3. 在市场化浪潮影响下开展实业，实现资金多元化

在经济体制改革时期，从实际情况出发，因地制宜，在兴办福利事业的基础上，创办一些投入少、社会效益和经济效益高的小型服务或生产经营性实体，是中国红十字组织为拓宽经费来源而采取的一项新举措；走兴办实体、服务社会、增强实力、发展事业之路，逐渐成为共识。中国红十字组织的经费应逐步形成以会费、募捐、兴办事业、有关部门补贴等自筹经费为主的局面，改变以往过于依赖行政拨款的状况。有鉴于此，1990年《中国红十字会章程》规定，各级红十字会可以兴办各种经济实体，而兴办事业及经济实体的收入是中国红十字组织经费主要来源之一。③

（四）现代转型（1993年至今）：政府人道主义工作助手

1993年，《中华人民共和国红十字会法》出台，对中国红十字会的宗

---

① 詹奕嘉：《唐山大地震后30年：中国接受救灾外援的历程》，《世界知识》2006年第14期。
② 孙柏秋主编，池子华、杨国堂等：《百年红十字》，安徽人民出版社，2003，第437页。
③ 徐国普、池子华：《新中国成立后中国红十字会发展的历史轨迹——以〈中国红十字会章程〉为路径的考察》，《江西社会科学》2009年第9期，第146页。

旨、性质、任务和职责进行法律规定，标志着中国红十字组织进入依法治理的新时期。根据《中华人民共和国红十字会法》，"中国红十字会是中华人民共和国统一的红十字组织，是从事人道主义工作的社会救助团体"。自此，中国红十字会确立起以"三救""三献"为核心的人道事业范畴，并理顺管理体制建立社会监督机制，成为政府人道领域的助手。

1. 发展"三救""三献"核心人道事业

随着定位的明确，中国红十字会业务职责日渐清晰，发展出"三救""三献"的核心人道事业，即应急救援、应急救护与人道救助和为无偿献血、造血干细胞捐献、遗体和人体器官捐献服务。

中国红十字会加入国家应急预案体系，初步建立全国红十字应急救援机制。2005年，中国红十字会制定《中国红十字会自然灾害等突发公共事件应急预案》，被纳入国家总体应急预案体系，并专门成立应急工作领导小组，推动省级和地级红十字会制定应急预案，其中大部分措施被纳入当地省级政府总体应急预案体系中。2006年，中国红十字会建立中国红十字紧急救援队，促进全国各地红十字会紧急救援队的成立，增强红十字紧急救援能力。中国红十字会先后参与"98洪灾"、"非典"、汶川地震、雅安地震、鲁甸地震等自然灾害及重大公共事件的救援。在备灾方面，中国红十字会在全国范围内建立起6个区域性备灾救灾中心、15个省级红十字会备灾救灾中心，在30多个地（市）县红十字会建立起备灾仓库，并开发出备灾救灾信息网络系统，形成红十字备灾物资储备网络体系。中国红十字会每年的备灾储备物资价值达到6000万元。同时，中国红十字会与美国红十字会、亚洲备灾中心合作开展中国红十字会灾害管理培训，开展应急救护管理系统培训，提升应急救援能力。

应急救护工作是中国红十字会的传统工作和法定职责。目前，中国应急安全教育普及率仅为1%，远远无法满足人口众多、自然灾害频发、突发事件与安全生产严峻形势产生的应急救护的需求。中国红十字会专门成立救护工作委员会和训练中心，开展应急救护培训，采取应急救护"进群众、进社区、进组织、进行业"的策略，运用彩票公益金开展救护师资培训，与安全生产结合，在公安、旅游、煤炭、铁路、民航、公路交通等重点领域拓展应急救护培训业务，举办全国性红十字应急救护大赛，普及应急救护知识技能，建立应急救护培训长效机制。在2006~2009年，全国红十字应急救护组织培训救护师达12万人，培训红十字救护员达1100多万人，参加初级卫生救护培训人数超过5368万人①。此外，中国红十字会充分运用现代科技，开发出"红十字急救掌上学堂"急救手机软件（App），为公众提供救护知识自学工具，提高公众急救知识和技能的普及率。

中国红十字会通过开展多项救助项目，为社会弱势群体提供生活、医疗、心理等方面的救助服务。如在全国各级红十字组织开展"红十字博爱送万家"项目，已为近3000万贫困人群送去慰问物资；开展"艾滋病预防与关爱""扶贫救心""爱心工程"项目，分别以同伴教育推动艾滋病防治和救助偏远地区先天性心脏病患者工作；设立"心灵阳光工程"项目，与救灾工作结合起来，为灾区人民提供心灵教育、救援和重建服务。

在无偿献血工作中，中国红十字会推动全国红十字组织发挥宣传与表彰作用。在造血干细胞捐献方面，中国红十字会成立中国造血干细胞捐献者资料库，并在全国建立31个省级分库，认定29个HLA组织配型实验室。目前，该库已拥有216.4万造血干细胞捐献志愿者资料，成功捐献5311例。在遗体与人体器官捐献方面，中国红十字会成立中国人体器官捐献管理中心，负责人体器官捐献的宣传动员、报名登记、缅怀纪念等工作，开通中国人体器官捐献管理中心网站，搭建信息平台，并与国家卫计委共同设立中国人体器官捐献与移植委员会，对全国器官捐献和移植的管理工作进行顶层设计并拟定相关政策和措施。

2. 理顺管理体制，建立社会监督机制

1999年，中国红十字会由"卫生部代管"改为"由国务院领导联系"，理顺中国红十字会与中央政府部门的关系，同时推动地方红十字会理顺管理体制。2012年的统计数据表明，在334个地级红十字会中，已理顺机构的约占97%，在2840个县级红十字会中，已理顺机构的约占65%。

---

① 《首届全国红十字应急救护大赛举行华建敏出席并讲话》，资料来源：中国红十字会官网，http://www.redcross.org.cn/hhzh/zh/hxyw/yjjy/201210/t20121011_1166.html，最后访问时间：2015年1月15日。

2011年"郭美美事件"使中国红十字组织公信力遭受重创。为加强社会监督，2012年，中国红十字会建立社会监督委员会，聘请公益、媒体、学术等各界代表为社会监督委员会委员，着力建立公众监督机制，加强公信力建设，从而开启体制改革的序幕。

（作者：赵延会）

国际红十字运动和外国红十字组织社会治理功能与经验

一 国际红十字运动在全球治理中的作用

国际红十字与红新月运动（以下简称"国际红十字运动"）主要由三个部分组成：红十字国际委员会、红十字会与红新月会国际联合会以及各国红十字会或红新月会。这三者都起源于亨利·杜南发起的人道救援机构和他提出的人道主义设想。

红十字国际委员会的前身是伤兵救护国际委员会，主要功能是协调国际红十字运动，组织各国红十字会在战争及其他暴力冲突中实施救援，负责和冲突方联络。

红十字会与红新月会国际联合会成立于"一战"后，设立初衷是将国际红十字运动业务范围扩大到对非武力冲突领域中的紧急救援工作。与红十字国际委员会相比，该联合会侧重于改善世界卫生健康状况、实施灾难应急救援，业务范围十分广泛，更好地发挥国际红十字运动在武装冲突之外的人道危机领域的作用。

北京红十字组织是中国红十字组织的重要组成部分，遵循国际红十字运动确定的"人道、公正、中立、独立、志愿服务、统一、普遍"这七项基本原则。在北京市朝和谐宜居的国际化大都市发展的进程中，北京红十字组织有必要放眼世界，把握大势，传承国际红十字运动的精神、学习其最佳经验，更好地实现北京红十字组织"国内领先、国际一流、具有世界影响力"的奋斗目标。

(一)红十字国际委员会(ICRC):协调指导国际冲突救援,促进人道主义发展

红十字国际委员会(International Committee of the Red Cross,以下简称ICRC)是一个公正、中立、独立的组织,其特有的人道使命是保护在武装冲突和其他暴力局势中受难者的生命与尊严,并向他们提供援助。ICRC指导和协调国际红十字运动在武装冲突和其他暴力局势中开展的国际人道主义行动,担任领导角色,并负责同冲突各方联络。

国际红十字运动来自于亨利·杜南于1859年提出的关于保护战争受害者的倡议:订立一个各国军队有义务照顾所有伤兵的条约;在各国设立国家红十字组织,为军队医疗服务部门提供帮助。1863年2月17日,杜南在日内瓦建立了伤兵救护国际委员会,即ICRC的前身。1864年8月,该委员会说服12国政府签署了《日内瓦公约》,该公约规定各国有义务避免伤害并保护伤兵以及与伤兵护理有关的人员和设备,并确定了统一的标志:白底红十字。到1949年为止,在ICRC的倡导下,世界各国同意并完善了《日内瓦公约》,其内容分别涉及战地伤者、病者,海战受害者和战俘,以及敌对方对控制下平民的保护等方面。《日内瓦公约》还规定了ICRC在武装冲突局势中的主要职责。1977年,该公约的两个"附加议定书"也获得通过,第一"附加议定书"适用于国际性武装冲突,第二"附加议定书"适用于国内武装冲突,两部"附加议定书"还制定了有关敌对行动的规则。

ICRC总部设立在瑞士日内瓦,在4大区80个国家建有分支机构,并有工作人员1.2万人。ICRC的管理机构由大会、大会委员会和主席团构成,负责制定ICRC有关发展国际人道法方面的政策、战略和决议,并监督相关决议的实施(ICRC组织架构见图3-1)。大会由15~25名经原任委员选举产生的瑞士籍委员组成,具有社团性质。

1. 武装冲突中的人道援助

(1)战俘援助。ICRC同各国红十字会协作,在一线展开人道战地救援工作,开设战地医院和手术室,提供医疗急救,运送救援物资,运送伤员,联络失散家属,探望战俘和暴力冲突的受害者,等等。

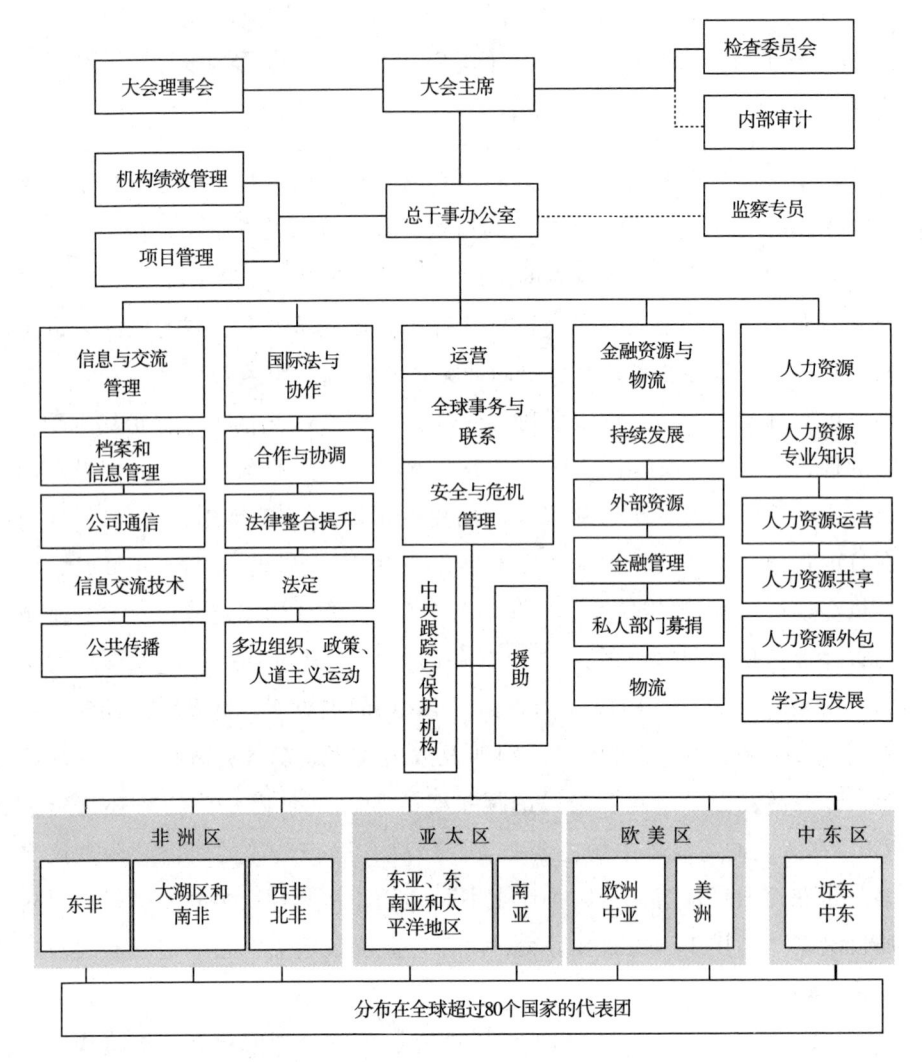

图 3-1　红十字国际委员会组织架构图

资料来源：ICRC, *ICRC 2013 Annual Report*。

（2）维护拘留者人道权益。ICRC 通过定期探视，致力于防止酷刑及其他形式的虐待、强迫失踪，以及法外处决，确保被拘留者享有基本司法保障权，并维护被拘留者及其亲属之间的联系。

（3）平民保护。平民保护措施主要针对两类特殊人群：一类是在武装冲突中被逮捕或拘留的人；一类是不参与或不再参与敌对行动和暴力对抗的平民。ICRC 提供的解决方案包括与主管部门进行保密交涉，转移战区受困群众，以及为保障平民基本权利而协助冲突各方达成协议等工作。

（4）重建家庭联系。根据国际人道法要求，武装冲突的相关各方应尽一切所能帮助离散的家庭重建联系，ICRC的中央跟踪与保护机构及其合作伙伴为离散家庭提供帮助，努力确保其家人在等待消息的漫长过程中得到适当的社会心理支持。活动包括通过电话、网络和书信保持联络，对需要寻找的下落不明者、与家人离散儿童和被拘留者等特别脆弱人群进行登记等。

（5）确保基本医疗到位。为降低由于医疗服务匮乏所导致的死亡、患病、痛苦和残疾的概率，对当地的医疗服务加以援助，有时还会暂代其行使职能。援助内容丰富多样，如药品和医疗设备，外籍内外科医疗队，对更多医疗工作者的培训，医疗机构的重建和对其管理或行政方面的支持。

（6）确保饮水和居住安全。为减少因居住环境受到破坏或供水中断而造成的死亡和痛苦，ICRC开展供水、储水和配水，卫生设施与垃圾处理，电力维修与管理，住所的建造、修复与安全保护，以及提供临时住所等工作。

（7）遗体寻送。ICRC为当地机构进行的遗体寻找、鉴定和送回工作提供建议、支持和培训，并根据需要提供保护、法律指导、心理支持、健康建议、经济资助等人道主义工作。

（8）降低武器污染风险。战争遗留爆炸物会造成环境污染，导致相关地区居民无法获得水、木柴、耕地、卫生保健和教育，妨碍救济工作的开展，加剧了人道问题。ICRC通过对相关地区的资料收集和分析进行规划勘察、清理等工作；建立安全区，开展经济安全和水与居住环境项目，提供食物和燃料；开展小额信贷计划，帮助人们减少有生命危险的生活；结合当地具体情况展开风险教育，提高人们对危险的意识；建立社区联系。

2. 推广人道主义原则，保障基本生活安全

（1）宣传并确保人道主义工作的实施。ICRC设立咨询服务处（the ICRC's Advisory Service），通过国内立法和行政措施，协助当地政府落实国际人道法的宣传和实施，提供专业的法律援助和支持。设立数据和资料中心，提供各种信息并开展法律研究。同大学合作开设国际人道法课程，组织法庭模拟和写作比赛等活动，促进对国际人道法及其行动目的和意的了解。在各冲突国展开与武器携带者①对话,委派退伍军人或警察为代表,阐明自身在人道事务上公正、中立和独立的立场,力求确保人道活动不被用于军事或政治目的,以期将国际人道法加入训练和行动指南中。

(2) 保障经济安全,保证基本生计。② ICRC 向需要帮助的地区提供食物、临时住所和其他生活必需品,建立可持续粮食生产及微观经济项目③,并确保当地有接受医疗保健和教育的机会。根据服务需求和当地的具体情况,ICRC 的介入工作分为对当地服务商职能的替代、支持、说服和协调四种方式。

(3) 全球多元化合作推动人道主义工作共同进步。商业界为推广其企业社会责任,同 ICRC 接洽,开展互相交流活动,为 ICRC 人道活动提供支持。ICRC 与私营企业保持合作关系,旨在向那些在易爆发冲突地区开展业务的公司推广人道原则,并通过构建以明确道德标准为基础且互惠互利的战略伙伴关系来增强 ICRC 帮助战争受难者的能力。

3. 财政收支情况

ICRC 的资金主要来自各《日内瓦公约》缔约国(政府)、各国红十字会与红新月会、超国家组织(如欧盟委员会)以及团体和私人的自愿捐助。ICRC 84.46% 的捐款来自政府,其中以来自美国和其他欧洲国家政府的捐助居多。由于 ICRC 的工作涉及世界各个国家和地区,其收支统计按总部和各地区分别统计(见图 3-2)。

2013 年,ICRC 的实际支出为预算的 91%,支出比重最大的是援助工作,接下来依次为保护工作和预防工作(见表 3-1)。援助工作主要包括维护用水和住所安全,食物和基本生活用品援助,生产性投入和对红十字工作的训练和服务等内容(见表 3-2)。

---

① 武器携带者指的是正规武装部队、警察部队、准军事团体、武装反对派,以及私人军事和安全公司。
② 红十字国际委员会对经济安全的定义是根据生理需求、环境和当下文化标准,认为个人、家庭或社区具备可持续地满足基本生活需求并支付不可避免支出的条件。
③ 微观经济项目的目标是在一定时间内以可持续方式增强家庭及整个社区的创收能力。这些项目是专门为满足受助者提出的个别需求而量身定制的。最常用的微观经济手段是生产补助、职业培训和小额贷款。

2013年的捐款方类别

- 各国政府 84.46%
- 欧盟委员会 7.24%
- 各国家红十字会 3.28%
- 私营企业 4.21%
- 其他 0.81%（公共资源0.62% 国际组织0.19%）

2013年的主要捐款方（百万瑞郎）

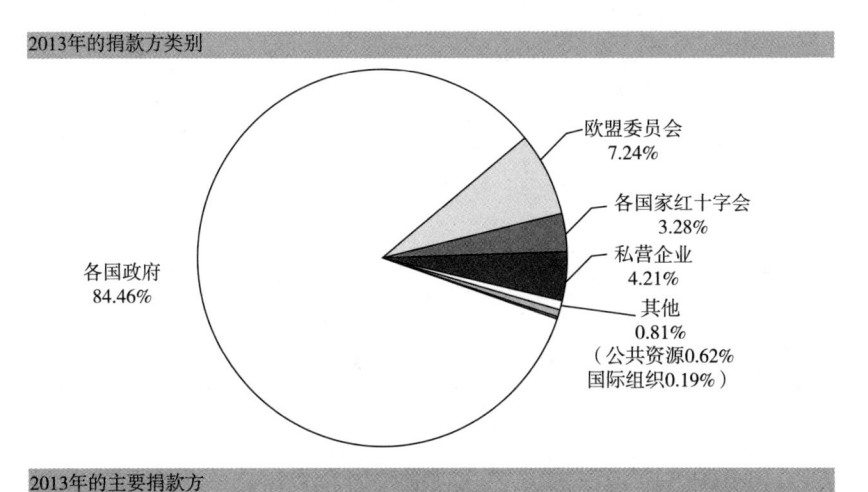

美国政府	260
英国政府	163
瑞士政府	120
欧盟委员会	88
瑞典政府	70
挪威政府	64
日本政府	51
德国政府	49
澳大利亚政府	45
加拿大政府	37
荷兰政府	31
科威特政府	24
丹麦政府	23
比利时政府	20
法国政府	17
芬兰政府	13
爱尔兰政府	11
挪威红十字会	10
卢森堡政府	10
意大利政府	5

图3-2 2013年红十字国际委员会资金来源和前20位主要捐赠方

资料来源：ICRC, *ICRC 2013 Annual Report*。

表3-1 2013年红十字国际委员会支出情况一览

支出（千瑞士法郎）	总 额
保护工作	192545
援助工作	634255
预防工作	138576
和各国红十字会的合作	76037
常规工作	3665

1045078
其中，日常支出：63308

续表

执行率（%）	
支出/年预算	91
人事（人）	
流动员工	1601
驻地员工（不包括按日计酬工）	10183

资料来源：ICRC, *ICRC 2013 Annual Report*, p.89。

表 3-2 2013 年红十字国际委员会援助工作情况一览

援助		
平民（例如：居民、归国军人）		
经济安全、水和居住环境（某些案例中，在保护项目或合作项目中提供）		
食品	受益人数（人）	6756494
必要的家用设备	受益人数（人）	3018652
生产性投入	受益人数（人）	4606194
现金	受益人数（人）	1021225
抵用券	受益人数（人）	43602
工作、服务和培训	受益人数（人）	3525666
水和居住地活动	受益人数（人）	28367530
健康		
受支持的健康中心	数量（个）	454
伤病		
医院		
受援助的医院	数量（所）	326
水和居住地		
水和居住地活动	床数（张）	16864
身体复原	—	—
受援助的中心	数量（个）	93
接受服务的病人	数量（人）	283691

资料来源：ICRC, *ICRC 2013 Annual Report*, p.89。

（二）红十字会与红新月会国际联合会（IFRC）：引领灾难应急救援，改善世界卫生健康

红十字会与红新月会国际联合会（International Federation of Red Cross

and Red Crescent Societies，以下简称 IFRC）严格遵守红十字会与红新月会运动的 7 项基本原则：人道、公正、中立、独立、志愿服务、统一和普遍。其战略目标是拯救生命，保护生计，加强灾难和危机的恢复；实现健康和安全的生活；促进社会包容与无暴力和平文化。其组织愿景是激发、鼓励、推动和促进各国在任何时间以任何形式开展人道活动，防止和减轻人类的痛苦，为维护和促进人的尊严与世界和平而作贡献。IFRC 最初为红十字会协会（League of Red Cross Societies），由美国红十字会会长亨利·戴维森于"一战"后的 1919 年在巴黎成立，最早成员包括英国、法国、意大利、日本和美国 5 个国家的红十字会。1983 年 10 月被重新命名为红十字会与红新月会联盟，1991 年 11 月再次更名为红十字会与红新月会国际联合会。IFRC 建立的初衷是更好地协调和支持未来的国际红十字运动，将国际红十字运动业务范围扩大到对非武力冲突领域中的紧急救援工作。IFRC 的第一个组织目标是"为了健康活动，加强和团结已有的红十字会并促进新红十字会的建立"，旨在改善经历过"一战"的民众健康。

根据 1997 年签订的《塞维利亚协议》，在自然灾害、技术性灾害和其他紧急情况下，红十字会与红新月会国际联合会担任主导机构开展国际救援工作。IFRC 是世界上最大的、基于自愿的人道主义网络，其成员包括全世界 187 个国家红十字会，总部设在日内瓦，并在世界各地建有 60 多个代表办事处。IFRC 中的大会是最高决策机构，大会每两年召开一次，由各国家代表组成。IFRC 作为一个中介赠款组织，严格执行工作体系的透明公开政策，在官方网站上公开详细的财政收支信息，并公布由英国国际发展部和瑞典国际发展合作署对 IFRC 做出的外部审查报告，制定预防与控制欺诈、腐败政策，监督各个项目的执行情况并做出评估。

1. 预防减少伤害，保障基本安全

（1）改善基础设施，加强能力建设。IFRC 的发展项目，预防和减少可对人类造成伤害的因素，帮助社区建设，使之变得更加安全、健康和融洽。对灾难响应服务进行投资，培训当地志愿者组织，从而建立早期预警及交流系统和地方、国家及国际协助合作系统，对地区基础设施进行更换，改善环境，提高社区复原能力，并促进不健康社会和个人观念模式发生转化。

（2）危机前准备，危机中响应，危机后支援。IFRC将灾难与危机管理分为三阶段，即：准备阶段、响应阶段和恢复阶段。准备阶段的任务主要是改善生活环境，建立早期预警信息系统和应急响应团队，总结灾难发生的教训，训练当地志愿者，帮助国家红十字会做好准备工作。另外，IFRC还为地区危险和抵抗灾难能力做评估，设计应对策略。

在响应阶段，IFRC为受到灾难影响的地区提供临时庇护所（如帐篷）、庇护所安装设备和重建家园的材料，并为居民提供建筑方面的技术指导与培训。另外，还提供饮水健康安全服务，并对当地居民提供公共健康检查和治疗。IFRC于1985年建立救济应灾基金来支持灾难救助响应工作，该资金可以在24小时内授权发放。

在恢复阶段，IFRC主要提供食物等救援物资。

（3）移民人权保障。IFRC的移民[①]工作重点是关注移民的需要和易受伤害特性，支持移民做他们渴望做的事情并认可移民的权利，为移民提供帮助、保护和人道主义支持，同移民建立合作伙伴关系，并帮助当地缓解移民压力。IFRC为移民提供食物、衣物、庇护所、保健卫生、急救和心理等方面的援助，保障他们的基本需求，并提供法律援助，吸收他们为红十字组织的工作人员或志愿者，帮助他们更好、更快地融入当地社会生活。IFRC的工作与对象是否拥有合法身份无关。IFRC的欧洲分部还于1997年建立了难民和政治避难者信息平台。

2. 提供卫生健康服务，开展沟通交流

（1）提供基础公共卫生服务，改善生活环境。①水及环境卫生：建立并实施大规模、长期持续的水及环境卫生项目，[②]减少在水运输过程中发生与水相关疾病的风险，并进行卫生宣传、社区协调及运营管理，维护水和环境卫生基础设施。②应急响应：提供急救服务，向各国红十字会提供技术支持，设立了全球急救咨询中心，同教育机构、研究人员建立

---

① IFRC对移民的定义是劳动移民者、无国籍移民者、被当局认为不符合规定的移民者、逃离国家的移民者、难民和政治避难者。

② 红十字会与红新月会国际联合会发起了"全球水和环境卫生行动"（Global Water and Sanitation Initiative），截至2013年1月，已在56个国家拟定了300多个计划，目标是在2015年使受益人达到1500万。

合作关系，并向每个人传授急救知识和技巧，提高急救能力。IFRC 开展的现场急救服务涉及为战争冲突和其他暴力局势中的国家提供心理辅导、急救（含救护车）和道路安全等服务；为大型集会如奥运会提供以社区为单位的基础卫生和急救服务等。③疾病控制：IFRC 对疾病进行控制。受控的疾病主要有艾滋病、疟疾、麻疹、非传染性疾病、大规模流感、小儿麻痹症和结核病。打破法律、社会和经济上的对各项疾病治疗服务的阻碍，保证人权，推广并促进以社区为基础的预防、治疗和支援。为疟疾严重地区分发长效驱蚊帐，并运用极速手机问卷（Rapid Mobile Phone – Based Survey，RAMP）[①] 对工作进行监督和评估。将口服小儿麻痹症疫苗带给最偏远地区的人们，并为超过 6 亿的儿童接种麻疹疫苗。为应对新型流感病毒，IFRC 建立人道主义的大规模流感防御项目，为各国制订对应训练计划。IFRC 志愿者还负责结核病等的跟进治疗工作，确保患者遵守医嘱，帮助患者获取优质食物，并提供咨询及心理治疗。

（2）完善卫生健康设施，提高生活品质。①孕产妇和儿童：降低儿童死亡率并改善孕产妇生活环境，将此项工作贯彻于妇女和儿童生活的方方面面，确保其在从住所到健康设施等所有生活环节都受到照顾。为该项服务的需求方和供给方建立联系，使之更好地实现供给。②毒品伤害：呼吁政府为吸毒者提供公正的治疗，实施有效措施减少与艾滋病病毒和肝炎病毒患者的接触，增强社会包容性。向各国红十字会持续提供技术支持，建立"风险针对（risk – targeted）"项目应对特殊问题，包括提供针筒交换、美沙酮维持疗法、安全注射教育、早期预警，以及药品预警，从而减少服药过量、中毒和感染的危险。③血液服务：推广无偿献血，并致力于血液产品及服务的安全供给工作。建立全球咨询组，为血液服务提供技术性专业知识，从事如对 2011 年实施的血液政策（blood policy）那样的咨询支持、日常资源协调，以及血液服务知识交流等工作。推广安全和持续进行的血液项目，负责血液的采集和供给。血液服务主要应用如下方面（图 3 – 3 所示）。③心理健康：心理支持服务旨在帮助人们提

[①] 极速手机问卷（RAMP）是用少量的费用和时间进行及时高质量的调查的问卷方式，调查对象更广，收集更快捷，数据的存储也更方便，已用此种方式在肯尼亚、纳米比亚、尼日利亚实施过与疟疾相关的调查活动。

高处理灾难和危机并从中恢复的能力。IFRC 于 1993 年建立心理咨询中心,由丹麦红十字会主持。心理咨询服务分阶段进行,主要在应急响应和长期恢复两个阶段提供服务。该服务从事件发生到后期的回访,延续时间可长达 3 年。④社区卫生:开展社区单位健康与急救(Community – Based Health and First – aid,CBHFA)服务,改善社区卫生,加强同科研人员、公共卫生组织的合作,提高救命技能,完善社区响应机制,提供技术支持、能力建设和知识管理,从事研究和创新。CBHFA 的工作指南已被翻译成包括中文在内的 40 种语言,且在 IFRC 官网上推出了 E – learning 服务,方便人们学习。⑤道路安全:重视道路安全,制定并实施了国家道路安全政策,为道路安全措施提供充足和稳定的经费资助。为弱势群体建立更好的道路系统,提高大众对道路危险的认识,对新老司机进行急救方面的培训,制作个人道路安全承诺卡片,提醒司机在开车时应注意的问题。

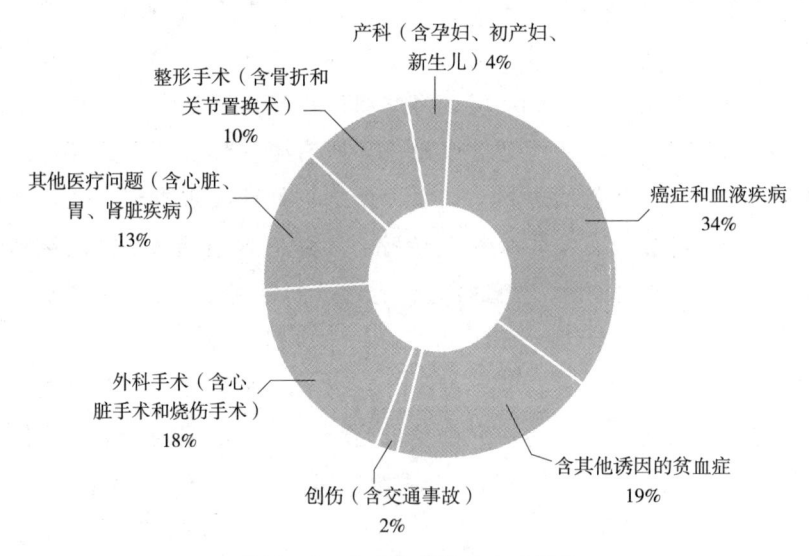

图 3 – 3　全球血液服务应用情况

资料来源:IFRC, IFRC Health Corporate Folder:38.

(3)直接沟通,准确服务。IFRC 通过面对面沟通、市民大会、短信等方式,同民众建立联系,从而提供更快、更准确、更高质的服务。

3. 财政收支情况

IFRC 的资金主要来自各国红十字会、政府及相关机构和企业的捐赠,2012

年共收到 2.163 亿瑞士法郎。按捐赠国别（含国际组织，如欧盟）划分，如图 3-4 所示，英国、日本和瑞典各占全部捐赠的 12%，高居捐赠榜榜首。

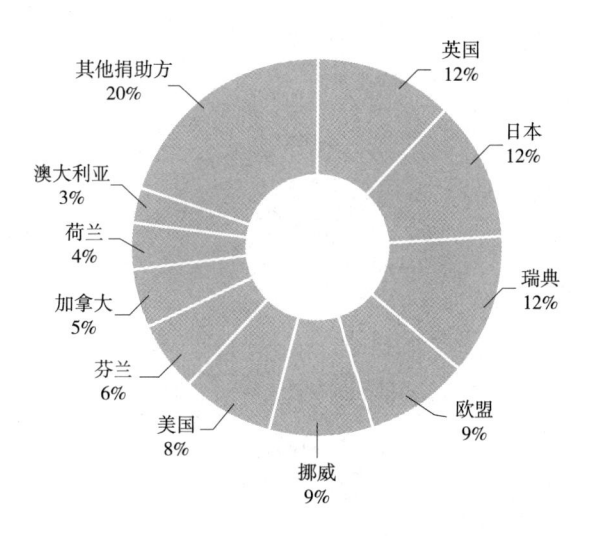

图 3-4　2012 年按捐赠国别划分的 IFRC 资金来源情况

资料来源：IFRC《红十字会与红新月会国际联合会 2012 年年度报告》，2012，第 29 页。

按照捐助方的类别来划分，如图 3-5 所示，国家红十字会对 IFRC 的捐赠额占总额的比例高达 67.5%，是 IFRC 资金的主要来源。

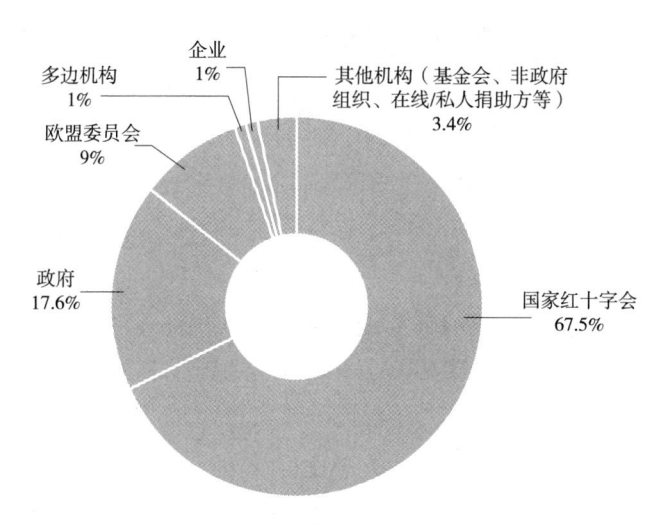

图 3-5　2012 年按捐赠方类别划分的 IFRC 资金来源情况

资料来源：IFRC《红十字会与红新月会国际联合会 2012 年年度报告》，2012，第 29 页。

在支出方面，从项目类别来看，48%的资金用于应灾项目，40%用于发展项目（见图3-6）；从项目支出地区来看，资金的29%用于亚太地区，25%用于非洲（见图3-7）。

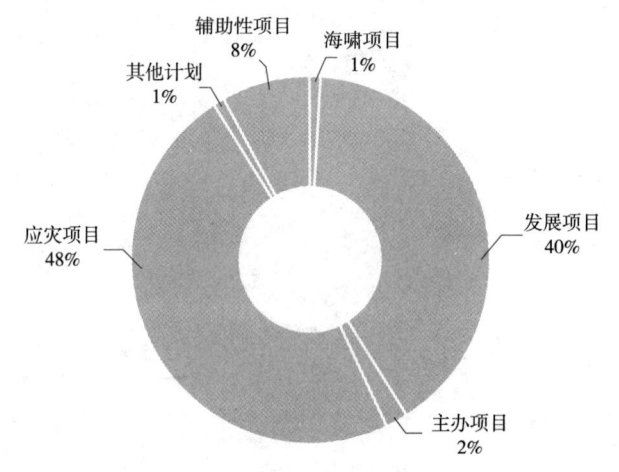

图3-6　2012年IFRC资金各项目的支出情况

资料来源：IFRC《红十字会与红新月会国际联合会2012年年度报告》，2012，第32页。

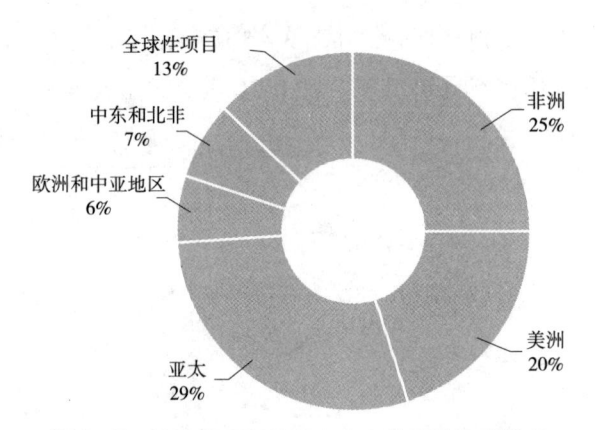

图3-7　2012年IFRC资金向各地区的支出情况

资料来源：IFRC《红十字会与红新月会国际联合会2012年年度报告》，2012，第32页。

（三）国际人道法：国际人道主义准绳

1. 基本定义

国际人道法是国际公法的一部分，是指出于人道考虑而设法将武装冲突所带来的影响限制在一定范围内的一系列规则的总称。它保护没有或不再参与敌对行动的人，并对作战的手段和方法加以限制。国际人道法也被称为"战争法"或"武装冲突法"。国际人道法由两个部分组成："日内瓦法"和"海牙法"。"日内瓦法"的重点内容是对非战斗人员，特别是对平民的保护；"海牙法"则规定参与交战的各方在执行军事行动时所要履行的权利和义务。① 这两个部分的内容最终在1977年以"附加协定书"的形式结合在一起。

国际人道法的基本原则包括如下三项。

（1）冲突各方在任何时候均应将平民与战斗人员加以区分，从而避免平民和平民财产受到损害。无论是将平民作为整体还是个人，均不应受到攻击。攻击只应针对军事目标。没有或不再参与战斗的人，其生命及身心健全均有权受到尊重。在任何情况下，此类人群均应受到保护和人道对待，且不能以任何不利方式区别对待。禁止杀害或伤害已投降或不再参与战斗的敌人。

（2）无论是冲突各方还是其武装部队成员，都没有无限选择作战方法与手段的权利。禁止使用可能会造成不必要损失或过度伤害的武器或作战方法。冲突各方须对其控制下的伤者和病者予以照顾。禁止危害医务人员、医疗处、医务运输和医疗设备。白底红十字或红新月是特殊标志，它表示此类人员与物件必须受到尊重。

（3）在敌方控制下的被俘战斗员和平民，其生命、尊严、个人权利以及他们的政治、宗教和其他信仰均应受到尊重。必须保护他们免受一切暴力与报复行为的伤害。他们有权与家人通信并获得援助。他们须享有基本的司法保证。②

2. 国际人道法的起源

国际人道法的诞生并非一日之功，早在现代国际人道法形成以前就已

---

① 红十字国际委员会：《国际人道法问答》，https：//www.icrc.org/chi/resources/documents/publication/p0703.htm，最后访问时间：2014年11月10日。
② 这些由红十字国际委员会拟定的规则，概括了国际人道法的精髓。这些规则并不具有法律的权威性，也绝无取代现行条约的企图。起草它们的目的是为了促进国际人道法的传播。红十字国际委员会：《国际人道法问答》，https：//www.icrc.org/chi/resources/documents/publication/p0703.htm，最后访问时间：2014年11月10日。

经有许多用于调解武装冲突的不成文规则①。虽然我们不能将国际红十字运动的创立和《日内瓦公约》看作国际人道法建立的开端,但其中的国际红十字与红新月运动同国际人道法具有密不可分的关系。

1864年由16个国家共同签订的《关于改善战地陆军伤者境遇的日内瓦公约》为国际人道法的现代化发展奠定了基础。1949年被各国普遍认可的4个《日内瓦公约》构成了现代国际人道法的核心,而它们与1977年通过的"附加议定书"中所包含的近600个条款成为国际人道法的主要法律规定。这些由国际红十字运动推动、发起并制定的公约和条例作为国际红十字运动的行动依据,规定了国际红十字运动的责任和权利,无时无刻不在强调对人道权益的维护和支持。而国际红十字运动的基本活动如战地救护、救济灾民等的根本意义也在于确保国际人道法的执行及受其保护的人们的基本权利和待遇。另外红十字国际委员会还设有国际人道法咨询服务处,为各国实施国际人道法的相关工作提供技术支持和法律咨询。除此之外,红十字国际委员会还建立了国际人道法数据库,对各国签订的条约及条约实施情况以及掌握与运用国际人道法规则及实例研究进行统计。

3. 国际红十字运动中对国际人道法的实施和推进

国际红十字与红新月运动为推动国际人道法的现代化发展做出了巨大贡献,国际人道法的实施是国际红十字与红新月运动的首要目标。在具体实施过程中,主要是依靠各国红十字会组织利用各自的资源,采取符合当地实际的行动来推动国际人道法在各国的发展。

各国红十字会与红新月会在对国际人道法的具体实施中主要运用以下几个方式:

(1) 和各国当局讨论促进并加强对相关条约内容的支持;

(2) 促进各国国际内人道法的立法工作的进度,加强对国际人道法重要性的认识;

(3) 维护红十字会标志的合法及正确使用;

(4) 提醒、协助、参与并监督各国当局对国际人道法的传播;

---

① 从有战争以来到现代国际人道法的形成,共有超过500份的战俘交换协议、行为守则、盟约及其他旨在规制敌对行动的文件被保存下来。

（5）促进设立国际人道法国家委员会。①

各国红十字会和红新月会在推动国内人道法发展活动时，应充分利用各方面资源，通过专家意见传播人道知识，通过同各国政府及立法机关等的联系推动其内部人道法的立法进程，通过同其他成员国红十字会和红新月会的合作，交换信息，共同完善国际人道法。

4. 国际人道法国家委员会的设立

为了更加有效地协调各国政府部门间关于国际人道法的传播与援助工作，确保国际人道法被正确和切实的实施。该国家委员会所具有的职能主要包括：对现行国内法进行评估；完善国际人道法并监督其实施；促进传播国际人道法并进行相关研究。

该国家委员会并不是法律规定强制设置的机构，但其在推进国际人道法工作方面的作用不容忽视，全世界现在已建立了91个国际人道法国家委员会②。

该国家委员会的成员应包括涉及国际人道法的政府部门，如国防部、外交部、内政部、财政部等。立法委员会、武装部队司令部的人员等也十分重要，他们不属于政府部门却是具有相关专业知识的专家学者也是该国家委员会的重要组成员。

二 英美等发达国家红十字会参与社会治理的经验

作为一项国际性运动，国际红十字运动在进入各国后，根植于不同的文化与社会土壤，发展出具有不同优势与特色的红十字组织。英国、美国、加拿大和日本的红十字组织均有百多年的发展历史。无论是积极开展社会政策倡导的英国红十字会，以灾后救助为主的美国红十字会，还是被政府视为人道领域亲密伙伴的加拿大红十字会，拥有自己的医疗服务机构和运营血液事业的日本红十字会，在服务项目、政策倡导及政府购买、筹款方式创新方面，对首都红十字组织均有可借鉴之处。

---

① 国际人道法咨询服务处：《各国红十字会与红新月会和国际人道法的实施、指导原则》。
② 《国际人道法国家委员会概览》，https：//www.icrc.org/chi/war‐and‐law/ihl‐domestic‐law/overview‐domestic‐law.htm，最后访问时间：2014年11月10日。

（一）英国红十字会：承担社会服务，推动社会政策变革

英国红十字会成立于1870年，在普法战争的救援工作中扮演了至关重要的角色。它是英国皇家宪章特许的组织，也是在英国慈善委员会正式注册的慈善组织。英国红十字会与圣约翰救伤队和圣安德鲁救助组织是被英国政府认可的三个志愿援助团体。英国红十字会是英国及其海外领土唯一合法的红十字组织。英国红十字会在英国的四大区域内再次划分服务区，并设有到郡县一级的分支机构，保证了英国红十字会能够根据当地的情况提供所需要的服务。该机构在国内外现有工作人员3700人，志愿者2.7万人。

1. 帮助个人与社区应对危机

（1）愿景：帮助处于危机中的人，无论其身处何地。这些危机包括灾害、冲突、与健康相关的危机及其他个人危机。英国红十字会始终坚信"任何危机都是个人的"。

（2）使命：动员人道力量，使个人和社区能对各种危机做出准备、应对并从中恢复。

（3）价值观：同情（compassionate）、勇敢（courageous）、包容（inclusive）、活力（dynamic）。

（4）策略：以"拯救生命、改善生活"的组织策略为2010～2015年英国红十字会设定行动框架。

2. 从战地救护到社会服务

在战争背景下成立的英国红十字会，在战火不断的20世纪参与到各种战地救护中，救助颠沛流离的平民，为在战争中与亲人失去联络的人开展寻人服务。当前，战地救护因应时代需求的变化已发展为灾害与突发事件应急响应及救护，成为其常规人道项目。救助平民的人道行动发展成为更为广泛的难民救助服务，这项服务和紧急救护培训、弱势群体独立生活支持成为当前英国红十字会最具特色的三项行动。

（1）应急响应与救护：英国红十字会开展的应急响应与救护涵盖了消防与应急支持（fire and emergency support）、紧急救护（event first aid service）和对抗饥饿。2013年，英国红十字会投入2850万英镑用于紧急救援，

在7800件事件中对3.25万人实施紧急救护,收到来自商家的430万英镑物资和1.8万吨食物。

(2)难民救助服务:难民救助工作是英国红十字会的重点及特色工作。该组织在全国59个城市及街道设立服务点,为难民提供食物、英语培训、应急衣物、情感支持及法律咨询等工作,并通过追求在政治避难体系(asylum system)中的变化,减轻接受难民身份的人的贫困,为难民提供法律援助,帮助其与家庭团聚。2013年,有1万名成年难民从这项服务中受益。

(3)急救护理训练:英国红十字会提供商业训练与社区系统训练两种急救护理(first aid)训练,并开发各种急救护理手机App让人们掌握救生技术。在2013年,英国红十字会训练了44.5万人学习急救护理知识,并启动一款新的婴幼儿急救护理App供免费下载,下载量达10.9万次。同时,英国红十字会首次在10个国家推广急救护理的手机App。

(4)弱势群体独立生活支持:英国红十字会还为老人、残疾人等弱势群体开展居家、交通和助行等独立生活服务。2013年,该项服务使43.9万人受益。

3. 积极推动社会政策变革

除了开展具体的服务行动外,英国红十字会还积极开展社会活动,撬动国家政策的变革。2013年,英国红十字会将三项社会活动任务作为其工作的重点。一是确保将急救护理纳入国家课程,并鼓励更多学校开展急救护理训练。目前该国家课程中仅有关于人权和国际法的内容,但急救护理仍是各个学校"个人、社会、健康教育"(PSHE)学习项目选修课程内容。二是推动庇护制度的变革,以减轻被贴上难民标签群体的贫困,从法律上满足难民寻求与家人团聚的需要。三是争取国家与地方对预防保健和社会关怀的政策支持,推动《保健法》(Care Bill)的修订,废除享受基础社会医疗保健条件这一规定,使所有人都能享受该项权益,有尊严地、独立地居家生活。

4. 维护稳定的捐赠关系,开办慈善商店

(1)经费来源多样,主要来自稳定的捐款、服务收费。英国红十字会坚持每年向社会公开机构的收入及支出,并公布详细的财政分析报告。英

国红十字会的收入来源比较多元，包括捐款（donation）、零售（retail）、遗赠（legacies）、资助款（grants）、服务收费（contracts and fees）及其他收入（主要是低风险的投资收益）。2013年，英国红十字会创收2.28亿英镑。其中，捐赠、服务收费和零售为2013年英国红十字会排名前三的经费来源（见图3-8）。

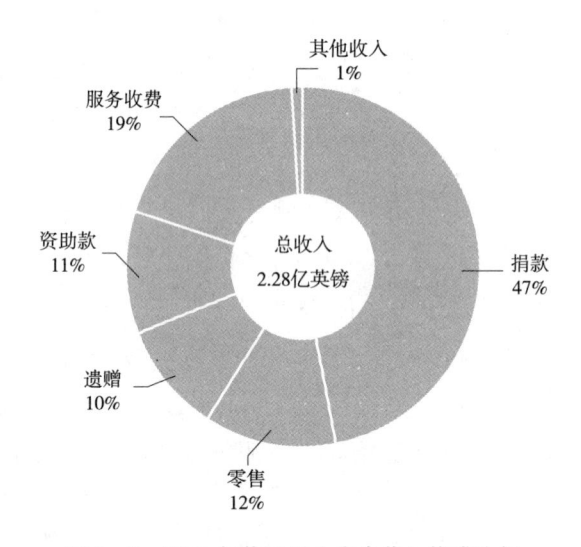

图3-8 2013年英国红十字会收入构成比例

数据来源：British Red Cross，"British Red Cross 2013 Report and Accounts: Refusing to Ignore People in Crisis"。

2013年英国红十字会收到捐款共1.07亿英镑，约占所有收入的47%。虽然整体经济状况不容乐观，但捐款收入仍比上年增长19%。这与英国红十字会有一批较为稳定的长期捐赠者有很大关系，他们支撑了英国红十字会近一半的捐赠收入。另外，英国红十字会每年开展"红十字周"（annual red cross week）活动，向公众募款。2013年，这项活动募集款项为100万英镑，约占全部捐赠的1%。

服务收费：英国红十字会对急救护理培训和独立生活进行项目收费，如工作场所的急救训练、重大活动中的急救预案等，其中部分收费虽是从资助款中转拨过来的，但更重要的是英国红十字会的这些活动本身创造的收入。2013年，英国红十字会通过提供商业服务，获得4400万英镑收入，约占所有收入的19%。

零售：英国红十字会开办零售商店及在官网上开通网店，售卖各类小礼品、急救护理培训书籍、急救包和支持独立家居生活的辅助器材等。2013年，英国共有332家红十字实体商店，零售收入2800万英镑，约占总收入的12%。

资助款：包括英国政府资助和国际资助，其中政府资助占大部分。

遗赠：英国红十字会常年开展"遗赠宣传活动"（legacy advertising campaign），号召民众在遗嘱中注明捐赠7%的遗产。对于英国红十字会而言，遗赠是一项颇具潜力的收入来源。2013年，该项收入达2180万英镑。

（2）注重发展长期捐赠者，实行储备金制度，实现资金的稳定。英国红十字会的支出主要有公益性支出（charitable expenditure）、筹资成本（costs of generating voluntary income）、零售运营成本（costs of generating retail sales）和管理费（governance）4项（见图3-9）。

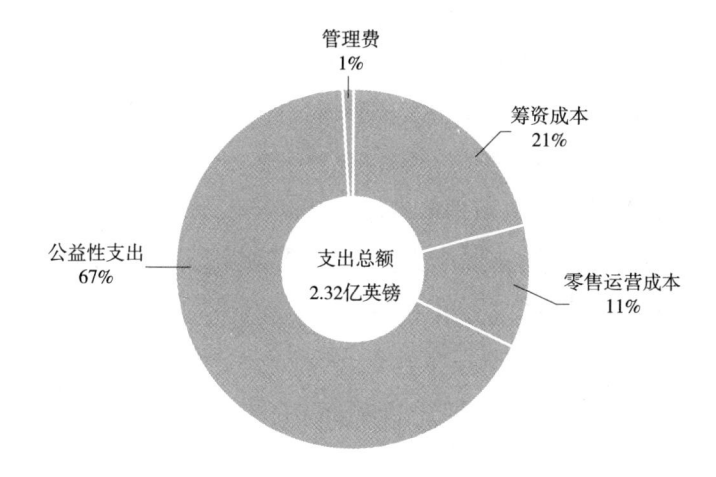

图3-9 2013年英国红十字会支出结构

数据来源：British Red Cross, "British Red Cross 2013 Report and Accounts: Refusing to Ignore People in Crisis"。

公益性支出毫无疑问是英国红十字会支出的重头。2013年，英国红十字会投入1.55亿英镑用于各类公益项目，比上年增长13%，约占所有支出的67%。英国红十字会不惜投入约两成的资金来吸引更多的稳定捐赠者，因为在其看来，这是维持整个组织长期财务生命力的保障。

英国红十字会实行储备金制度，防止因收入急剧下降或开支猛涨所造

成的机构崩溃。几年来，该机构一直处于本年支出超过本年收入的运营状态，超额支出的资金则来自储备金。2013年，英国红十字会将储备金标准从1500万英镑提升至2250万英镑，大致维持在总收入10%的水平。

5. 建立受益人管理系统，实现效果最大化

建立受益人关系管理系统（BRM），实现受益人关系记录电子化，同时发展出一些衡量英国红十字会工作对受益人生活影响程度的新方法，并改善意见反馈和投诉等的收集和使用机制。这些能帮助英国红十字会更好地了解帮扶对象，更好地了解如何帮助他们，更好地了解帮扶的实施效果，同时也更好地帮助机构掌握服务质量、效率和可持续性，使资金得到最有效的利用。

（二）美国红十字会：开展生物医学服务，重视灾后重建

美国红十字会于1881年建立，创立者为克拉拉·巴顿。美国红十字会是一个以志愿者为主导的独立组织，其使命是通过动员志愿者和捐助者的力量，防止和减轻人类在面对突发事件时的苦痛。具体而言，美国红十字会有5项主要工作：（1）争取让全世界所有病患都能够得到充分的照顾、保护；（2）帮助社会为抗击疾病做好准备；（3）提供血液救助；（4）为美国军队、军人及家属提供支援与安抚；（5）开展广泛的急救培训，保证紧急时刻生命得到及时拯救。美国红十字会设有990个基层分会，它们向各自所在的社区提供基本的日常救助。美国红十字会由志愿者组成理事会并领导该组织，95%的人员都为志愿者。[①]

1. 从战时救援到灾难救助

（1）战时救援。美国红十字会在"一战"和"二战"期间，主要服务项目为战地援救、饮水安全、公共健康护理等。尤其在"二战"期间，美国红十字会承担了对美军、盟军以及在战争中受害的平民特别是来自欧洲的儿童提供战地援救的任务，[②]并发起了全国性的血液收集项目。该项

---

① 《美国红十字会好榜样》，资料来源：《南都周刊》，http://www.nbweekly.com/culture/frontier/201107/26836.aspx，最后访问时间：2014年11月12日。

② 资料来源：http://www.redcross.org/about-us/history/red-cross-american-history/WWI，最后访问时间：2014年11月12日。

目在"二战"结束后仍得以继续,成为美国红十字会推出的第一个全国性的平民血液项目。

"二战"后,美国红十字会将工作重心转移到退伍军人服务方面,并加强了安全培训、事故预防、家庭疾病护理和营养教育等服务项目及平民血液项目的开展工作。

(2)灾害救助。灾害救助是战后美国红十字会的第二大业务。2013年,美国红十字会在国内救灾方面的支出占其年度总支出的1/6。每年,美国红十字会在国内响应灾难救援约7万件,工作范围十分广泛,从影响个人家庭的火灾到影响成千上万人的飓风、龙卷风、地震,均在其响应的灾害范围内。在灾难救助活动中,美国红十字会虽不是政府机构的一部分,但经常协同政府机构在第一时间响应救援。

美国红十字会开展的救灾工作主要是对灾后救助与恢复的协助,而不是直接开展一线救护。具体的方式是,美国红十字会向灾民提供临时庇护所和食物,并通过提供身体及心理健康辅导服务使受灾家庭和地区重新回归社会生活。值得一提的是,美国红十字会装备的应急车辆(emergency response vehicle)中常备有简易食物、救灾物品和可以稳定灾民的信息,其外观同传统意义上的救护车十分相似,但其不具备医疗救护功能。[①]

此外,美国红十字会收集志愿者信息,建立了灾难服务人力资源系统(disaster services workforce system),对他们所具备的能力进行分类,以便更有效率地给其分配任务。美国红十字会还向受灾地区给予援助,帮助受灾个人及家庭尽快恢复正常的生活,并为非英语居住者提供多语种翻译服务,建立了多语种志愿者信息库。

图3-10为2014财年美国境内灾难救助支出图,其中最大部分的支出用于对个人的救助,占总支出的71%,而食物、庇护所和减灾设施的支出占全部支出的10%。由此可以看出,美国红十字会在这一阶段灾难救助工作的重点在于对灾后恢复的协助。

近年,美国红十字会还注重运用移动软件与大众媒体来开展救灾服务,

---

① 资料来源:http://en.wikipedia.org/wiki/American_Red_Cross,最后访问时间:2014年11月12日。

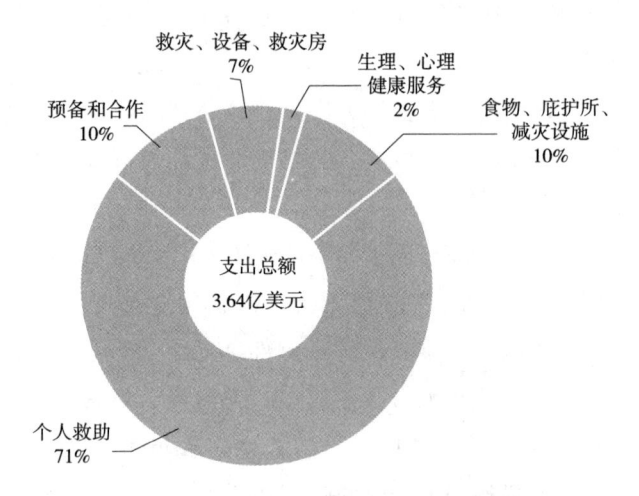

图 3-10 2014 财年美国灾难救助支出情况

数据来源：American Red Cross, "Help When It's Needed Most," *Disaster Relief Update*: *Fiscal Year 2014*。

如开发龙卷风、地震、山林火灾及飓风预警软件（red cross tornado App），警告群众尽快撤离危险区域，通过 Facebook 和 Twitter 等社交媒体发布救援信息，做到及时反馈并对救援现场的人力分配做出合理及快速的指示。同时，美国红十字会在全球范围内为其他受灾国家与地区提供紧急救灾援助。

2. 推动医疗研究事业发展

以血液事业为核心的生物医学服务成为美国红十字会的首要工作，超过六成的资金用于这项工作。美国红十字会负责血液的捐献与分配、器官的捐赠与移植、血浆产品的提供、核酸检测、去除捐赠血液中的白血球并支持血液研究等工作。美国红十字会负责向美国境内 2600 家医院及输血中心提供约 40% 的血液，[1] 提供救助生命服务（lifesaving service），向肿瘤、癌症患者和其他病患提供血液支持。美国红十字会是最早开发和从事对多种传染性疾病进行测试的机构之一，测试所包含的疾病有艾滋病（HIV）、B 型和 C 型肝炎、西尼罗病毒，以及最近流行的南美锥虫病等。[2] 另外，

---

[1] American Red Cross, *American Red Cross* 2013 *Annual Report*, p. 15.

[2] 资料来源：http://www.redcross.org/what-we-do/blood-donation，最后访问时间：2014 年 11 月 15 日。

美国红十字会还致力于血液等关系生命的医学研究，将科研与实践相结合。2010年，美国红十字会在《美国医学协会期刊》上发表了关于高龄血液捐助者安全问题研究的文章，使整个医药行业对此领域加大关注力度并取得丰硕成果。

此外，美国红十字会还向各地提供急救、心脏复苏术、自动外部除颤器、防灾准备和家庭日常安全等多方面的训练，提供宠物急救方面的参考指南，并向当地销售急救药箱等相关设备。美国红十字会坚持国际人道救援使命，对受灾国家和地区提供紧急救灾援助，并致力于全球健康运动以及预防和消灭传染性疾病的工作。

3. 产品与服务收入是美国红十字会的主要经费来源

美国红十字会的运营基金主要来自三个方面：销售产品与服务的收入，捐赠，投资收入及其他来源。2013年，在美国红十字会总收入中，销售产品与服务的收入约占63%，是其经费来源的支柱。各类捐赠约占31.3%，其中以各类资助项目为主。

美国红十字会的支出项目主要包括生物医学服务（biomedical services）、国内灾害服务（domestic disaster services）、健康安全服务（health and safety services）、筹款（fundraising）、运营管理（management and general）、国际救济及发展服务（international relief and development services）、社区服务（community services）以及军队服务（services to the armed forces）。其中，生物医学服务为其最大的支出项目，约占2013年总支出的64%（见表3-3）。

表3-3 2013年美国红十字会收支一览

单位：百万美元,%

收 入			支 出		
	金额	比例		金额	比例
产品与服务销售	2162.9	62.9	生物医学服务	2164.8	64.0
捐赠款项			筹款	189.4	5.6
			社区服务	57.2	1.7
国内外救助、日常运营和资助	927.2	27.0	国际救济及发展服务	92.7	2.7
联合劝募和联邦捐款	95.5	2.7	国内灾害服务	467.3	13.8

续表

收　入			支　出		
	金额	比例		金额	比例
捐赠的物资和服务	54.5	1.6	健康安全服务	216.2	6.4
捐赠款项合计	1077.2	31.4	运营管理	136.3	4.0
投资收入和其他	195.8	5.7	军队服务	56.6	1.7
总收入	3435.9		总支出	3380.5	

数据来源：American Red Cross，America Red Cross 2013 Annual Report。

美国红十字会的资金充沛，捐款来源多样，管理结构及网络系统完善，是我国红十字会需要学习的地方。另外，美国红十字会通过发展生物医药研究为其在医疗界获得了举足轻重的地位，也值得我国红十字组织借鉴。

（三）加拿大红十字会：政府人道主义的亲密伙伴

加拿大红十字会成立于1896年，当时名为英国红十字会加拿大分会（加拿大曾是英国的殖民地），1909年正式合法地成立了加拿大红十字会。加拿大红十字会是一个由志愿者组成的非营利性人道主义组织，致力于帮助在加拿大及世界范围内面临生存、安全、福祉或尊严威胁的人。加拿大红十字会注册为慈善组织，享受免税待遇，是加拿大联邦政府在国际人道工作领域的合作伙伴，与加拿大政府的关系是明确和清晰的。该组织现有314个分支机构，拥有近2万名志愿者，每年有超过200万加拿大人为加拿大红十字会提供服务。

战争年代，加拿大红十字会专注于战地救援和战时献血；在和平年代，尤其在进入21世纪后，加拿大红十字会的工作重心向救灾、急救护理培训、水上安全、社区健康、寻亲团聚等方面转移。

1. 从战时救援到和平时期对紧急事件及灾害的响应

在第一次和第二次世界大战期间，加拿大红十字会的工作重心是提供战地救援及战时献血项目。期间，妇女虽不能参军，但都自发参与到衣袜制作和药品供应工作中，从事支援前线的工作。志愿者们为战俘提供食物，并为外国士兵提供果酱和罐头食品。加拿大红十字会的志愿者还去英国的医院寻找失踪士兵，保留加拿大籍战犯的相关文件，并向其家人联络，告知他们的现状。

战后，战时基地医院被关闭或转型成为社区医院，战时寻找失踪士兵的战时调查局（Wartime Enquiry Bureau）转变职能，为战后欧洲地区滞留在他国的人，或由于战争、自然灾害和其他动乱而与家人失去联络的人，提供寻亲与团聚服务。

进入21世纪，加拿大红十字会投入力量主要从事国内国际的救灾和应急响应，此项工作应对各类灾害，如水灾、火灾、风灾、海啸、地震、武装冲突、恐怖袭击等。加拿大红十字会向灾区开展捐赠、救济和灾后重建活动，建立临时安置点，向灾民提供热食服务。如2004年印度洋海啸发生后，加拿大红十字会投入3.6亿美元用于救济和灾后重建工作。2013~2014年度，加拿大红十字会先后在国内参与2901件灾祸救援，直接救助人数为8.9万人，对5.5万人开展备灾培训，培训6400名救灾志愿者。

2. 支持社区健康服务

献血服务在第一次世界大战期间就已经开始，"二战"后加拿大红十字会将这一服务项目应用到一般医疗救助中。由于血液管理疏漏，20世纪七八十年代出现"血液污染事件"，在1997~1998年期间，加拿大红十字会遭受了联邦政府[①]的彻底检查，并被取消了参与输血和血液制品管理的资格，与血液相关的管理被Héma-Québec和加拿大血液服务处（Canadian Blood Services）取代。

目前，加拿大红十字会在卫生方面的工作主要在社区健康服务上，并关注母婴和幼儿健康。加拿大红十字会通过社区健康服务支持安全、有尊严的居家生活和护理。该组织为老人、残疾人及其照顾者提供拜访陪伴、送餐、保障性住房、代购等各类社区支持服务；还为生病或受到意外伤害的儿童提供家庭支持小组服务，手拉手帮助他们渡过难关；开办关于防止暴力、孤立他人和虐待的研讨会，应对加拿大境内频发的儿童问题。经过多年协商，加拿大境内的各地区红十字分会共同建立了卫生设备贷款服

---

① 加拿大联邦政府于1993年建立了血液系统调查委员会。

务，提供拐杖、轮椅，为在家康复中的患者提供短期贷款。加拿大红十字会设立了红十字移动食物银行（Red Cross Mobile Food Bank），为需要的人提供食物和营养。

3. 在急救护理培训基础上发展出水上安全特色服务

普及急救护理知识是加拿大红十字会的一项长期开展的工作，主要针对家庭、工作等场所发生的人道危机开展急救护理和心肺复苏培训。另外，还为移民和难民提供多语言急救培训，帮助所有在加拿大生活的人们学会应急技能。2013～2014年度，超过60万加拿大人接受了该组织的急救护理培训。

水上安全服务旨在降低水上运动中出现的危险概率，主要通过开设游泳、急救方法等课程传播避险知识和技能。加拿大红十字会面向婴儿、儿童、青少年、成年人等不同年龄段人群安排不同的游泳、紧急救护、水上安全等课程，这些课程是全国性的，人们在不同的社区间迁移时也可继续受训。这些课程均是由加拿大红十字会教练发展计划培训出的专业教练开展的。15岁以上者可经过不同的课程训练成为水上安全助理教练、教练，并可申请国家教练认证计划（national coaching certification program）所颁发的游泳教练认证书。2013年，加拿大红十字会有2万多名游泳与水上安全教练，超过121万加拿大人接受过加拿大红十字会的游泳与水上安全课程培训。

4. 政府购买、企业资助是其主要收入来源

2013年，加拿大红十字会总资产2.85亿美元，总收入3.36亿美元，总支出3.39亿美元。政府购买服务、企业及其他机构的资助是加拿大红十字会经费的支柱，2013年，这些以项目款资助的经费为2.69亿美元，约占其当年收入总额的80%。其余资金来自于募款、服务收入和少量投资（见图3-11）。

加拿大红十字会的捐款方式独具一格，除了股份捐赠、互联网现金捐赠、举办各项募款活动、购物捐赠等方式之外，该组织还明确列出了通过购买彩票的方式来实现捐款的方法。与我国公益彩票不同的是，加拿大红十字会专门设立不同类别的红十字会彩票。每种彩票仅限在规定的省份内

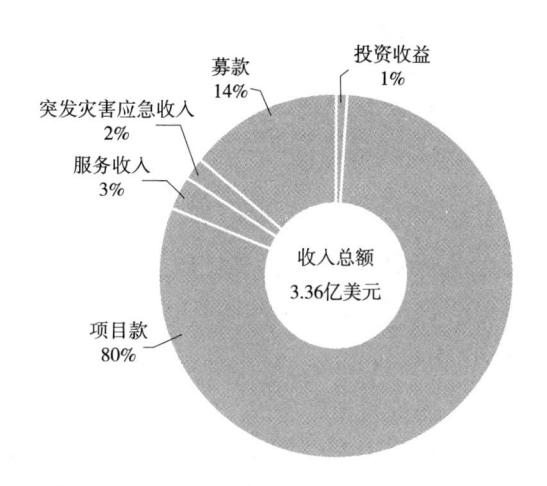

图 3-11　2013 年加拿大红十字会收入情况

数据来源：Canadian Red Cross，*Canadian Red Cross* 2013~2014 *Annual Report*。

售卖，且数量是有限的，抽奖只在规定时间内进行，其他时间没有该活动。购买彩票不享受免税，18 岁以下青少年不允许购买该彩票。4 种彩票分别支持不同的公益项目，如萨斯喀彻温省红十字会彩票用于救助萨斯喀彻温省遭受火灾及水灾冲击的居民，2014 年的儿童运动彩票则专项用于救助受虐儿童。2010~2013 年 4 年里，加拿大红十字会获得博彩收入 2353 万美元，但在以 6% 左右的幅度呈逐年下降趋势。2013 年，加拿大红十字会博彩收入为 538 万美元。在中国，2012 年，105 亿元中央专项彩票公益金中，只有不到 3 亿元的公益金分配给红十字事业，占比不足 3%。

5. 与联邦政府的伙伴关系及对加拿大慈善之国形象确立的贡献

"二战"期间，加拿大红十字会发挥了重大作用，到"二战"结束的 1945 年，全加拿大国民中，有四分之一的人为加拿大红十字会志愿者和成员，在世界主要国家中名列第一，加拿大也因此被誉为"红十字之国"和"慈善之国"。

"二战"后，加拿大红十字会开始积极参与国际救助，曾在印巴战争中难民救援、印度支那难民救援和危地马拉大地震救灾工作中表现出色。1979 年，国际红十字会举行"青少年红十字会活动年"，加拿大有 120 万青少年参与，按人口比例计位居世界第一，全球震惊。

虽然因"血液污染事件"遭受到重创，加拿大红十字会一直享有崇高的声誉和广泛的影响力，它不仅影响了几代加拿大人的慈善观念，而且为加拿大赢得"慈善大国"的美名①。

加拿大联邦政府将加拿大红十字会视为其在人道主义领域的亲密伙伴，为加拿大红十字会提供从税收优惠、项目资助到捐赠引导政策的全方位帮助，成为加拿大红十字会最大的支持者。除了提供免税优惠政策外，加拿大政府还以购买服务的形式直接提供经费支持。2006~2014年，加拿大联邦政府与加拿大红十字会签订了37个合作项目，涉及国内国际救灾、人道援助、应急响应、社区抗逆力、健康维护等方面。此外，加拿大联邦政府还为该组织制定了最具特色的MATCH（1∶1配比）捐赠引导政策，即在重大灾情发生时，加拿大红十字会每收到一分钱的善款，加拿大联邦政府就会同样捐出一分钱善款。这个MATCH捐赠引导政策所包含的管理方式也很特别，加拿大红十字会需事先制订并上报募捐起止日期，截止日到后，将募集总额上报联邦政府的国际发展署（CIDA），国际发展署核实无误后，便会将联邦政府的配比捐款拨给该红十字会。在近期的多次重大国际赈灾活动中，加拿大联邦政府都宣布实施MATCH捐赠引导政策，许多捐赠者虽对该红十字会并不满意，但为了争取这个配比捐款仍选择了该红十字会渠道捐款，因为在他们看来，这样做至少可以确保善款总额大幅提高，这对灾区和灾民是有利的。②

（四）日本红十字会：拥有独立医疗体系与运营全国血液事业

日本红十字会的前身是由左野常民于1877年建立的博爱社，后于1887年通过红十字国际委员会的认可，正式更名为日本红十字会。1952年，《日本红十字会法》颁布，经历"二战"后日本红十字会依法对组织与运营进行修正。日本红十字会属于日本四类社会团体法人③中的特别法

---

① 《中国红十字会应向加拿大红十字会学什么？》，http：//www.bwchinese.com/article/1023988.html，最后访问时间：2014年11月13日。
② 《中国红十字会应向加拿大红十字会学什么？》，http：//www.bwchinese.com/article/1023988.html，最后访问时间：2014年11月13日。
③ 日本社团法人类型分为独立行政法人、认可法人、特别民间法人和特别法人四大类，当拟成立的社团组织不能完全满足前三类的条件和要求时，就需要单独用法律或政令方式来约束，然后依法成立特别法人，目前包括日本红十字会在内，日本一共有23个特别法人。

人，总部位于东京，并在全国47个都道府县建立了网点，形成全国性的网络，其最高管理机构是代表理事会（Board of Representatives）。日本红十字会所从事的业务十分广泛，涵盖国内救灾、安全服务、红十字志愿者、医疗服务、国际行动、青少年红十字会、护理教育、血液项目、社会福利服务9项，其中医疗服务、血液服务是日本红十字会最具特色和影响力的两大支柱，使其在整个日本医疗体系中有着不可替代的作用。此外，救灾和社会福利服务也是日本红十字会所开展的规模较大的两项业务。

1. 具有得力的人力与管理架构

（1）组织架构清晰。截至2014年3月31日，日本红十字会共有各类机构442个，其中包括了1个总部、47个都道府县分会、104个医疗机构、26个护理机构、234个血液中心、29个社会福利机构和1个训练中心；工作人员总数量为65182名（见表3-4）。

表3-4 日本红十字会的机构数量及工作人员人数

	机构数量（个）	工作人员数（名）
总部	1	477
都道府县分会	47	711
医疗机构	104	55855
护理机构	26	598
血液中心	234	6454
社会福利机构	29	1087
训练中心	1	—
总　计	442	65182

截至2014年3月31日的统计数据，数据来源：http://www.jrc.or.jp/english/activity/member/，最后访问时间：2014年11月15日。

在日本红十字会的组织结构中，代议员会是最高管理机构，负责年度预算、活动计划拟定和章程修订等重要事项。通过图3-12分会和基层分支下所列出的三大机构名称，我们便可以看出日本红十字会将主要工作重心放在了医疗、血液和社会福利方面。

日本红十字会的总部位于东京，负责支持、协调47个都道府县分会的工作。总部下设计划与公共关系办公室、行政管理部门、执行部门和血液

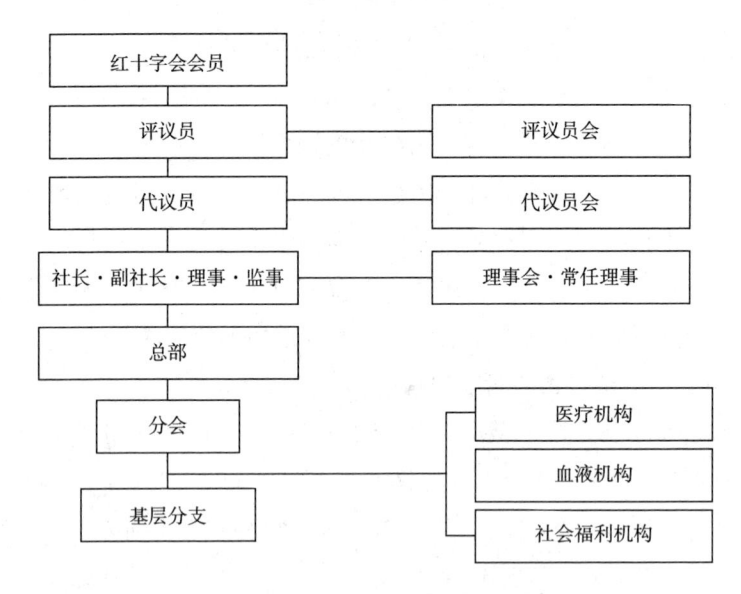

```
红十字会会员
    │
  评议员 ────── 评议员会
    │
  代议员 ────── 代议员会
    │
社长·副社长·理事·监事 ────── 理事会·常任理事
    │
   总部
    │
   分会 ──┬── 医疗机构
          ├── 血液机构
          └── 社会福利机构
    │
  基层分支
```

图3-12 日本红十字会的组织结构

资料来源：http：//www.jrc.or.jp/english/about/organisation/。

服务总部。总部直接负责血液服务工作，显现日本红十字会对血液服务工作的重视（见图3-13）。不同于中国的是，日本红十字会与地方分会是上下级的管理关系，总会和地方分会的运作资金均统一由普通账户管理。

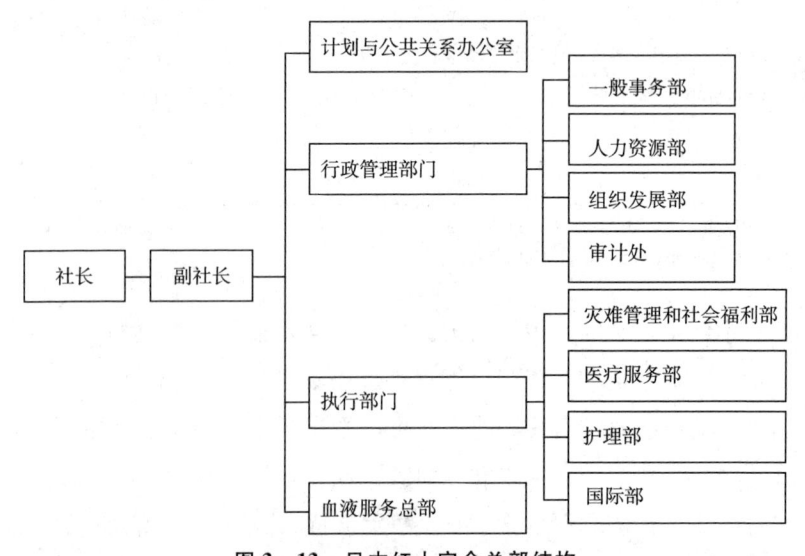

```
                   ┌── 计划与公共关系办公室
                   │
                   │                    ┌── 一般事务部
                   ├── 行政管理部门 ────┼── 人力资源部
                   │                    ├── 组织发展部
社长 ── 副社长 ────┤                    └── 审计处
                   │
                   │                    ┌── 灾难管理和社会福利部
                   ├── 执行部门 ────────┼── 医疗服务部
                   │                    ├── 护理部
                   │                    └── 国际部
                   │
                   └── 血液服务总部
```

图3-13 日本红十字会总部结构

资料来源：http：//www.jrc.or.jp/english/about/organisation/。

(2) 拥有大量的会员与志愿者。大量的会员和志愿者是日本红十字会得以顺利运行的保障,主要体现在如下两个方面。

一是会员对资金和人道精神传播的贡献。截至 2014 年 3 月 31 日,日本红十字会有 961 万个人会员,约占全国人口的 8%,另有 12 万个团体会员,每位会员每年须至少缴纳会费 500 日元。2013 年,会员为日本红十字会贡献了 23.4 亿日元。

二是志愿者所开展的人道服务。有近 2% 的日本民众是日本红十字会的志愿者,他们被分为社区志愿者、专业志愿者、青年志愿者、个人志愿者和已注册的救灾志愿者,提供儿童照料、护理、备灾和环保等服务,增强人们与社区的联系(见表 3-5)。

表 3-5 2014 年日本红十字志愿者和志愿队统计

	志愿者(名)	志愿队(个)
社区志愿者	2132202	2053
专业志愿者	37134	655
青年志愿者	6957	155
个人志愿者	3544	—
已注册的救灾志愿者	38126	—

注:截至 2014 年 3 月 31 日的统计结果(已注册的救灾志愿者人数是基于 2012 年 3 月 31 日统计结果的数据)。数据来源:http://www.jrc.or.jp/english/activity/member/。

2. 拥有独立医疗机构,构成日本医疗系统重要部分

医疗服务是日本红十字会最为核心的工作。日本红十字会的第一家医疗机构于 1886 年建立,属于公共医疗机构。由于日本红十字会的工作与公共服务相关,其医疗服务属于部分免税业务,每家机构的财政都是独立进行管理的。

2013 年,日本红十字会共有医院(拥有 20 张及以上床位)92 家和诊所(少于 20 张床位)6 家。在 92 家医院中,86 家红十字医院被确定为急救医院,30 家医院为医疗急救与重症监护中心,夜以继日地为重病患者和伤者开展紧急救援医疗服务,还有 4 家医院被指定为高级急救中心。92 家医院中有 37 家医院为地方癌症治疗中心,43 家医院为综合孕产保健中心,7 家医院为新生儿急救医院,62 家医院为灾害救援医院,48 家医院为地方

医疗支持医院，15家医院为边远地区医疗基地，37家医院为器官移植医院，32家医院为艾滋病治疗医院，22家医院为艾滋病合作医院，32家医院为第一及二级传染病指定医疗机构，6家医院为老年护理及康复中心，以及25家医院为护士培训发展中心。

日本红十字会医院是日本医疗卫生系统的重要组成部分。2013年统计的日本红十字会的92家医院在全国所有医院中约占1.07%，但拥有的病床约占全国的2.19%。同时，在2012财年，日本红十字会日均服务的门诊患者与住院患者分别约占全国的5.17%和超过2.38%（见表3-6）。由日本红十字会在医疗系统中所设置的医院类型可以看出，该组织非常重视对孕产妇、新生儿提供专业性服务，设立老年护理及康复中心是该组织对国家社会福利政策的具体支持措施。

表3-6 日本红十字医院数与病患人数

	红十字医院	全国医院	占比（%）
医院（2013年2月）	92	8563	1.07
病床（2013年2月）	37308	1701242	2.19
门诊患者（2012财年日均）	72525	1401669	5.17
住院患者（2012财年日均）	30974	1299322	2.38

资料来源：日本红十字会官网，http：//www.jrc.or.jp/english/activity/medical，最后访问时间：2014年11月15日。

3. 运营全国血液事业，形成新型服务链

血液服务是1952年由日本红十字会建立的东京血液银行（Tokyo Blood Bank）开始进行的，在当时还没有开始实行无偿献血，日本红十字会只将向献血的民众提供的未来输血优先权作为回馈。当时，许多私人的献血机构纷纷建立，向献血的民众提供金钱。但由于这些血液来源并没有经过严格的监控，使得许多接受私人血液的患者感染了肝炎，造成了严重的社会问题。

为控制并解决这一难题，1964年经日本内阁决定，由中央及地方政府与红十字会组织合作，将献血作为国家事业发展的一部分进行推广。日本红十字会同中央政府和地方政府通力合作，于1982年建立了献血制度（genuine blood donation system），并以安全血液供应及药政管理制度（securing a stable supply of safe blood products and the pharmaceutical affairs act）为依托，更好地为日本民众提供血液服务。到1983年，一切政府下属及私人献血机构的运营皆由日本红十字会统一管理，并建立了日本红十字会血液收集系统。根据2003年6月30日颁布的《血液安全及稳定供给规定》，中央级及市区级政府正式成为血液中心的核心参与者。

在日本血液事业中，中央政府（具体部门为厚生劳动省）作为上层决策机构，主要负责宏观决策，如制定与献血相关的政策，完善管理系统，普及献血知识，推动献血事业的发展。地方公共团体则负责当地献血工作的具体工作，并推进献血思想的普及。都道府县的献血推进协议会向市区町村或保健所中设有的献血推进日本协议会下达指令和通知，推进日本红十字会在当地血液中心的运作。日本红十字会则主要负责献血工作的具体实施，由下属的234个血液中心执行，接收血液，检查、制造并供给血液产品等。日本红十字会总部对其下属的血液中心有监管义务。其中，血液中心又同都道府县和市区町村的献血推进协议会有联系，并通过他们对献血推进团体（如学校、工会等）产生影响并最终对献血者产生影响。

日本红十字会血液中心与中央及地方公共团体关系如图3-14所示。

献血的实际操作过程主要涉及两个方面，也是大众最关注的两个方面，即血液的流通以及其中产生的资金流通。日本红十字会将这两个流通过程综合到图3-15中，将血液服务工作的流程做了一目了然的介绍。

献血工作的完成涉及4个参与对象：献血者、日本红十字会、医药产品制造商和医疗机构。献血者向日本红十字会捐献血液，日本红十字会向医药产品制造商和医疗机构提供所获得的血液，医药产品制造商向医疗机构、日本红十字会提供部分血浆衍生药品，最后由医疗机构向民众提供输血服务，从而形成了完整的血液流通的工作。

在血液流通中还涉及资金的流通，参与这一过程的主体中增加了一个日本健康保险协会。日本每一个民众都会加入日本健康保险计划中，他们向日本健康保险协会付费，这样在接受医疗诊治时可以只支付部分费用，其他部分由日本健康保险协会向医疗机构缴纳。医疗机构在接受了日本健康保险协会和民众的诊治费用后，有一部分用于向制造商和日本红十字会够买血液产品，这部分费用是日本红十字会的主要收入（2012年血液服务

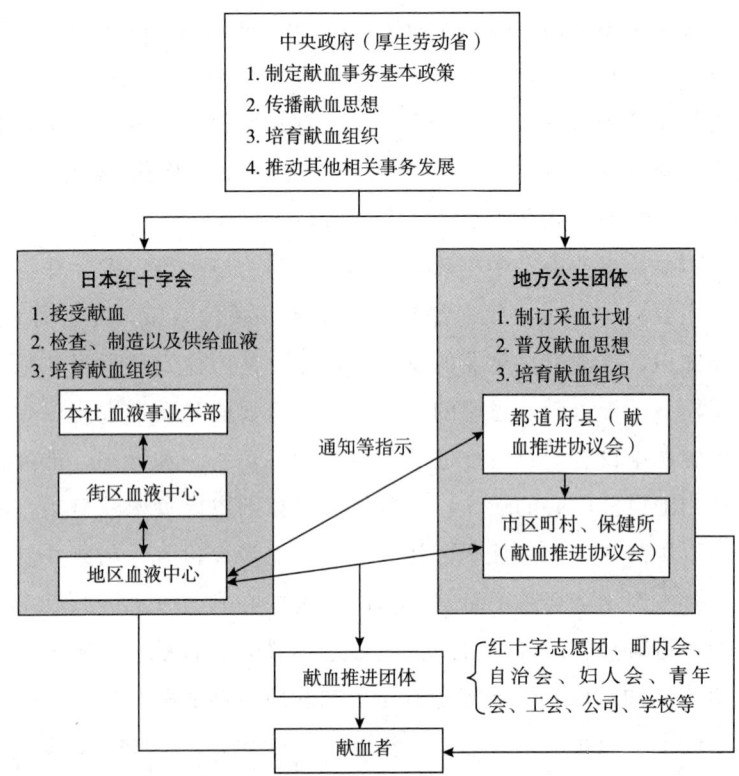

图 3-14　日本红十字会血液中心与中央及地方公共团体关系结构

资料来源：Japanese Red Cross Society, *Blood Services*：22。

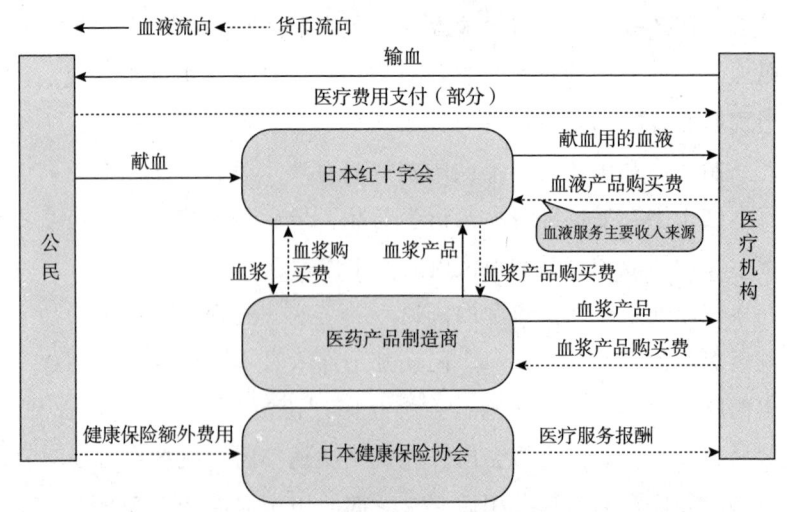

图 3-15　日本红十字会血液服务工作中的血液及资金流通

资料来源：Japanese Red Cross Society, *Blood Services*：51。

收支中，87%的收入来自血液产品销售）。日本红十字会要付款给制造商来购买血液产品，而制造商也要付款给日本红十字会来购买血浆。

日本红十字会血液中心在47个地方都设有机构，并下设171个相关分支组织。另外，血液中心还配备有移动采血车289台、血液检查车90台、献血者运输车98台、血液运输车884台。

从2013年4月至2014年3月，共有516万名日本民众向日本红十字会捐献血液，每年能保障120万名病患用血，① 分别约占日本总人口的4%和1%。

4. 建立有效的国内灾害响应机制，推动社会福利事业

日本地处环太平洋火山地震带上，是一个地震频发的国家，也经常遭受风暴与洪涝的袭击。因此，日本红十字会将国内灾害应急响应作为自身的基本任务之一。日本红十字会作为日本《灾害对策基本法》和《国民保护法》指定的公共机构，有协助日本政府开展救灾工作和保护国民免受战争武力侵害的法定义务。同时，日本红十字会还是日本首相直接领导的中央灾害管理理事会成员，与其他机构一道致力于整个国家的灾害管理。具体来讲，日本红十字开展的救灾工作包括医疗救援、储备和分配救灾物资、提供血液产品、筹集赈灾款项、提供救灾志愿服务和心理关怀6方面，并且还设立了水上安全、雪天安全、儿童安全项目，确保民众在娱乐的同时远离危险。

在参与灾害医疗救援方面，日本红十字会所拥有的92家医院为之提供了坚强的后盾，其中62家被指定为救灾核心医院，确保在灾害发生时，红十字医院能就地提供医疗设备，开展医疗服务。日本红十字会将分布在全国的92家红十字医院的3000位医生和护士编为500个医疗救援小组，每组有6位队员。灾害发生时，他们被派往灾区设立急救站、避难所，开展诊疗与心理关怀服务。为确保在紧急事件发生时能满足全国性血液需求，日本红十字会在每个血液中心储备一定的血液制品，并建立一套规范全国血液供给的体制。总之，拥有属于自己的医院系统和运营全国血液事业是

---

① "Blood Programme," *Japanese Red Cross Society*, http://www.jrc.or.jp/english/activity/blood/，最后访问时间：2015年2月13日。

日本红十字会能够独立承担灾后医疗救助等各类人道医疗服务的重要保障。

在救灾机制方面,总部主要负责信息的集散和协调全国救灾行动,具体的救灾行动由临近灾区的分会来开展。若灾害波及地区较大,分会之间将进行必要的人力和物资合作。

在日本面临少子化与老龄化双重挑战的大环境下,日本红十字会也担负着人道服务社会福利的职责。为双职工家庭儿童提供儿童之家,并且为心理障碍儿童设立特殊服务中心;为老年人建立了特殊护理中心;为残疾人士建立了物理康复中心、听视觉障碍者信息服务中心及假肢制作中心。

5. 财政收支独立

日本红十字会同其他国家红十字会最不相同的地方就在其财政收支管理方式方面,该组织对其财政管理十分严格、透明,共使用一个普通账户和三个特别账户来管理收支,每个账户相互独立。普通账户为日本红十字会总部和47个地方分会提供资金,主要收入来源来自会费及捐助。特别账户主要管理日本红十字会所属机构提供服务时所需的补偿费用,如医疗服务中由病患和日本健康保险计划支付的医疗费用、血液服务中销售血液及血液产品获得的费用、福利服务中来自保健的津贴(care benefits incomes)。

2013年的普通账户的具体信息如表3-7所示,从中可以看出会费和会员捐赠是日本红十字会除医疗服务与血液事业外的最大收入来源,约占普通账户收入的34%。作为日本红十字会的个人或团体会员,需每年缴纳500日元或以上的会费。日本红十字会的支出主要用于国内救灾活动(约占全部支出的27%)以及向下一年转移的储备基金(约占全部支出的35%)。

表3-7 日本红十字会2013年普通账户收支情况

单位:亿日元

收 入	总 计	支 出	总 计
赈灾捐赠的寄付金收入	56.02	国内救灾活动支出	171.89
递延收入	223.33	社会活动支出	38.30
其他	70.64	国际活动支出	36.45
会费和会员捐赠	234.03	分会的其他活动支出	9.44

续表

收 入	总 计	支 出	总 计
授权活动收入	1.79	部门支出	20.92
资助款	13.53	组织发展支出	26.58
东日本大地震和海啸的现金捐赠（从上年转移）	81.54	向总部转移的现金	21.25
—	—	公共设施支出	19.52
—	—	财产获得和维持支出	19.80
—	—	储备金	223.18
—	—	其他	52.54
总收入	680.88	总支出	639.87
年度收支余额合计			41.01

资料来源：http://www.jrc.or.jp/english/about/finance/。

三个特殊账户专门为日本红十字会下属的不同机构做单独收支统计，这三个账户分别为医疗机构特殊账户、血液服务特别账户和社会福利事业特殊账户。表3-8、表3-9和表3-10中所示分别为以上三个账户的相关收支情况。

表3-8 日本红十字会2013年医疗机构特别账户收支情况

单位：亿日元

收 入	总 计	支 出	总 计
护理学校收入	98.05	护理学校支出	109.72
特殊收入	30.01	特殊支出	41.68
医疗服务收入	9303.80	法人税缴纳支出	3.91
其他收入	323.97	医疗服务支出	9272.21
灾害预防与保健服务收入	9.82	其他支出	209.41
		灾害预防与保健服务支出	69.44
总收入	9765.65	总支出	9706.37
年度执行收支余额合计			59.28

资料来源：http://www.jrc.or.jp/english/about/finance/。

表 3-9 日本红十字会 2013 年血液服务特别账户收支情况

单位：亿日元

收　入	总　计	支　出	总　计
非正规收入	0.01	非正规支出	12.78
其他收入	32.32	公司税	0.02
血液提供收入	1629.92	血液提供支出	1700.20
血液服务相关活动收入	12.64	血液服务相关活动支出	10.79
		其他支出	42.22
总收入	1674.89	总支出	1766.01
年度执行收支余额合计			-91.12

资料来源：http://www.jrc.or.jp/english/about/finance/。

表 3-10 日本红十字会 2013 年社会福利事业特别账户收支情况

单位：亿日元

收　入	总　计	支　出	总　计
设施、装备等收入	7.17	设施、装备支出	14.49
其他	13.37	其他支出	6.36
上一年度应计费用余额	45.56	社会福利服务支出	120.65
社会福利服务收入	119.83		
总收入	185.93	总支出	141.50
年度执行收支余额合计			44.43

资料来源：http://www.jrc.or.jp/english/about/finance/。

6. 代表国家人道体面

日本红十字会与日本皇族有着密切的关系，在发展历程中受到皇族的支持，日本皇后美智子是日本红十字会现任名誉总裁，多位皇子与王妃担任名誉副总裁。可以说，日本红十字会一定程度上代表了皇室形象，也代表"国家的人道体面"，这使得日本红十字会一直保持谦虚谨慎的作风，默默做事，并主动向社会公开信息，从历史沿革、工作体制、组织结构、工作内容，到财务收支，均在官方网站上详细公布，并年年更新日文与英文版资料，让日本公民与外国人士均能对其工作一目了然，以此获得社会的信任。

（五）外国红十字会发展经验的启示

各国红十字会均有明确的业务特色和策略。美国红十字会以生物医学和救灾为核心业务，通过生物医药研究，从源头上改善医疗条件；在救灾方面则注重灾后重建。加拿大红十字会也将灾害响应作为最重要的工作，注重急救培训并发展出水上安全项目，同时善于依托社区提供社区健康服务。英国红十字会注重扩大人道精神影响力，在提供具体人道服务的同时，开展政策倡导工作，深入参与国家社会政策改革的事业。拥有独立的医疗服务体系和运营全国血液事业成就了日本红十字会，100多家医疗机构和200多个血液中心等实体是日本红十字会开展医疗救护、救灾、社会服务等其他人道事业的坚强后盾，在专业、人力和物资方面为之奠定坚实基础。对于北京红十字组织甚至是中国红十字组织而言，可以学习日本红十字会经验，尝试成立属于自己的医院，参与运作血液事业，使自身在现有的医疗系统中居于不可替代的位置。

各国红十字会资金来源虽呈现多元化，但都有具有支柱性的资金来源。提供医疗产品与服务是当前美国红十字会最大的收入来源，2013年，该项收入约占美国红十字会34.36亿美元总收入的63%。英国红十字会2013年近一半的资金来自社会捐赠。加拿大红十字会主要通过政府购买服务项目，获得"1∶1配比"捐赠引导政策的支持，并赋予彩票的经营权。可以说，政府的大力支持是加拿大红十字会得以发展的重要力量。医疗服务和血液事业支撑起日本红十字会的整体运转。2013年，医疗服务和血液事业为日本红十字会带来了约90%的收入，使日本红十字会的总营收达到12307亿多日元，约合105亿美元。这一资金规模相当于同年美国红十字会收入的约3倍，加拿大红十字会的约30倍，英国红十字会的约27倍，从而奠定了日本红十字会在全球国家红十字会中的领先地位。同时，会费和会员捐赠是日本红十字会除医疗服务与血液事业外最大的收入来源，约占总收入的2%。英国红十字会注重和善于维护与社会个体捐赠者关系，加拿大联邦政府争取政府购买服务和政策支持，美国和日本红十字会通过开发核心产品和服务收取费用，都值得北京红十字组织借鉴。

各国红十字会都重视发挥志愿者、会员的力量。美国红十字会是一个志愿者主导的组织，工作人员中90%以上为志愿者。美国红十字会为灾难服务建立志愿者人力资源系统，更好地发挥志愿者所长，提高工作效率。英国和加拿大红十字会的志愿者分别约占全国总人口的0.04%和0.06%。日本红十字会的个人会员和志愿者分别高达全国人口的8%和2%，在国际上都处于领先水平。这对于日本红十字精神的传播、公益氛围的培育创造了良好的环境。

各国红十字组织与政府、皇室都保持较为密切的联系。加拿大红十字会被视为该国联邦政府人道领域的亲密伙伴，从而获得联邦政府的全面支持。日本红十字会则成为皇室和"国家人道体面"的代表，使日本红十字会与皇室形象相互依存，形成严谨工作、低调行事的作风。在日本，红十字总会则与各地分会和医疗机构、血液中心保持紧密的上下级关系，总会负责支持、协调全国红十字组织的工作，并直接对血液服务工作负责。总会与分会共享财务账户。建立紧密的上下级关系是北京红十字组织乃至中国红十字组织可尝试改革措施。

以上各国红十字会的特点详见表3-11。

表3-11 各国红十字会比较

	英国	美国	加拿大	日本
主要业务	灾害与突发事件应急响应、急救护理训练、难民救助服务、弱势群体独立生活支持	救灾、生物医学	救灾、急救护理培训、社区健康服务、寻亲团聚服务	医疗服务、血液服务
主要特色	社会政策倡导	救灾以灾后救助与恢复为主	受到政府的大力支持	拥有医疗服务机构和运营血液事业
收入规模（亿美元）	3.85	34.36	3.36	104.94
主要资金来源	捐赠、服务收费	产品与服务销售	政府购买、企业资助项目款	医疗服务、血液产品、会费与捐赠
个人会员规模（占全国人口比例）(%)	—	—	—	8

续表

	英国	美国	加拿大	日本
志愿者规模（占全国人口比例）（%）	0.04	—	0.06	2
与政府/皇室关系	—	较为紧密	政府在人道领域亲密伙伴	与皇族关系密切，代表"国家人道体面"
组织纵向关系	—	—	—	紧密

注：表内数据均为 2013 年底统计。

在财务管理方面，日本红十字会的经验与精神值得学习。日本红十字会有透明的公开机制、严格的财务管控制度，其具体机构及其工作内容都十分具体、明确，有着清晰的数据资料，并在官方网站年年更新。尤其在财政支出方面做得具体，将账户支出根据机构分类独立进行管理，避免了职能交叉所造成的财务统计漏洞。这种方式在很大程度上树立了日本红十字会公开透明的形象，使日本居民对红十字会的工作更加了解，更加信任。

在网络技术发达的今天，善于运用新技术传播人道主义知识和文化至关重要。各国红十字会十分注重网站建设，使人们可以便捷地找到需要的服务内容和进行捐赠的渠道。英国红十字会开发各类急救护理手机 App 让人们掌握救生技术，并将之推广至多个其他国家。美国红十字会则在救灾方面通过移动应用软件及大众媒体，发出灾害预警，及时掌握救援现场信息，以便做出快速反应。加强网站建设、运用新媒体技术的做法值得北京红十字组织借鉴。

（作者：赵延会、苏菲）

红十字组织在国家治理体系中的角色

一 国家治理体系与治理能力现代化

"治理"作为20世纪末兴起的新政治概念,近20年来已经在学术界和国际事务、政府及组织行为中得到越来越普遍的运用。2013年11月,中共十八届三中全会通过《中共中央关于全面深化改革若干重大问题的决定》(以下简称《决定》)将"完善和发展中国特色社会主义制度,推进国家治理体系和治理能力现代化"作为全面深化改革的总目标。而根据张小劲、于晓红的统计,在《决定》文本中,"治理"这个词语出现了24次,包含"治理"这一关键词的段落总字数为2037字,篇幅约占《决定》全文的1/10。①

"政治文件中关键术语的变化往往标志着政策主张和指导思想的变化"。② 十八届三中全会以来,"治理"成为中国政治领域的核心词语。研究者认为,《决定》中指出的作为全面深化改革总目标的"国家治理",是党关于全面深化改革的思维体系、话语体系和制度体系中的一个核心范畴,是一个重大理论创新。③ "这对于中国未来的政治发展乃至整个中国的社会主义现代化事业都具有重大而深远的理论意义和现实意义"。④ 而这一

---

① 张小劲,于晓红编《推进国家治理体系和治理能力现代化六讲》第一讲,人民出版社,2014,第9~11页。
② 景跃进:《中国的"文件政治"》,北京大学国家发展研究院编《公意的边界》,上海人民出版社,2013。
③ 高小平:《治理体系和治理能力如何实现现代化》,《光明日报》2013年12月4日,http://cpc.people.com.cn/n/2013/1204/c368480-23738377.html,最后访问时间:2014年12月15日。
④ 摘自俞可平于2013年11月30日在"推进国家治理与社会治理现代化"学术研讨会上的发言《沿着民主法治的道路,推进国家治理体系现代化》。

源自政治改革范畴的思维转变,对于即将步入中等发达国家水平的中国来说,恰逢其时。

(一)治理基本理论:概念与特征

现代意义的"治理"概念首次出现在1989年世界银行的研究报告中。该报告使用了"crisis in governance"(治理危机)来描述和概括当时非洲的社会情形。1992年世界银行又以"Governance and Development"(《治理与发展》)为题发布年度报告。此后governance一词被广泛应用于国际多边与双边机构、学术团体及民间组织的研究报告和相关文件中。

Governance源自古典拉丁文和古希腊语,原意是"控制、引导和操纵",常常与government(统治)一词交换,用于描述与国家公共事务相关的管理活动和政治活动。自20世纪90年代governance被用于各类政府组织及非政府组织发布的文件中以来,政治学、经济学和社会学领域的西方学者也开始赋予governance以新的含义。1995年,联合国全球治理委员会(CCD)[①]在《我们的全球伙伴关系》中将"治理"定义为"各种公共的或私人的个人和机构管理其共同事务的诸多方式的总和,是使相互冲突的或不同的利益得以调和并且采取联合行动的持续的过程"。它有4个特征:(1)治理不是一整套规则,也不是一种活动,而是一个过程;(2)治理过程的方式不是控制,而是协调;(3)治理既涉及公共部门,也包括私人部门;(4)治理不是一种正式的制度,而是一种持续的互动。[②]

英国学者Gerry Stoker从治理主体、治理界限、治理权力、治理网络以及治理能力5个方面对治理进行了系统性讨论。他认为:(1)治理是关于一系列源于政府而超越政府的制度与要素,其执行主体已不再是单一的政府机构,其组成更加多元和复杂,尤其是私人和志愿相关领域的参与者逐渐在服务传递中占具角色,对政策的制定产生影响。(2)治理的界限和责任承担也因执行主体的变化而开始变得模糊,尤其在社会和经济问题面前,政府服务的外包致使越来越多私人机构介入,甚至开始主导市场,政

---

① 该委员会在1992年由28位国际知名人士发起成立,其愿望是在冷战后有利的氛围下催生治理的新理念。
② 俞可平:《治理与善治引论》,《马克思主义与现实》1999年第5期。

府同私人机构间的责任和工作界限开始变得越发模糊。(3) 由于多元化的参与,在治理过程中越来越多的集体行动所产生的问题不再是单个组织单边可以解决的。这使得集体行动的各机构之间存在着权力的依赖,各组织间需要相互协商、让步、交换资源从而达到各自的目标。(4) 治理的终极合作关系活动就是建立自治网络(self-governing network),这一网络不仅仅会影响政府政策,还从政府手中接管其业务,分担其责任。(5) 治理理论对政府提出了新的要求,要想做好工作就不能仅依靠政府自身的强制力或权威,应学会应用新的方法来引领和指导工作,这包括同协调各方达成共识,建立有效的联络机制,引导协作关系,实现最终目标,整合资源并建立有效的协调体系,制定规则避免负效应的产生。①

"从统治走向治理,是人类政治发展的普遍规律"。② 俞可平认为,治理理论的进步性主要体现在如下几个方面:(1) 在执行主体上,治理比统治更加多元化,增加了除政府外的其他社会力量;(2) 在执行的性质方面,统治是强制的,而治理在具有强制性的同时更加注重多方的协商协调;(3) 在执行依据上,统治依靠的是国家法律,而治理则不仅依靠国家法律,还有对各种非国家强制契约的考虑;(4) 在执行方向上,统治是自上而下的,而治理则更多地侧重于平行层面的共同参与;(5) 在执行范围上,统治主要涉及政府范围的工作内容,而治理在统治的基础上将工作范围拓宽到了公共领域。③

(二)国家治理体系与治理能力现代化的内涵

国家治理是随着人类社会政治文明的出现而产生的,是一个从古至今、从西方到东方都普遍存在的政治现象。在不同历史阶段,统治者治国理政的内涵和侧重点有所不同。

---

① Gerry Stoker, "Governance as Theory: Five Propositions," *International Social Science Journal*, No 155, March 1998.
② 摘自俞可平于 2013 年 11 月 30 日在"推进国家治理与社会治理现代化"学术研讨会上的发言《沿着民主法治的道路,推进国家治理体系现代化》。
③ 张小劲、于晓红编《推进国家治理体系和治理能力现代化六讲》第一讲,序言;在此序言中,俞可平对国家治理体系进行了总体介绍。

20 多年前兴起的"治理"概念和理念发端于国际组织为改善受援国或投资国社会政治环境的努力（如世界银行和联合国全球治理委员会）。其基本理念也为我国学者及政治文件所吸收，但要正确理解《决定》提出的"国家治理体系与治理能力现代化"的内涵，就须回到中国国情和政治语境中来。

1. 国家治理体系是在党领导下管理国家的制度体系，包括行政、经济、社会三大体制

在 2014 年 1 月，习近平总书记在署名文章《切实把思想统一到党的十八届三中全会精神上来》[1] 中，对我国国家治理体系和治理能力问题做出了进一步解释。该文章称，"国家治理体系是在党领导下管理国家的制度体系，包括经济、政治、文化、社会、生态文明和党的建设等各领域体制机制、法律法规安排，也就是一整套紧密相连、相互协调的国家制度"。

这一文章传达了三个信息：

（1）中国共产党是国家治理的领导核心；

（2）国家治理体系的本质是一个制度体系，包括各种体制机制、法律法规；

（3）国家治理体系的领域，包括但不限于经济、政治、文化、社会、生态文明和党的建设领域。

习近平总书记对"国家治理体系"的解释，与学者俞可平的观点一致。后者认为，"国家治理体系就是规范社会权力运行和维护公共秩序的一系列制度和程序。它包括规范行政行为、市场行为和社会行为的一系列制度和程序，政府治理、市场治理和社会治理是现代国家治理体系中三个最重要的次级体系"。[2]

2. 国家治理能力是运用国家制度管理社会各方面事务的能力

习近平总书记在该署名文章中指出："国家治理能力则是运用国家制度管理社会各方面事务的能力，包括改革发展稳定、内政外交国防、治党

---

[1] 习近平：《切实把思想统一到党的十八届三中全会精神上来》，http://cpc.people.com.cn/n/2014/0101/c64094-23995311.html，最后访问时间：2014 年 12 月 15 日。

[2] 摘自俞可平 2013 年 11 月 30 日在"推进国家治理与社会治理现代化"学术研讨会上的发言《沿着民主法治的道路，推进国家治理体系现代化》。

治国治军等各个方面。"①

推进国家治理体系和治理能力现代化，就是要适应时代变化，既改革不适应实践发展要求的体制机制、法律法规，又不断构建新的体制机制、法律法规，使各方面制度更加科学、更加完善，实现党、国家、社会各项事务治理制度化、规范化、程序化。要更加注重治理能力建设，增强按制度办事、依法办事意识，善于运用制度和法律治理国家，把各方面制度优势转化为管理国家的效能，提高党科学执政、民主执政、依法执政水平。②

3. 国家治理体系和治理能力的关系：一体两面

《决定》将"治理体系"和"治理能力"放在一起，作为全面推进社会改革的总目标，这意味着"治理体系"和"治理能力"是一体两面的关系，指的是一个国家的制度体系和制度执行能力，是同一政治过程中相辅相成的两个方面。正如习近平总书记在讲话中总结道，"国家治理体系和治理能力是一个有机整体，相辅相成，有了好的国家治理体系才能提高治理能力，提高国家治理能力才能充分发挥国家治理体系的效能"，③ 进而完善治理体系。

4. 推进国家治理体系和治理能力现代化的改革重点之一：创新社会治理体制

要实现良好的治理目标，关键是处理好"国家—市场—社会"三者的关系。在经济建设的 30 年间，中国通过市场经济解决了政府和市场之间的不平衡关系。虽然未来发展还需要强化"市场在资源配置中的决定性作用"，但是在我国人均 GDP 已经超过 6000 美元，国家进入"中等收入陷阱"的发展阶段并面临市场不能满足人们日益增长的公共服务需求时，传统行政管理的"强政府、弱社会"结构有待调整，社会现代转型时期需要社会部门具有强大能力。因此，我国现阶段国家治理体系建设的重点在经济、政

---

① 习近平：《切实把思想统一到党的十八届三中全会精神上来》，http：//cpc.people.com.cn/n/2014/0101/c64094 - 23995311.html，最后访问时间：2014 年 12 月 15 日。
② 习近平：《切实把思想统一到党的十八届三中全会精神上来》，http：//cpc.people.com.cn/n/2014/0101/c64094 - 23995311.html，最后访问时间：2014 年 12 月 15 日。
③ 习近平：《切实把思想统一到党的十八届三中全会精神上来》，http：//cpc.people.com.cn/n/2014/0101/c64094 - 23995311.html，最后访问时间：2014 年 12 月 15 日。

治、文化、社会和生态文明以及党的建设领域的体制构建方面，完善法律法规，依法治国，并在此基础上，提高治理能力，更好地治理国家。

深化改革的核心是调整"政府—市场""国家—社会"两大关系。《决定》提出了处理市场和社会关系的根本原则。在政府与市场的关系上，《决定》强调市场在资源配置中起决定性作用，更好地发挥政府的宏观调控作用；在处理国家和社会关系方面，《决定》强调"创新社会治理体制""实现政府治理和社会自我调节、居民自治良性互动"。

图 4-1 国家治理关系图

《决定》在民主法治建设、政府职能改革、现代市场建设、和谐社会建设等方面提出了具体方案和改革重点。其中社会治理体制创新包括改进社会治理方式、激发社会组织活力、创新有效预防和化解社会矛盾体制、健全公共安全体系等具体内容（见图 4-1）。这些均与红十字组织的角色和功能相关。

二 治理框架下的红十字组织角色与功能

中国的红十字组织作为国际红十字运动的重要组成部分以及参照公务

管理法管理（简称"参公管理"）的社会救助团体，治理范畴涉及全球治理、国家治理、社会治理、地方治理、行业治理和组织治理，其层次、领域极为丰富也极为复杂。这种特性导致中国红十字组织在互联网开放时代，面临着外界对其身份地位认识混淆、对其角色功能理解错位的境况。这种认识对红十字事业的发展极为不利。因此借助推进国家治理体系和治理能力现代化之机，厘清红十字组织在国家治理和社会治理中的角色和功能，是促进中国红十字事业发展的基础。

（一）全球治理视野下的红十字组织的角色与功能

1. 全球治理及其构成要素

全球治理（global governance）是随着全球化进程的加快而产生的。20世纪80年代以来，各国之间经济往来和文化交流日益频繁，全球经济政治格局已悄然加快了改变的步伐。如何在这一变动中寻求各国的平衡，催生了"全球治理"理念。

全球治理，简而言之，就是通过国际规制解决全球性问题，维护国际秩序。俞可平认为全球治理包括价值、规制、主体、客体和效果5个方面。全球治理的价值，指的是全球治理的目的，即全球治理参与者希望在全球范围内达到的目标。全球治理规制，即维护国际社会正常秩序的规则、体系和标准，同时也包括对相关国家责任与义务的规定。全球治理的主体，不仅包括各国政府及其部门，还包括国际组织和非正式的全球公民社会组织，如联合国、WTO、国际红十字运动、国际奥林匹克委员会等都是全球治理的主体。全球治理的客体，是已经影响或将要影响全人类的跨国性问题，包括全球安全、生态环境、国际经济、跨国犯罪以及基本人权等问题。这些方面的治理所要追求的效果，即全球治理的现状、方向和方法能否维护公平公正的国际秩序。

全球治理是一种特殊的政治权威，它建立了新的全球合作格局。打破大国霸权、开展多方合作和多元参与，是全球治理发展的一大趋势。张小劲、于晓红分析，随着中国和印度等新兴国家的崛起，由欧美主导的世界格局被打破，多极化演变逐渐显现；随着全球化进程的不断推进，全球性问题日益增多，大国霸权垄断的处理模式被打破，取而代之的是全球治理的多元化主体间相互协作的新型模式。

2. 国际红十字组织的角色：全球治理主体之一

国际红十字组织参与全球治理的实践远远早于理论发展。100多年前，亨利·杜南的提议，在世界各国建立伤兵救护委员会，签订国际公约，保护伤兵救护委员会的志愿人员和战场上的医护人员。国际红十字组织开始萌芽。《日内瓦公约》等国际人道法文书，得到195个国家签署承认，成为约束战争和冲突状态下敌对双方行为规则的权威法律文件，这意味着国际红十字组织已打破国家的界限，为全世界所有国家形成了价值准则和行为规则。从那时起，国际红十字组织就介入了全球治理的实践中。

在全球治理理论得到广泛认同后，国际红十字组织与联合国、国际经贸组织、国际奥林匹克运动委员会等国际组织一起成为全球治理的重要主体。

国际红十字组织在全球治理中的角色和地位，以及与其他全球治理参与者的关系十分特殊，详见表4-1。

表4-1 国际红十字组织在全球治理中的作用

全球治理要素	国际红十字组织
价值：全球治理参与者希望在全球范围内达到的目标	核心目标：通过人道工作和人道思想的传播，促进持久和平
规制：各种规则、体系和标准	《日内瓦公约》及协定书 国际红十字与红新月运动章程
主体：包括各国政府及其部门、国际组织、非正式的公民社会组织	国际红十字组织是国际三大组织之一
客体：各种跨国性问题，如全球安全、生态环境、国际经济、跨国犯罪和人权等问题	人道事业，包括战争与各类灾害、卫生健康、毒品、移民人权和道路安全等
效果：能否或在多大程度上实现维护公平公正的国际秩序目标	缔造并传播世界普遍认可的价值观（7项基本原则：人道、公正、中立、独立、志愿服务、统一、普遍），减轻疾苦、保护生命、维护尊严、促进和平

3. 国际红十字组织的功能：跨越国界和政治立场发展人道事业

国际红十字组织是具有公正、中立、独立理念的国际社会组织的代表，在国际上具有特殊的地位，其主要工作分为战时工作和非战时工作。战时，国际红十字组织的主要任务和人道使命是保护武装冲突与其他暴力局势受难者的生命与尊严，并向他们提供应急救援。非战时，国际红十字组织所做的工作则涉及从灾难救援到经济安全、生活用水安全和疾病治疗及预防宣传等人类生活的方方面面。

国际红十字组织的特点首先在于其公正性，该组织的服务人群不分国籍、宗教、种族、性别等。其次是其中立性，该组织在暴力冲突发生时，不因其在战斗中所处身份而来判断是否予以援助，不采取任何有可能加剧冲突或阻碍敌对各方军事行动的行为，着力改善战俘的处境；并且该组织在提供日常援助和执行国际性服务时，避免涉及和参与政治性活动。最后是其独立性，国际红十字组织是独立自主的，不应受某个势力的影响。这些特点都在《日内瓦公约》中得到了着重的体现和规定。

国际红十字组织的工作优势就在于同各国红十字会联系、协调和合作，加入国际红十字组织的成员国现在已达到189个，覆盖了全世界大部分地区和人民，并且在大部分成员国中设有办事处。国际红十字组织的志愿者一部分来自自身招募，另一部分则来自国家红十字会。国际红十字组织在国际红十字运动中处于中心领导角色，统筹全球工作，并注重同各地区的协作。另外由于其具有中立性质，在国际或国内冲突发生时，国际红十字组织是唯一一个不受限制、被各国认可的人道救援组织，并且拥有申请在各国探视被拘留者的权利，确保被拘留者按照国际规范和标准得到有尊严的人道待遇。

4. 国际红十字组织对全球治理贡献：促进世界和平与跨国协作，普及人道精神

红十字国际委员会自1863年在日内瓦创立以来，秉承为战争和武装暴力的受害者提供人道保护与援助的宗旨，为促进世界和平做出了卓越贡献。

国际红十字组织在全球治理方面的贡献也是不可取代的，比如，红十字国际委员会是一个独立、中立的组织，在1949年促成发布《日内瓦公约》，该公约赋予红十字国际委员会以下使命：探视被关押者；组织救援行动；帮助离散家庭重新团聚以及在武装冲突期间进行类似的人道活动。

《日内瓦公约》是有拘束力的国际法条约，它在世界范围内都具有适用性[1]。其宣扬的人道精神成为全世界普遍遵循的价值观，超越了种族、意识形态和政治体制。

国际社会和中国国家领导人都对国际红十字运动给予充分肯定。习近平高度评价红十字国际委员会成立150年来在国际人道主义事务方面所做的大量工作，感谢红十字国际委员会积极参与中国人道救援。他表示，红十字不仅是一种精神，更是一面旗帜，跨越国界、种族、信仰，引领着世界范围内的人道主义活动。人道主义事业是全人类共同的事业，相信红十字精神将不断发扬光大。[2]

（二）国家治理中的红十字组织角色与属性

国家红十字组织（含地方红十字组织）是国际红十字运动的重要组成部分。作为参公管理的社会救助团体，它有一个非常重要的功能，即在国际层面协助政府履行《日内瓦公约》，在国家层面履行法定职责、开展人道外交、承担政府委托事务。因此国家红十字组织被称为"政府的人道助手"。从治理角度来看，国家红十字组织也是社会治理的主体，在和谐社会建设中承担非常重要的责任。

1. 国家红十字组织的双重角色：政府人道助手与社会治理主体

1993年颁布实施的《中华人民共和国红十字法》（以下简称《红十字法》）第二条规定，"中国红十字会是中华人民共和国统一的红十字组织，是从事人道主义工作的社会救助团体"。可见，在法律地位上，中国红十字会是"社会救助团体"。"团体"则意味着中国红十字会的公益性、非营利性特征。中国的非营利性组织有两种形态：一种是国家开办的人民团体、事业单位，由编制办登记；另一种是社会团体、基金会、民办非企业，由民政部门登记。中国红十字会在法律地位上属于团体，免于登记。

治理和管理最大的不同是治理主体的多元化，由政府单一的管理，到

---

[1] 《红十字国际委员会》，资料来源：百度百科，http://wapbaike.baidu.com/subview/932390/932390.htm? st=3&step=2&page=7，最后访问时间：2014年11月16日。

[2] 《习近平会见红十字国际委员会主席》，资料来源：人民网，http://politics.people.com.cn/n/2013/0514/c1024-21468243.html，最后访问时间：2014年11月16日。

政府、社会、市场主体共同治理。而社会治理是《决定》中颇具新意的表述。古明明认为,社会治理指政府、社会组织、企事业单位、社区以及个人等诸行为者,通过平等的合作型伙伴关系,依法对社会事务和社会生活进行规范和管理,最终实现公共利益最大化的过程。社会治理具有主体多元化、治理方式多样化、治理客体能动性等特征。①

依法成立的中国各级红十字组织是"社会救助团体",而中华人民共和国公民,"不分民族、种族、性别、职业、宗教信仰、教育程度,承认中国红十字会章程并缴纳会费的,可以自愿参加红十字会",这意味着红十字组织具有天然的社会性,显然是社会治理主体之一。

但是在国家治理中,"社会治理主体"不是红十字组织的唯一角色。《红十字法》第五条规定:"人民政府对红十字会给予支持和资助,保障红十字会依法履行职责,并对其活动进行监督;红十字会协助人民政府开展与其职责有关的活动。"这意味着,红十字组织也是国家治理的客体,并应起到"协助人民政府"的作用。而《国务院关于促进红十字事业发展的意见》(国发〔2012〕25号),把促进中国红十字事业的发展提升到国家战略和社会建设的高度来认识,更进一步明确了中国红十字会的功能地位,即"人道领域的政府助手、和谐社会建设的重要力量、精神文明建设的生力军、民间外交的重要渠道"。

2. 红十字组织的多重属性:行政性、国际性、社会性

中国红十字组织从成立伊始就具有政府背景、民营、国际性等多重特征。因此其角色也呈现出多元性,既有行政性,又有社会性,还具有一定国际性。

行政性是中国红十字组织的重要特征。其行政性延续了100多年,历经三种政治形态。清朝的商约大臣吕海寰邀请英、美、法、德等中立国代表聚集上海,协商成立万国红十字会上海支会,清政府拨帑银10万两作为开发经费,并于1907年将其更名为大清红十字会。中华民国成立后,大清红十字会更名为"中华民国红十字会",先后隶属于内政部、军事委员会

---

① 张小劲、于晓红编《推进国家治理体系和治理能力现代化六讲》第六讲,人民出版社,2014。

和行政院领导。中华人民共和国成立后的 1950 年，中华民国红十字会改组并定名为"中国红十字会"，周恩来亲自参与修改的章程明确规定其为"中央人民政府领导下的人民卫生救护团体"。1993 年颁布实施的《红十字法》将其定位为"从事人道主义工作的社会团体"，并确定中央政府对其有支持和监督的责任。从 1994 年起，国家主席担任中国红十字会名誉会长并出席全国会员代表大会和南丁格尔奖颁奖仪式，这也体现了中国红十字会与政府的密切关系，而参公管理模式更彰显了其具有行政性。2011 年以后，社会一度呼吁"红十字会去行政化"，但是 2012 年的《国务院关于促进红十字事业发展的意见》要求各级政府加强对红十字事业的领导和支持。"去行政化"设想似乎与"中国特色"不相容，中国红十字组织的行政性特征得以继续保持。

社会性是中国红十字组织的天然基因。1904 年，日俄战争在旅顺口爆发，民间人士沈敦和奔走呼号交战双方执行万国红十字会条例，并于 1904 年 3 月 3 日在上海英租界发起成立东三省红十字普济善会。虽然这不是真正意义上的红十字会，未获得交战双方的认可，也未享有红十字组织本应享有的权利，但这一举动表明了人道主义意识在中国社会中得到培育和弘扬。1907 年万国红十字会上海支会被清政府的大清红十字会取代，继而解散，作为创办人之一的沈敦和并未停止向社会募捐和发展会员，他另行组建中国红十字会万国董事会，董事会成员由社会名流经竞选担任。新中国成立后，中国红十字组织经 1950 年改组后的漫长时期内由中央人民政府领导，经费由各级政府财政部门拨付或从卫生事业经费中抽取，会员缴纳的会费和社会捐赠十分有限，不占主导地位。其社会性有弱化的趋势，但这是由该时期的经济水平、社会管理制度而非中国红十字组织所决定的。1993 年《红十字法》颁布实施后，中国红十字会在法律规范下接受社会捐赠、会员和志愿者，其社会性越来越强。尤其是在 1998 年长江流域特大洪灾、2008 年南方冰雪灾害、汶川地震紧急救援及灾后重建、2008 年北京奥运会等重大事件中，中国红十字会组织接受的社会捐赠远远超过政府拨款及资助，其社会性凸显。而在 2011 年以后中国公众对中国红十字组织的高度关注，也反映出其具有社会性的特征。

国际性是其与生俱来并被法律确认的。万国红十字会上海分会的成立已经凸显了该红十字组织的国际性。1912年，中华民国红十字会得到国际红十字委员会的正式承认，具有合法性。中华人民共和国成立后，1952年我国政府宣布承认《日内瓦公约》，当年的第18届红十字会与红新月会国际联合会大会也承认中国红十字会是中国唯一合法的全国性红十字会组织。这是新中国在国际组织中恢复的第一个合法席位。《红十字法》明确的中国红十字组织的7条职责中，4条与国际性相关。自此，中国红十字会在国际舞台中扮演越来越重要的角色，并成为十大国家级红十字会之一。2013年11月13日，时任中国红十字会常务副会长的赵白鸽当选为红十字会与红新月会国际联合会副主席。红十字会与红新月会国际联合会在全球共有189个成员，共设5位副主席，其中1位为永久性职务，另外4位由该联合会大会选举产生，每4年选举一次。中国红十字会领导人能当选副主席，体现了中国在国际红十字运动中的积极性和重要性。

（三）红十字组织在推进首都治理能力现代化中的作用与地位

北京市红十字会作为中国红十字会的地方分会，其性质、职责已在《红十字法》中予以明确。其性质是"社会救助团体"，其职责有7条：（1）开展救灾的准备工作；在自然灾害和突发事件中，对伤病人员和其他受害者进行救助。（2）普及卫生救护和防病知识，进行初级卫生救护培训，组织群众参加现场救护；参与输血献血工作，推动无偿献血；开展其他人道主义服务活动。（3）开展红十字青少年活动。（4）参加国际人道主义救援工作。（5）宣传国际红十字运动的基本原则和《日内瓦公约》及其"附加议定书"。（6）依照国际红十字运动的基本原则，完成人民政府委托事宜。（7）依照《日内瓦公约》及其"附加议定书"的有关规定开展工作。

上述职责，归纳起来就是人道救援（"三救""三献"）、文化建设（人道精神、志愿精神）和民间外交。

1. 红十字组织的作用：从事人道主义工作，推进和谐社会建设

北京红十字组织是中国红十字组织的重要组成部分，由于身处首都，较之其他地方红十字组织，其地位更为重要。尤其是"十八大"之后，北京市的总体目标明确为构建国际一流的和谐宜居之都。红十字组织的传统业务范围和拓展的业务领域都与"和谐宜居"有着十分密切的关系。

具体来说，北京红十字组织在国家治理体系与治理能力现代化建设中，具有"不可替代""重要促进"的作用和独特优势。

在开展人道救助、国际人道救援以及"三救""三献"工作上，具有不可替代的作用。例如，在北京奥运会、"7·21"特大暴雨灾害等重大活动和自然灾害中，北京红十字组织发挥了救护救助、应急救援等人道救援功能；北京市红十字会紧急救援中心（999）弥补了北京市应急公共产品供给不足的短板；应急救援体系的建立，惠及京津冀地区。这些职能让北京红十字组织当仁不让地成为政府人道领域的助手。

在保护首都市民生命健康、促进"人文北京"建设上，北京红十字组织具有重要促进作用。北京红十字组织通过组织骨髓捐献与配型、器官捐献宣传、应急救护培训等业务，开展旨在保障和改善民生、挽救生命、宣扬志愿精神的业务，从实际行动上丰富了"人文北京"的内涵。

在民间外交、化解社会矛盾、反映民生诉求上，北京红十字组织具有独特优势。通过"博爱在京城"等募捐赈济活动参与社会公益事业，救急救难；与此同时，通过2008年的奥运会和残奥会保障工作，以及2012年伦敦奥运会的志愿服务，北京红十字组织成为民间外交的重要载体；2013年来自北京市红十字会的蓝天救援队奔赴菲律宾台风灾区开展救援行动，在紧张的国际形势中展现了中国人道救援力量，为国家"软外交"提供了支持，成为民间外交的重要渠道。

2. 红十字组织的地位：人道支撑主体

红十字组织因其鲜明的人道主义精神和极具竞争力的救援救助能力，扮演着社会治理主体的角色。尤其是在近几年，随着社会形势的变化，红十字组织作为人道主义组织，特别是作为事件性的共享的社会组织，在首都治理现代化中担负着新任务、新职能。应立足于人道救援，在"三救""三献"传统业务基础上，发挥其在城市应急体系建设、反恐处突维稳、国际交流等领域的独特优势。

具体而言，红十字组织在首都治理现代化中通过以下六大角色体现其人道支撑主体的地位。

（1）传播人道主义文化、普及人道知识、践行人道理念的行动载体；

(2) 完善人道救助救护体系、提升救助救护能力的核心单元；

(3) 推进法治中国、构建处突维稳和城市应急体系的重要部分；

(4) 人道无偿献血、人体造血干细胞捐献、遗体与器官捐献"三献"服务的实施主体；

(5) 开展社会救助与志愿服务、引领首都公益组织发展的专业示范；

(6) 参与国际救援、发展民间外交的重要力量。

三 依法办会，提升红十字组织内部治理能力

前文已论述，红十字组织在首都治理中发挥六大主体作用。这些主体地位能否得到充分实现，能否在首都治理现代化中发挥应有的影响力，与红十字组织自身能力息息相关。从内部能力建设角度来看，北京市红十字组织应以法治为核心，通过完善治理结构，提升人道救助能力。

（一）完善红十字法律法规，依法履职并保护红十字组织权益

要推进首都治理体系和治理能力现代化，其核心是加强北京法治建设。北京红十字组织参与建设法治北京，需要从以下方面着手。

1. 积极参与红十字法律改革

1993年公布实施的《红十字会法》已难以适应社会发展的需要。2013年，全国人大常委会将修改《红十字会法》列入立法预备项目。北京市红十字会作为一个地方红十字会，可以利用北京的专家人才优势，从法律使用者的角度提出对修订法律的诉求，同时也为国家红十字法的修订贡献智慧。

2. 制定北京市红十字会章程

近几年，北京市红十字会在制度建设上取得很多成果，相继制定了《北京市红十字会"枢纽型"组织管理办法》《北京市红十字会募捐和接受捐赠工作管理办法（试行）》《北京市红十字募捐箱管理办法（试行）》《北京市红十字事业发展基金管理办法（试行）》等制度（详见表4-2）。但是，制度建设的任务依然艰巨，其中最紧迫的任务是制定北京市红十字会章程。

章程是组织、社团经特定的程序制定的关于组织规程和办事规则的法规,是一种根本性规章制度。国际红十字运动、中国红十字会以及大多数省级红十字会,均制定了组织章程。我国社会组织,包括在民政部门登记的社会团体、民办非企业、基金会,也按规定制定了章程。但是北京市红十字会仍无书面章程。

北京市红十字会应在现有制度和计划的基础之上,加紧制定北京市红十字会章程。另外,北京市红十字会会费管理办法也非常重要,建议优先考虑。

表4-2 北京市红十字会已出台或将出台的规章制度一览

名　　称
《北京市红十字会募捐和接受捐赠工作管理办法(试行)》
《北京市红十字募捐箱管理办法(试行)》
《北京市红十字会人道救助基金管理办法(试行)》
《北京市红十字会人道救助管理办法(试行)》
《北京市红十字事业发展基金管理办法(试行)》
《北京市红十字会"枢纽型"组织管理办法》
《北京市冠名红十字(会)机构、基金和项目管理办法》
《北京市红十字会加强志愿服务工作的指导意见》
《北京市红十字组织备灾救灾物资库建设指导意见》
《北京市红十字会救灾储备物资采购管理办法(试行)》
《北京市红十字会内部控制规范手册 (北京市财政局确定的行政事业单位内部控制规范试点工作的通知)》
《北京市红十字青少年工作细则》
《北京市红十字会贯彻落实党政机关厉行节约反对浪费实施细则》
《北京市红十字会工作人员职业道德规范》
《北京市红十字会党员干部学习培训制度》
《北京市红十字会社工岗位管理若干规定》

3. 加强法制宣传教育,提升公众对红十字组织和人道事业的认知和认同

在国际层面和国家层面,与国际人道法和《红十字法》相关的规则和法律体系较为完善(详见表4-3)。但是中国公民乃至红十字会会员及志愿者都对其了解不多,以至于产生各种误解,常常将红十字组织与一般的慈善组织相提并论。

表4-3 国际人道法相关内容及国际红十字组织重要制度政策

名　　称	分　类
4个《日内瓦公约》及2个附加协定书 《全国人民代表大会常务委员会关于批准1949年8月12日改善战地武装部队伤者病者境遇之日内瓦公约的决定》 《全国人民代表大会常务委员会关于批准1949年8月12日改善海上武装部队伤者病者及船难者境遇之日内瓦公约的决定》 《全国人民代表大会常务委员会关于批准1949年8月12日关于战俘待遇之日内瓦公约的决定》 《全国人民代表大会常务委员会关于批准1949年8月12日关于战时保护平民之日内瓦公约的决定》 《全国人民代表大会常务委员会关于批准我国加入1949年日内瓦四公约两项附加议定书的决定》 *第一"附加协定书"：《1949年8月12日日内瓦四公约关于保护国际性武装冲突受难者的附加协定书》 *第二"附加协定书"：《1949年8月12日日内瓦四公约关于保护非国际性武装冲突受难者的附加协定书》	中国政府是这些国际规则的缔约方，有义务履行国际公约 红十字组织按法律规定协助政府履行国际承诺
《国际红十字与红新月运动章程》 《国际红十字与红新月运动企业界伙伴关系政策》 《国际红十字与红新月运动企业界伙伴关系政策实质性规定》	中国红十字会是国际红十字与红新月运动的成员，需与国际规范相一致

宣传国际红十字与红新月运动的基本原则和《日内瓦公约》及其附加协定书，是中国红十字会的法定职责。北京市红十字会作为位于首都、在文化传播上极具影响力的省级分会，需要进一步加大宣传《日内瓦公约》《国际红十字与红星月运动章程》等有关人道的法律文件，促进市民了解红十字会、支持红十字会。这将有利于与其他利益相关者的沟通，从而建立良性合作关系。

4. 依法保护红十字标志和合法权益

红十字标志具有保护作用和标明作用。《日内瓦公约》要求缔约国制定法律保护红十字标志以免滥用。目前已经有数十个国家通过单行法律对红十字标志进行保护，美国、瑞士等国还在刑事法典中对滥用红十字标志的行为规定了严厉的制裁条款。

我国也公布了《中华人民共和国红十字标志使用办法》，但是擅自使用或滥用、篡改红十字标志的违法行为仍然存在。2011年"郭美美事件"

引发的舆论风暴,其本质就是擅自使用红十字名号、侵犯红十字品牌所造成的恶劣后果,给中国红十字事业发展带来巨大冲击。

2013年,北京市红十字会通过清理、打假,对外公布了10家合法冠名机构。此举有利于提升红十字组织的社会公信力,维护红十字标志和红十字组织的权威性和严肃性。北京市红十字会召开的第9届理事会第6次常务理事会(扩大)会议还决定,将建立红十字(会)冠名机构、基金和项目的管理办法,严格实行冠名机构准入和退出机制。此办法目前仍未正式公布,但是可以期待这一制度的出台和执行将助于保护红十字公共形象及社会公信力。

另外,由于北京市红十字会基本上没有收取个人会员费,导致管理上呈现"轻会员重志愿者"的现象。应根据法治精神,争取维护自身收取会员费的权利并为会员提供相应服务。

在志愿者管理方面,应完善相关管理办法,建立起"岗位开发—招募—筛选—培训—服务—督导—评估—表彰"这一套完整的志愿者管理体系。

(二)提升红十字组织社会治理能力

作为社会治理主体的红十字组织,需从多角度来提升自身的治理能力,激发自身组织活力,推进首都治理现代化。

1. 夯实首都基层红十字组织自治能力

健全的基层组织网络和发达的基础设施,对提高任何人道救援组织的执行力都是极为重要的保障。享誉全球的台湾慈善组织慈济常常能在第一时间赶到灾害救援现场,就是充分发挥了其地方力量、高效的管理机制和指令系统的潜能。《红十字法》只对县级及以上红十字组织的设立与管理进行规定,而对在乡镇街道、社区村庄等基层的红十字组织则没有具体规定,以至于参公管理的红十字会的执行力难以在这两级基层落实。

但是社区、校园、企事业单位这样的基层是红十字组织发挥自治功能、推进社会治理的重要终端,应予以重视。应对区县级红十字会提供更多培训机会和激励机制,鼓励其利用当地资源募捐资金,开展人道救助活动,促进相互之间的经验交流;在街道和社区层面,可继续以购买社工岗位的方式,为乡镇、街道配备红十字工作人员,解决基层红十字组织有事做没人做的问题。同时,应强化国企工委的职能作用,加大国企委员单位建会力度,继续在窗口行业建立红十字组织,① 推进志愿服务组织的网络建设和管理体系建设,建设志愿服务基地,完善管理制度,充实红十字人道事业的人才队伍,让更多公民参与到人道事业中来。

2. 提高社会协同治理能力

人道事业涉及面广,需要各部门和社会力量的协助、支持。北京市红十字会于2009年被认定为北京市第一批市级"枢纽型"组织,② 作为医疗救助类社会组织的"业务主管单位",被授权对枢纽下组织进行服务、引导和管理,促进各类社会组织自我管理和健康发展。目前北京市红十字会主管北京市红十字基金会、北京市红十字会紧急救援中心(999)、北京市红十字会颐年护老院、蓝天救援队、北京抗癌乐园、北京市中医疑难病研究会、北京市红十字造血干细胞捐献志愿者之家等多家社会组织。③ 北京市红十字会可利用枢纽优势,发展和扶持更多与医疗救助和人道事业相关的社会组织,让其各尽其能,共同承担社会服务。同时要注意秉承中立、独立的标准,将这些组织视作同等的社会治理主体,建立互动、合作、互信的关系。

3. 加强治理技术的研究和推广

优良的治理技术可以提高治理能力,提高治理水平。北京红十字组织已经借助首都的科技优势和人才优势发展首都红十字事业。未来,可继续通过科技型技术、规则型技术、行为型技术来提升人道救助能力。

科技型技术是对信息技术的应用,如北京市红十字会推动建设的空地救援体系、首都应急管理指挥中心均借助了最新技术,实现了最快速、最直观的信息采集与传输和指令抵达目标。今后,北京红十字组织还应运用

---

① 《积极构建与大国首都相适应的人道公益新格局》,《北京日报》2014年2月10日,http://www.bj.xinhuanet.com/bjyw/2014-02/10/c_119256954_2.htm,最后访问时间:2014年11月20日。
② 截至2014年7月,北京市已先后认定了4批、共36家"枢纽型"组织。
③ 《在主管的社会组织中开展党建工作的总结》,北京市红十字会社会枢纽型社会组织信息化平台,http://rcoa.ypsky.cn/home/show/59,最后访问时间:2014年11月20日。

互联网思维进行募捐、救助和人道精神传播。

规则型技术涉及微观制度与程序，如募捐箱管理办法、财务内控流程等。这是中国社会治理的弱项，但是北京市红十字会可通过国际红十字组织和其他国家红十字会的资源、经验进行本土化开发。

行为型技术指的是各类治理主体应当具备的专业技能与操作技术，如应急救助常识和能力、空地救援等，其核心是对人力资源提出要求。北京市红十字会可按照国务院25号文件，加强系统内部人才队伍建设，创新选人用人机制，加强教育培训，提高在岗工作人员的职业化水平，建设一支具有国际视野、专业素质和敬业奉献、清正廉洁的红十字工作队伍。

（三）理顺红十字系统内部关系

这里的"系统内部关系"，主要是指上下级红十字组织之间，参公管理的红十字会机关部室与其直属事业单位之间，作为社会枢纽的红十字会与其业务主管下的社会组织之间的关系。这些关系，有的是指导与被指导，有的是领导与被领导，有的是主管与被主管，其形成都有特定的背景和逻辑，曾经促进了红十字事业有序、规范发展，但是在社会治理主体多元化的新形势下，有些关系类型需要重新调整才能适应新形势，才有利于红十字事业的持续发展。

1. 加强市、区（县）、街道、社区四级红十字组织关系

根据《红十字法》规定，"上级红十字会指导下级红十字会工作"，两者之间是指导与被指导的关系。与当地政府基于支持、资助、监督责任而和红十字组织形成实质上的领导与被领导关系相比，上级红十字组织对下级红十字组织的指导地位处于被动境况中。目前，红十字组织系统内地方分割和行业分割现象严重，中国红十字会对地方红十字会没有足够的财政支持，也没有相应的决策权和监督权。这不利于践行国际红十字组织所认可的"独立性、统一性"基本原则，也不利于中国红十字组织在人道救援行动中形成"统一行动、快速反应"的组织体系。国务院25号文件发布后，上级红十字组织依法加强对下级红十字组织的领导责任，比如，在干部管理方面，对下级红十字组织专职负责人的任免要听从上级红十字组织的意见。

2. 淡化主管社会组织环节中的上下级关系

在北京社会建设的大背景下，北京市红十字会被认定为第一批市级枢纽型组织，在一定程度上担当了其他社会组织业务主管单位的职能。业务主管单位即社会组织的婆婆，是中国社会组织双重管理制度的产物，对社会组织负有监管责任。比如，北京市红十字会发起成立的北京市红十字基金会，在实际工作中类似北京市红十字会的直属机构；蓝天救援队等民间志愿团体与北京市红十字会的关系，则更像挂靠与托管的关系。处理好这些关系并将其作为推动北京市社会自治的重要力量，需要北京市红十字会将管理与服务统一起来，淡化其业务主管单位的婆婆形象，承担更多服务功能。

（四）完善红十字会内部治理结构

在组织内部治理方面，《红十字法》的规定是："各级红十字会理事会由会员代表大会民主选举产生。理事会民主选举产生会长和副会长。各级红十字会会员代表大会闭会期间，由理事会执行会员代表大会的决议。理事会向会员代表大会负责并报告工作，接受其监督。"但是，实际上，不少省级红十字会（包括北京市红十字会）没有章程和明晰的治理结构，其会长、副会长并不是真正由理事会选举产生。这些红十字会理事会未起到应有的作用。

在监督体系上，红十字组织的监督主体有会员代表大会、政府部门，却缺乏接受公众监督的制度设计，也没有类似于基金会那样独立的监事会。这种组织治理模式与红十字组织的社会性特征不相符。

目前北京市红十字会的治理结构中也存在一些弊端，包括理事会规模庞大，接近200人，但是理事会成员较为单一，主要是各委办局的代表；理事人数太多，决策效率低，而且更容易造成理事不理事的现象；常务理事人数偏多，以至于常务理事也不常务理事；兼职副会长过多，且兼职而不履职，官员多但决策者、担责者少；执行委员会（以下简称"执委会"）错位成为实际上的执行者；会长是挂职，常务副会长才是实际上的一把手，但在对外交往中给人的感觉是权利义务不对等。

在决策机制和治理功能履行上，北京市红十字会理事会管理比较松散，每年仅开一次会议，会议决议也有走过场的特点。

北京市红十字会要加强内部治理能力建设，消除上述弊端。第一，在治理结构上借鉴和学习外国红十字会、现代基金会的治理结构，增设监事会，实行理事会、执委会、监事会分权管理，让上述三个治理主体各司其职，分别履行决策、执行、监督的职权。第二，限制理事会规模。研究表明，10～25人的理事会规模效率最高。北京市红十字会可以通过明确职责、年度评估、投票表决等方式重组理事会，只保留积极、有贡献的理事会成员（见表4-4）。

表4-4 理想的内部治理结构一览

决策机构：理事会	执行机构：执委会	监督机构：监事会
会员代表大会选举产生理事会，理事会选举产生主席团（30人以内）； 主席团会议是理事会的决策机构； 经主席提名，从主席团成员中推选产生执行委员会	执委会是主席团的常设执行机构，主持日常工作； 执委会设会长、副会长（若干人）； 会长、副会长由主席提名，理事会通过，报政府任命； 会长可由主席团一位专职副主席兼任； 会长（会长相当于秘书长）是CEO，法人代表	会员代表大会推选产生监事会（5～11人）； 监事会设监事长、副监事长； 监事会行使内部监督职能，属于自律机制； 监事会对理事会、执委会的工作进行监督，并形成监察报告； 召开代表大会时，监事会向大会报告工作，代表大会闭会期间，每年向理事会报告

四 理顺外部治理关系，打造首都人道事业共同体

治理的本质是协调利益相关者的关系，现代治理的根本特征在于治理主体的多元化。北京红十字组织作为首都治理主体之一，处理好与其他治理主体的关系，也是利害攸关的问题。

中国行政管理学会执行副会长高小平研究员认为，国家治理要体现"四个统一"：一是党和政府的领导与多元主体参与公共事务决策的统一；二是法治与德治的统一；三是管理和服务的统一；四是常规管理与非常规管理（应急管理）的统一。[①] 具体到首都人道事业发展上来讲，也需要处

---

① 高小平：《治理体系和治理能力如何实现现代化》，《光明日报》，http://cpc.people.com.cn/n/2013/1204/c368480-23738377.html，最后访问时间：2014年11月20日。

理好几个关系,即体现几个统一:一是党领导、政府支持、红十字组织参与、社会监督等不同治理关系的统一;二是依法办会与以德治会(社会主义核心价值观)的结合与统一;三是管理和服务的统一(上下级红十字组织的关系、红十字会与政府关系、红十字会与枢纽组织的关系);四是应急救援等非常规管理要与减灾、备灾、救助培训、文化传播等常规管理结合。

(一)北京市红十字会利益相关者分析

中国红十字组织具有行政性、社会性、国际性等多重属性,其利益相关者的构成比一般的政府部门、社会组织或国际组织都要复杂。北京市红十字会是中国红十字会的省级地方分会,又位于首都,其利益相关者众多,涉及政府、企事业单位、群团组织、社会组织、市民个人等方方面面(见图4-2)。

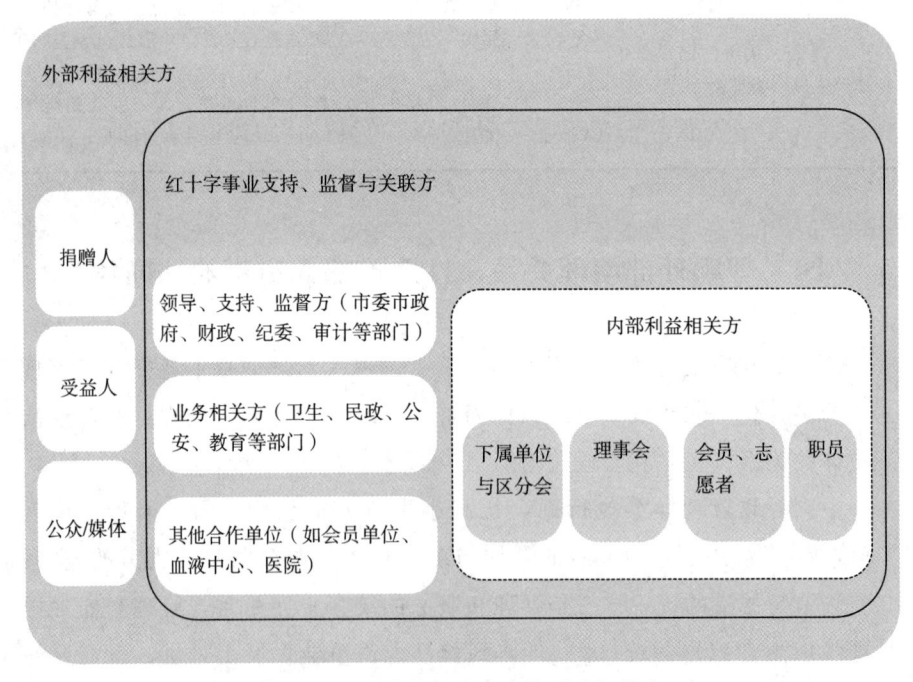

图 4-2 北京市红十字会的利益相关者

总体来说,其利益相关者可以分为三个层次。

1. 内部利益相关者

内部利益相关者位于第一个层次关系中,包括会员、理事会成员、工作人员和志愿者。这些群体是北京市红十字事业发展的核心力量,其利益诉求是否得到满足,直接影响人道事业发展的效率和红十字组织的公共形象。

对内部利益相关者的分析可以协助改善红十字会的内部治理。协调内部利益相关者的关系,需要考虑以下问题。

(1) 工作人员,既包括参公管理的人员(所谓"体制内人员"),也包括一些社会聘用人员。他们的待遇与晋升渠道如何?其工作氛围是否令人满意?他们能否收获职业成就感?

(2) 会员,北京市红十字会现有团体会员单位5499个,会员达132.23万人。他们是否依法享有相应权利选举理事会成员并履行法定义务,按规定缴纳会费?

(3) 理事会成员,北京市红十字会理事会有192位理事,由委办局、直属事业单位、各工作委员会、区红十字会等机构的领导人组成。这些成员是否由会员大会选举产生?是否履行了理事职权并对重大事项进行决议、审议?是否积极参加理事会并积极参与相关决议?

(4) 志愿者,全市有11.63万名红十字志愿者,其权益与义务是如何限定的?有何激励机制?

上述不同群体,尤其是理事会和会员之间,会员和志愿者之间,是什么关系,都需要通过组织章程、治理结构和权责利分配予以明确。

2. 红十字事业支持者、监督者与关联者

与红十字事业密切相关的合作者、支持者和监督者位于第二层次关系中,主要是各级政府部门以及红十字事业领域的合作单位,这个层次的利益关系协调可以理顺红十字事业发展的机制,可能寻求更多的外部支持。

在这一层次中,最重要的关系是红十字组织与各级政府的关系,包括同级财政、审计、卫生、民政、公安、残联等部门的关系。与这些部门的关系,涉及利益分配与分工协作,非常重要。

3. 外部利益相关者

红十字组织的外部利益相关者位于第三层关系中,包括捐赠人、受益

人以及关注人道精神和红十字事业发展的媒体与公众。这个层面的关系对红十字会的公共形象有重要影响。红十字组织应定期检视与这个层次利益相关者的关系。比如，红十字会是否与捐赠人有足够的沟通与信任？红十字会对捐赠人有何回馈？"博爱在京城"捐赠活动的自主自愿是否得到充分保障？捐赠人是否享受了免税、名誉、知情权等应有权利？是否给予了其足够且适当的监督权？

另外，应反思红十字会的受益人是谁，红十字会的服务是否令他们满意？

（二）运用自治、共治、法治模式，打造首都人道事业共同体

社会治理包含自治、共治和法治这三个基本模式。[①] 其中，自治以服务为主体，强调参与，治理主体与治理客体之间会经常性异位，治理者同时是被治理者，被治理者又是治理活动的积极参与者，是一种"人人为人人服务"的制度规范体系。[②] 基层红十字组织与志愿者的自我管理，就包含自治的观念。

共治即共同治理，这一概念强调治理主体的多元性、治理机制的非对抗性，以及利益取向的可调和性。[③] 国际红十字运动主张的人道主义和中立价值观中包含着共治的理念。北京市红十字会深度参与反恐维稳，也是共治的具体体现。

法治强调法律作为一种社会治理工具拥有至上地位，强调将通过法律程序实现公平正义，将社会问题、纠纷用可操作的技术手段加以解决，降低社会风险。法治具有限权作用，在赋予各种治理主体权力的同时，也强调权力界限、责任和程序。对于红十字组织来说，法治可以协助厘清红十字组织与政府的关系。

北京市红十字会是首都治理能力现代化建设中不可或缺的推动力量，

[①] 参考张小劲、于晓红编《推进国家治理体系和治理能力现代化六讲》第三讲（人民出版社，2014）中的"社会治理的模式"。
[②] 张康之：《论新型社会治理模式中的社会自治》，《南京社会科学》2003年第9期。
[③] 唐亚林、郭林：《从统治阶级到阶层共治——新中国国家治理模式的历史考察》，《学术界》2006年第4期。

是人道救助领域的主体。发展红十字事业，需要从第二层面的关系入手，通过共治、法治模式理顺红十字组织与政府、市场以及其他社会组织的关系；也需要从第三层面的关系入手，充分发挥自治潜力，更有效地服务于受益人，加强与捐赠人的沟通，取得捐赠人的持续支持，重视透明公开制度，取得公众信任，提升红十字会的社会形象。

"人道事业共同体"是参考中国青少年发展基金会的希望工程共同体而提出来的新概念，主要指红十字组织及其重要利益相关方基于人道主义的共同使命、价值观中的道德标准及共同行动，形成的旨在发展首都人道事业的松散联盟。本报告认为，"人道事业共同体"这一概念有助于凝聚各方面力量，形成共同价值理念，通过人道的力量来推动北京国际和谐宜居之都的建设进程。

打造首都人道事业共同体，需要处理好以下几方面关系。

1. 理顺北京红十字组织与人民政府的关系，突出北京红十字组织的治理主体地位

《红十字法》第五条规定，人民政府对红十字会给予支持和资助，保障红十字会依法履行职责，并对其活动进行监督；红十字会协助人民政府开展与其职责有关的活动。

但是在实践中，支持、资助、监督在参公管理机制下偏向领导，北京市红十字会更像市政府的组成部门。当市政府行政管理制度与法律赋予北京市红十字会的合法权利冲突时，北京市红十字会可能弱化其治理主体地位，放弃法定权利。这一制约表现最为突出的是北京市红十字会合法的经费来源受到市行政体系管理制度的限制，其正常的会费收缴被纳入市政府部门的"乱收费"整治行动中，导致北京市红十字会放弃个人会员会费这一重要经费来源。①

另外，区级以上红十字会人员经费和办公经费由财政拨款，其领导成员的选聘、评价及升迁等人事权也由区人民政府及组织部门来行使。这在一定程度上削弱了北京市红十字会的独立性。工作人员也因公务员管理制

---

① 《中华人民共和国红十字法》规定，红十字会经费的主要来源包括红十字会会员缴纳的会费，接受国内外组织和个人捐赠的款物，动产和不动产的收入，人民政府的拨款这四大类。

度制约而缺乏个人发展动力，这对于其能动性及志愿性也有所影响。

北京各级红十字组织是依法成立的从事人道救助的社会团体，是市政府人道领域的助手，服务于国家经济与社会和外交大局。因此，市政府有义务支持和资助北京红十字事业，并保证北京红十字组织能依法履行法定职责。同时，市政府是北京红十字组织重要的资金提供者，有权对北京红十字组织的活动和经费使用情况进行监督。但是，市政府有必要依法保障北京红十字组织的独立性、统一性，在人员任命上应尊重北京红十字组织会员大会的选举权和选举结构。在北京红十字组织依法享受其权利（比如，收取会员费、利用不动产取得合法收入），依法履行职责时，市政府应尊重北京红十字组织的自主性和会员大会、理事会依法行使的决策权。

2. 理顺北京红十字组织与北京市政府相关部门的关系，强调协作和去除部门利益

市政府部门设置并遵循"限制竞争"原则，即同一功能的机构只设置一个。这意味着，在现存的政府部门之间，各厅局各司其职，相关业务不能有重复、冲突。

北京红十字组织是人道领域的社会救助团体，其业务涉及医疗救护、救灾等，与市政府的卫生、民政、公安、武警等部门存在业务合作关系。在这种关系中如何分配财政资源，对市政府部门及北京红十字组织自身都是一个考验。在国家治理现代化思维模式下，北京红十字组织应立足于救助团体的性质定位，以市政府资助（不是拨款）和购买服务的方式取得财政支持，提供与人道事业相关的服务。

3. 理顺北京红十字组织与市场的关系，部分业务在非营利原则下进行市场化运作

北京红十字组织的经费来源中含有动产和不动产收入。北京红十字组织依法开展与救助相关的业务活动，北京市红十字会开办的医院、紧急救援业务，也可以按市场规则依法获取收入。在首都现代治理体系中，北京红十字组织应区分经费来源，对业务进行分类管理；对于经营收入，也应遵守非营利性原则，继续用于发展红十字事业。

4. 改善北京红十字组织与社会的关系，提升其透明度与公信力

北京红十字组织作为社会救助团体，具有天然的社会性。开展会员招募、志愿服务、募捐和救助活动，都离不开市民公众的支持。因此，北京市红十字会应强化这一社会性，加强其透明度建设，提升社会形象，取信于民。

实践中，北京市红十字会更多时候按照《中华人民共和国政府信息公开条例》公开信息。同时，因其经费主要来自财政拨款，受审计部门监督，公开透明动力不足。从2008年开始，对于收取的社会捐赠，北京市红十字会虽基本上将其信息向公众进行了披露，但是在制度化、规范化管理和信息公开的完整性、全面性以及信息的解读等方面还有待加强。

（作者：程芬）

全面深化改革中北京红十字组织的机遇、挑战和发展思路

本分报告将探讨北京红十字组织是怎样跟上国家全面深化改革的步伐，在首都全面深化改革中发挥自身的优势和作用，积极作为，提出可操作的建议和措施的，其中包括在京津冀协同发展的大趋势下，北京红十字组织是如何改革发展等方面的问题。通过对北京红十字组织在全面深化改革中所面临的发展机遇及挑战进行梳理分析，提出其长期发展战略和近期工作思路。

一 北京红十字组织改革发展的优势与机遇

（一）首都经济社会发展水平居全国领先地位

北京作为全国的政治、文化、教育、科技和交通中心，是上千万人口的特大型城市，具有地位高、体量大、实力强、变化快、素质好等特点和优势，这为北京红十字组织履行职责和改革发展提供了强大的动力支持。

1. 经济持续发展，2013 年人均 GDP 达到 1.5 万美元

根据北京市统计局和国家统计局北京调查总队发布的《北京市 2013 年国民经济和社会发展统计公报》，初步核算，北京市全年实现地区生产总值 19500.6 亿元，比上年增长 7.7%。按常住人口计算，北京市人均地区生产总值达到 93213 元（按年平均汇率折合为 15052 美元）。根据国家统计局发布的《中华人民共和国 2013 年国民经济和社会发展统计公报》，全国人均 GDP 为 41804 元（按年平均汇率折合为 6750 美元）（见图 5-1）。北京市的经济发展水平远高于全国平均水平，人均 GDP 是全国平均水平的 2 倍有余，位于全国前列。

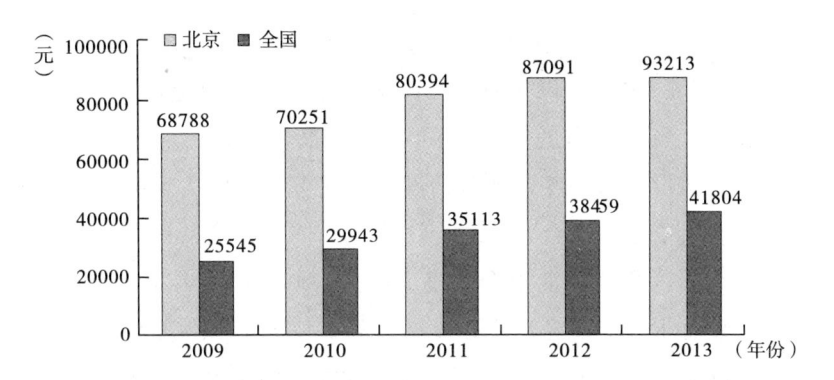

图 5-1　2009~2013 年北京地区人均 GDP 与全国人均 GDP

数据来源：2013 年全国人均 GDP 是根据《中华人民共和国 2013 年国民经济和社会发展统计公报》所记数据计算得出的。

从北京市历年统计年鉴来看，北京市人均地区生产总值在 1980 年突破 1000 美元，2003 年突破 3000 美元，2006 年突破 6000 美元，2010 年突破 10000 美元。2013 年，北京市人均地区生产总值达到 15052 美元，同期全国人均 GDP 生产总值为 6750 美元。北京市地区生产总值的增速也高于全国平均水平。

北京市各经济指标均远远高于全国平均水平。2009~2013 年，北京市城镇居民和农村居民的纯收入逐年上升，实际增速在经历了 2009 年的高增长之后逐步放缓，但仍保持在 7% 左右。就 2013 年人均收入情况而言，无论是北京市的城镇居民还是农村居民，其人均可支配收入和人均纯收入均高于全国平均水平。以 2013 年为例，北京市城镇居民人均可支配收入为 40321 元，约为全国城镇居民收入的 1.5 倍，北京市农村居民人均收入的 2.2 倍和全国农村居民人均收入的 4.5 倍。首都经济的快速发展，为保证首都红十字事业的发展打下了坚实的物质基础。

2. 社会发展各项指标继续在全国保持领先地位

2011 年 12 月 16 日，北京市发布《北京市"十二五"时期社会公共服务发展规划》，提出到 2015 年，基本构建起与首都功能定位和中国特色世界城市建设目标相适应的社会公共服务体系，基本公共服务水平位居全国前列并达到中等发达国家水平，基本实现学有所教、劳有所业、病有所医、老有所养、难有所助、住有所居的目标，人民更加幸福安康，社会更加和谐稳定。

《北京晚报》2014年11月14日刊发《北京继续领跑社会建设发展》一文。该文称：当天发布的《中国社会建设报告（2014年）》蓝皮书显示，北京社会建设在全国各省（自治区、直辖市）和特大型城市中排名继续领先。报告所依据的社会建设综合评价指标体系，包括社会保障、社会服务、社会治理、社会环境4个维度，共37项指标。与2013年度相比，全国社会建设总指数继续提升，其中排名前5位的依次为北京、上海、浙江、江苏和广东。北京16个区县社会建设总指数得分平均分85.49分，比2013年度提高了4.04分。第一名西城区的得分高出平均分10.72分，与东城区、海淀区、朝阳区一起继续在全市领跑。蓝皮书还选取了19个指标，将北京与纽约、东京、巴黎等世界级城市进行了比较。其中，从失业率、每千人口病床数、每千人口医师数、联合国世界遗产数、文化及创意产业从业人员数等指标来看，北京处于较好的位置，有的甚至位居第一；从出生时预期寿命、文化娱乐等支出占财政支出的比重、大型音乐厅数、美术馆（艺术画廊）数、电影院数等指标来看，北京则居于中等位置；而从每百人口国际互联网宽带用户数、社会保障占财政支出的比重、教育支出占财政支出的比重、医疗卫生支出占财政支出的比重、公共图书馆数，以及每十万人口公共图书馆数、博物馆数量、剧院数、电影院数等指标来看，北京则处于较低水平。

3. 北京红十字组织获得政府和上级组织强有力的支持

在全国范围内，北京市红十字会属于规模较大的地方性红十字会。数据显示，北京市红十字会在基层组织数量与人员规模上大致占全国的5%，在筹资上却占全国的7.5%，这体现了北京市红十字会较之一般地方性红十字会有更为强大的号召力和募款能力。而在政府拨款方面，北京市红十字会获得的支持资金占到全国的10%。可见，作为活跃在首都地区的人道组织，北京市红十字会较之一般的地方性红十字会得到了政府更大力度的支持。

为加强首都红十字人道应急体系建设，提高应对自然灾害等突发事件的能力，增强应急救援实力，中国红十字会和北京市政府共同筹资，于2014年10月建成了人道应急指挥通信平台，初步成为全国红十字系统灾害救援指挥中心。市政府在红十字紧急救援车辆装备更新方面也不断加大资金投入，并形成长效机制。2009年以来，共投入购车费用和救援补助9201万元，共购置急救车114辆、摩托车和车上车50辆，另补助油料费316万元。北京市红十字会积极争取各方支持，进一步加大了对急救站点建设和设备设施的投入，每年自筹资金1650万元用于急救站点的运行与维护，为高效完成各类应急救援任务提供了坚实的物质保证。

（二）北京红十字组织改革发展的工作基础十分稳固

1. 具有较为完整的组织体系和明确的功能定位

北京市红十字会成立于1928年10月29日，是中国红十字会的地方分会。目前，北京市红十字会内设机构有办公室、志愿服务部、赈济部、组织宣传部（社会工作部）、联络部、财务审计部、应急工作部和机关党委（人事部），以及北京市红十字会备灾救灾服务中心、北京市红十字会应急救护工作指导中心、中国造血干细胞捐献者资料库北京管理中心3个规范管理事业单位和1个全额拨款的事业单位北京市红十字会宣传信息中心，另有北京市红十字会紧急救援中心（999）和北京市红十字会医疗服务中心2个自收自支事业单位。北京市16个区都建立了红十字会，成立了学校和国有企业系统工作委员会。全市现有基层组织4159个，团体会员单位5499个，会员132.23万人，红十字志愿者11.63万人。目前，北京红十字组织已经形成"一线三台三网多中心"的总体布局，显示强大的工作体系优势。

经过多年发展，目前北京红十字组织确定的功能定位是：人道公益的榜样、应急救护的先锋、生命关爱的援手、文化传播的主力、对外交往的桥梁。这5个方面简洁地描述出北京红十字组织主要的工作使命，以及需要努力达到的工作目标。经过对北京红十字组织所从事工作的整体观察，根据国际红十字运动的宗旨以及我国法律规定、政府要求和社会需要，本课题组试图对北京红十字组织的功能定位做更加具体的描述：一是完善人道救护救助制度，提升救护救助能力的核心主体；二是传播人道知识文化、普及人道救护技能、创新人道惠民项目的策动主体；三是服务人道无偿献血、无偿造血干细胞捐献、无偿遗体器官捐献"三献"的实施主体；

四是推进法治中国建设，构建反恐维稳处突和城市应急管理体系的重要主体；五是引领慈善公益组织参与首都治理体系和治理能力现代化建设的示范主体；六是完善民间外交体制机制和发展民间外交的不可替代的主体。

2. 初步建成具有首都特色和国际先进水平的空地联合紧急救援体系

在地面救援方面，目前北京市红十字会紧急救援中心（999）承担着全市约50%的紧急救援和处置突发事件的任务。北京市红十字会在全市共设有130个紧急救援站点，其中设立在天安门午门、中南海西侧、国家体育场（鸟巢）等敏感地区、重大政治任务与大型活动举办地区、人员高度密集区和特殊场所的有8个，设立在大型社区、经济开发区、旅游景区、商贸服务区、高科技园区、外籍人员聚居区和重要交通枢纽等区域的有70个，设立在社区、学校等人口稠密地区的有52个，形成了较为完善的紧急救援网络。这些紧急救援站点作为北京红十字组织履行紧急救援职能的平台、收集和汇总影响首都安全稳定信息的前哨和协助有关部门处置突发事件的重要助手，发挥了重要的作用。2013年10月28日，天安门金水桥暴力恐怖事件发生后，北京市红十字会救护人员在2分钟内赶到现场，共救治15名伤者。2013年11月20日，东南四环小武基村一家配件厂仓库发生火灾，北京市红十字会紧急救援中心救助转运了15名伤亡人员。多年来，北京市红十字会设立在首都的救援站点在配合公安部门处理治安事件和交通事故中，有效处置各类突发事件上千次，为维护首都和谐稳定，保持良好国际形象方面做出了重要贡献。

在巩固常规的地面紧急救援体系基础上，根据首都安全维稳的特殊性和紧迫性，北京市红十字会超前谋划、超常规运作，自筹资金近3750万元，采取单一采购的方式，于2014年1月推出了首批中国北京红十字新型反恐医疗专用车50辆。该车采用德国奔驰凌特324底盘，集防毒、防化、防暴、现场处置及救治等84项功能于一体。这些车辆分批配置到首都的重点地区，采取固定点与移动式相结合的"动静式配置、一体化应对"的方式，与公安反恐防暴车辆协同配合，为"一分钟处置"初步实现网格化、常态化管理。在庆祝新中国成立65周年及APEC北京峰会召开之际，这些车辆配置到重点地区、会场和各代表驻地，为重大活动起到了应急保障作用。

在空中救援方面，目前已初步形成了覆盖京津冀地区的空中紧急转运和救援能力。北京市红十字会经过半年的科学论证和赴德国实地考察，由999自筹资金6000万元，于2014年3月31日与欧洲直升机公司签订了购买2架医疗专用直升机的合作协议，为从装备上实现首都公安警航直升机与人道救援直升机联手联防，为形成立体化反恐防暴体系奠定了基础。2014年10月28日，第一架人道救援直升机正式启用，短短一个星期就接受了2名伤病人员的异地快速转运任务。

3. 完成菲律宾台风灾害国际救援任务，彰显首都红十字民间外交力量

2013年11月18日，全球有记录以来登陆风速最高的热带气旋台风"海燕"在菲律宾中部造成毁灭性破坏，菲官方确认至少6000人死亡，菲律宾红十字会表示失踪人数高达25000人。应菲律宾政府请求，中国决定派出紧急救援队前往救灾。19日，中国红十字会要求以北京市红十字会为基础，组建中国（北京）红十字会国际救援队参加菲律宾"海燕"台风救灾任务。北京市红十字会根据中国红十字会要求和市委、市政府的总体部署，迅速派出7名急救队员加入该国际救援队。20日，中国（北京）红十字会国际救援队携带救援物资、药品及装备抵达菲律宾首都马尼拉，在克服重重困难后于23日抵达重灾区塔克洛班，随即全面展开救援工作。国际救援队以提供医疗救援为主要任务，在极为困难条件下搜寻遇难灾民遗体50多具，为1800多名灾民提供医疗救助服务，对灾区进行消毒、卫生防疫，普及疫病防治知识，落实紧急避难所用址，受到当地民众高度赞扬。此次国际救援彰显了中国13亿人口大国红十字组织的良好形象，同时积累了参与国际灾害救援的宝贵经验。

4. 打造"博爱在京城"等人道救助品牌系列

北京红十字组织人道救助工作主要关注"三最"人群，即最易受损害、最困难和最需帮助的弱势群体。目前对此群体开展的项目主要有"博爱在京城"及大灾募款救助。2013年，"博爱在京城"项目募集款物5000万元，雅安地震募款2800万元；2014年"博爱在京城"募集的款项为4000万元。在赈济方面，资金主要用于"两节送温暖"，包括大病救助和对自然灾害等突发事件的临时救助。自2014年4月1日起实施的《北京市红十字会人道救助管理办法（试行）》，规定了相关的救助程序与救助标

准。另外，北京市红十字基金会通过建立 15 个专项基金，打造了"共铸中国心""正心基金""携手希望，唱响生命"等助医、助学、扶贫项目，年度筹集慈善款物 1 亿多元。此类项目多面向西部少数民族贫困地区，体现了首都作为慈善资源输出地和人道公益先锋的作用。

5. 首都的"三献"服务工作特别是造血干细胞捐献服务工作成就突出

北京红十字组织的造血干细胞捐献、无偿献血、遗体和器官捐献等"三献"服务工作取得良好发展，其中在造血干细胞捐献方面的工作成绩尤其突出。北京市红十字会承担着首都地区社会各界的造血干细胞的宣传、知识普及等工作，同时还招募志愿者。中国人体造血干细胞志愿捐献者资料中心（俗称"中华骨髓库"）共有 216.4 万名志愿者资料，数量在华人库中位居第一，世界库中位居第三，但与世界第一库差距很大。中华骨髓库从 2001 年启动至今成功捐出 5311 例。其北京分库共有 11.6 万名志愿者资料，从 2001 年启动至今成功捐献 231 例。

（三）首都红十字事业发展面临多重机遇

1. 国家宏观政策为北京红十字组织带来优良的发展环境

中共十八届三中全会提出："创新社会治理，必须着眼于维护最广大人民根本利益，最大限度增加和谐因素，增强社会发展活力，提高社会治理水平，全面推进平安中国建设，维护国家安全，确保人民安居乐业、社会安定有序"，"激发社会组织活力。正确处理政府和社会关系，加快实施政社分开，推进社会组织明确权责、依法自治、发挥作用。适合由社会组织提供的公共服务和解决的事项，交由社会组织承担。支持和发展志愿服务组织"。包括北京红十字组织在内的首都社会组织在原有高起点上，将面临更加有利的发展环境。

《国务院关于促进红十字事业发展的意见》（国发〔2012〕25 号）进一步明确了红十字会的性质、地位、作用和职能职责，要求积极推进红十字会体制机制创新，建立与社会主义市场经济体制和国际人道主义原则相适应的体制机制，强化红十字会的人道组织属性，探索建立"高效、透明、规范"的管理体制和运行机制。全国各地区、各部门要积极支持红十字会依法履行职责，协助红十字会建立健全红十字应急救援体系，建立红十字救护培训的长效机制,充分发挥红十字会在公众参与的应急救护培训中的主体作用,提高红十字会人道救助能力,加强无偿献血、造血干细胞捐献及遗体器官捐献工作,积极开展国际人道援助和港澳台交流合作,不断优化红十字事业发展的法制、政策、舆论环境。要求各级政府把红十字任务纳入重要议事日程,依法对红十字会开展的工作给予支持和资助,保障红十字会履行法定职责。建立并完善政府向包括红十字会在内的社会组织购买服务制度,推动红十字事业的可持续发展。

2. 新的城市功能定位和发展目标为北京红十字组织带来新的发展动力

2014年2月25日,习近平总书记考察北京工作时,就首都发展提出了五点要求:"一是要明确城市战略定位,坚持和强化首都全国政治中心、文化中心、国际交往中心、科技创新中心的核心功能,深入实施'人文北京、科技北京、绿色北京'战略,努力把北京建设成为国际一流的和谐宜居之都。二是要调整疏解非首都核心功能,优化三次产业结构,优化产业特别是工业项目选择,突出高端化、服务化、集聚化、融合化、低碳化,有效控制人口规模,增强区域人口均衡分布,促进区域均衡发展。三是要提升城市建设特别是基础设施建设质量,形成适度超前、相互衔接、满足未来需求的功能体系,遏制城市'摊大饼'式发展,以创造历史、追求艺术的高度负责精神,打造首都建设的精品力作。四是要健全城市管理体制,提高城市管理水平,尤其要加强市政设施运行管理、交通管理、环境管理、应急管理,推进城市管理目标、方法、模式现代化。五是要加大大气污染治理力度,应对雾霾污染、改善空气质量的首要任务是控制PM2.5,要从压减燃煤、严格控车、调整产业、强化管理、联防联控、依法治理等方面采取重大举措,聚焦重点领域,严格指标考核,加强环境执法监管,认真进行责任追究。"[①]

当前,首都发展进入功能调整优化、经济社会转型升级的新阶段。根据习近平总书记的要求,北京确立了作为全国政治中心、文化中心、国际交往中心、科技创新中心的功能定位和发展目标。围绕首都发展的阶段性

---

① 《习近平肯定北京"城市病"治理成绩 就发展提五点要求》,资料来源:《北京商报》,http://www.mzyfz.com/cms/jingyingrenwu/lingdaodongtai/dangdejianshe/html/827/2014 - 02 - 27/content - 968404. html,最后访问时间:2015年5月8日。

特征，将强化拓展核心功能，优化疏解非核心功能，着力优化首都功能产业结构和资源环境，深入实施"人文北京、科技北京、绿色北京"战略，提高生活服务品质，打造国际一流和谐宜居之都。同时，首都还承担"四个服务"的特殊使命，即"为中央党政军领导机关的工作服务，为国家的国际交往服务，为科技和教育发展服务，为改善人民群众生活服务"。

红十字组织作为国际人道组织，具有国际性、中立性、公正性的特征，应急救护、紧急救援、人道救助、人道保障是国际人道法和《中华人民共和国红十字会法》赋予的法定职责，这就决定了红十字组织是国际国内应对自然灾害和处置突发事件的重要力量。不论是地区冲突、民族矛盾等造成的人道危机，还是自然灾害、突发事件造成的人道危机，红十字组织都以其人道主义组织的独特优势，在处置中发挥了巨大作用，成为世界各国政府人道工作领域的有力助手。我国国家安全委员会的设立，为中国红十字组织进一步彰显人道力量，积极参与安全维稳工作提供了广阔空间和更高要求。特别是目前亟待强化的应急维稳与防恐等城市管理，为北京红十字组织启动新一轮大规模的能力建设提供了前所未有的契机。

另外，"京津冀一体化""京津同城化""大都市圈"等城市发展新概念，为北京红十字组织承担首都人道救助救护救援任务提供了新的发展空间与动力，即无论是人道服务质量标准的提高，还是服务半径的扩大，都是北京红十字组织新一轮发展的驱动力。

二 北京红十字组织改革发展面临的问题和挑战

当前，首都经济社会发展进入了促改革、调结构、治环境、惠民生的转型升级的新阶段。在改革开放取得巨大成就的同时，也出现了一些矛盾和问题，特别是人口、资源、环境方面面临巨大压力，出现资源严重短缺，人口急剧增长，环境特别是空气污染、交通拥堵等一系列"城市病"。随着城镇化的快速发展和京津冀一体化、京津同城化的推进，大量人口不断移居北京，给城市发展带来压力。优化城市空间结构和管理格局，增强城市综合承载能力，扩大中心城市服务半径，深化城市公共服务精细化、标准化管理等要求日益突出。北京红十字组织作为从事人道公益事业的社会组织,在推动城市协调发展、京津冀一体化建设、促进社会公平正义、增进人类福祉中负有重要使命与责任。

当前,北京红十字组织在能力建设等方面还存在一些问题和不足:在体制机制上还存在明显的束缚现象,社会组织活力未得到充分释放;在组织体系上还面临"横向不到边,纵向不到底"的问题,红十字专职人员数量少、人员结构不尽合理;经费数量不足,经费来源主要靠政府拨款,市场化程度低,募款能力不强;人道救助项目的品牌化水平不高,有影响力的,特别是有人道特色的公益品牌欠缺。具体而言,北京红十字组织至少面临以下六个方面的现实挑战。

(一)应急救援能力需要进一步提升

当前我国面临对外维护国家主权、安全、利益,对内维护政治安全和社会稳定的双重压力,各种可以预见和难以预见的风险因素明显增多。十八届三中全会提出设立国家安全委员会,这是维护国家安全稳定的协调机制、决策机制、应对机制创新的重要体现。在风险增加、形势愈加复杂的背景下,北京红十字组织应怎样提升应急能力,以便更好地参与维护国家稳定的事业,融入国家安全体系建设中;应如何在反恐维稳工作中增强角色定位;京津冀协同发展趋势下如何建立以自身为依托的京津冀一体空中应急救援体系;这些都是亟待研究的课题。

(二)治理体制需要适度调整

《国务院关于促进红十字事业发展的意见》(国发〔2012〕25号)强调要建立与社会主义市场经济体制和国际人道主义原则相适应的红十字会体制机制。在政府转变职能和构建多元治理体制过程中,对北京红十字组织的管理机制、人员素质等各项能力和实力提出了更高的要求。

在外部治理方面,2014年以来,北京市红十字会已与北京市公安局建立了一键式报警系统和信息长效对接机制,与北京市公安局公安交通管理局建立起联动机制,与北京市特警总队、治安总队、便衣总队及公交总队建立重大突发事件快速响应机制。这些新的业务都需要进一步落实日常联系机制,形成信息共享、应急反应和联合行动的有效启动机制。另外,在救灾方面如何与民政部门合作，在"三献"服务工作中如何与卫生部门合作，在志愿者招募管理方面如何与共青团及教育部门合作等问题，都需要在现代治理体系和治理能力现代化的过程中逐步解决。

在外部合作机制不断拓展的情况下，如何落实《国务院关于促进红十字事业发展的意见》（国发〔2012〕25号）的精神，建立与当前形势相适应的内部治理体制，是一个紧迫的挑战。在内部治理方面，目前一个突出问题是北京红十字组织会员制度不完善不落实，这是造成组织资源不足且缺乏活力的一个重要原因。根据中国红十字会的调研，很多地方红十字会的基层会员机制名存实亡，会员构成仍然以医疗卫生机构的团体会员为主，很少看到真正意义上的个人会员，会费收缴等最基本的义务也得不到履行。[1] 本课题组在访谈中得知，北京红十字组织目前无法收取任何会员费，原因是该费用未被纳入行政性收费许可项目范围，在现行体制下甚至会被当作"乱收费"对待。国务院25号文件颁布后，个别省份在会员缴费问题上做出了强调，如《黑龙江省人民政府关于进一步促进红十字事业发展的实施意见》（黑政发〔2013〕16号）要求"各会员单位和广大会员要按有关规定自觉交纳会费，履行会员义务"。《辽宁省人民政府关于促进红十字事业发展的意见》（辽政发〔2013〕32号）则要求："加强会员发展、会费收缴等管理和服务工作，保障会员依法行使权利和履行义务。"这些省份会员制的具体落实情况目前还不清楚，面临同样问题的首都应力争走在前面。

（三）在社区减灾体系中尚未发挥核心作用

2008年汶川地震后，国家减灾委、民政部将社区减灾体系建设列入重要日程。2010年4月，民政部印发全国"减灾示范社区"推荐评选标准，就健全减灾管理和组织领导机制，制定社区灾害应急救助预案并定期演练，完善社区减灾公共设施和器材，积极开展减灾宣传教育活动，普遍提高居民减灾意识，开展特色鲜明的减灾活动等提出了相关的标准。国家减

---

[1] 中国红十字会总会编《〈中华人民共和国红十字会法〉修改研究》，社会科学文献出版社，2014，第105页。

灾委、民政部 2013 年度共评选出 1292 个全国综合减灾示范社区，其中北京市有 50 个社区入选。

从目前社区减灾工作的治理结构来看，红十字会是减灾委的成员单位，参与减灾协调及配合宣传等工作。例如，2010 年 5 月 12 日的全国第二个"防灾减灾日"，北京市崇文区红十字会就在区应急办的组织下与 14 家单位联合开展了以"减灾从社区做起"为主题的防灾减灾宣传活动。同时，红十字会也是社区减灾项目的积极参与者，并且在国际合作方面的优势比较突出。例如，2010 年在贵阳启动的中国红十字会欧盟社区减灾项目，就是由中国红十字会向欧盟红十字组织申请的以社区为本的减灾项目。

基于红十字组织在减灾知识宣传、应急救护培训、救灾演练、紧急救援等方面的专业优势，如何发挥红十字组织在社区减灾中的核心作用，是推动红十字活动深入社区的一个重要途径，需要做出相关部署。

（四）社区应急救护培训亟待普及

城乡社区作为构成社会的基本单元，是开展应急救护工作的第一环节。急救从社区做起，即以社区为平台开展院前急救工作，有利于增强社区及家庭的紧急自救互救能力，最大限度地降低意外事故造成的伤害。目前，我国所有地区应急救护培训的平均普及率还不到 1%，与发达国家普遍达到的 60% ~70% 普及率的水平有相当大的差距。北京目前急救知识普及率达到 10% ~15%，在全国居于领先地位，但是与世界发达国家相比还有相当大的提升空间。

当前北京红十字组织迫切需要扎根于首都城乡社区，长期深入地开展基层救助救护服务，并将紧急救护培训列为工作重点，特别需要对更系统地开展相应培训，提高急救知识的普及程度，有效提升一般民众自救能力等工作做出系统规划并付诸实施。

（五）专业志愿服务体系尚不健全

目前，北京市红十字会拥有 11.6 万名志愿者，他们在青海玉树地震抗震救灾、北京"7·21"特大暴雨救险等突发事件中有出色表现；同时，他们还是造血干细胞捐赠、重阳敬老等项目中的重要力量。但总体来看，志愿者队伍存在人数少，组织化、专业化程度不高等问题。在正规人员编制难以扩增的条件下，要解决北京红十字组织专业人才不足的问题，就特别需要从强化志愿服务队伍建设入手，形成覆盖广泛、功能强大的救助服务提供主体，为首都日益增长的人道服务需求提供人力和组织支撑。

随着改革的深化和各方面利益的调整，首都需要社会救助的人员正在逐步增加。而社会治理体系现代化建设进展的加快，也需要社会组织越来越多地承担提供公共服务的职能。在开展社会服务的过程中，志愿者将成为社会组织所能依靠的中坚力量。需要完善志愿服务管理机制，加大志愿服务基地的建设力度，并结合实际开展社区服务，注重培育志愿服务队伍的品牌项目，探索建立人道志愿服务网络。

此外，首都作为政治中心和国际交往中心，大型政治活动和国际会议众多，对于志愿者的需求十分巨大。如何招募和管理大量的专业志愿者，形成完善的志愿者体系，有效组织志愿者开展符合社会需求的志愿服务，是北京红十字组织必须面对的任务。

（六）人道救助需要拓展与落实

2014年上半年，北京市红十字会加大人道关爱工作的力度，向社会推介了6个"共圆人道梦"人道关爱公益项目。在完善人道应急体系方面，完成普及教育30余万人次，培训急救员1.3万余人，技能培训1.7万余人。

由于首都的特殊区位和复杂的社会环境，北京出现了包括人口问题、社会分化问题、环境问题在内的一系列社会问题，待救助的社会群体规模较大。

2014年7月，北京市红十字会第九届八次常务理事会议提出要履行人道关爱使命，拓展社会救助内容和范围，增强社会救助的实力。如何将这一目标具体化、可操作化，是北京市红十字会面临的最新挑战之一。

三 全面深化改革中北京红十字组织的发展思路

北京红十字组织是首都治理体系与治理能力现代化建设的基本支撑系统之一，是首都和谐社会建设的一支重要力量和社会治理体制创新的重要机体，要立足当前形势，着眼长远发展，切实增强全面深化改革的自觉意识，紧紧围绕更好地保障和改善民生，建立健全现代人道应急治理体系，健全完善涉及人道惠民的制度，创新完善募捐筹资机制，切实提升人道惠民的服务水平，努力将北京红十字组织打造成为中国红十字组织的窗口和国际红十字组织的典范，不断提高北京红十字组织的社会公信力和影响力[①]。

在全面深化改革的大背景之下，北京红十字组织今后的发展方向是：落实"十八大"和十八届三中、四中全会精神，落实习近平总书记讲话及对北京工作的指示精神，落实国务院关于促进红十字事业发展的意见，以改革统领全局，强化组织，增强活力，逐步实现由传统的行政化管理方式向现代法制化治理方式的转变，充分发挥北京红十字组织在首都治理体系和治理能力现代化建设中的人道支撑作用。在坚持国际红十字运动基本宗旨，依法履行人道救助职责的基础上，按照中央深化改革的要求，立足于北京红十字组织的工作实际。下一步，北京红十字组织改革发展应注重整体布局，寻求重点突破，并通过创新体制机制激发组织的活力，进一步释放发展的潜能，力争将"十八大"以来中央和北京市深化改革的各项政策的红利加以兑现。按照郭金龙书记关于"中国特色、时代特征、首都特点"的指示要求，首都红十字事业的发展思路应当突出以下几个方面。

（一）在反恐维稳中发挥北京红十字组织不可替代的作用

2014年4月底，北京市红十字会在全国红十字系统中率先被纳入省级

---

① 戴均良：《人道为本，博爱惠民》，马润海主编《人道惠民（理论文集）》，同心出版社，2014。

维稳工作领导小组成员。北京市红十字会与市公安局签订了《处突维稳合作协议》,在开展空地救援、日常救护保障等方面开展合作。凭借着先进的救护设备以及灵活的应急响应机制,北京市红十字会已经具备了在技术上成为社会安全维稳工作重要协调机构的条件。为此,需要在内部组织技术专家团进行改进型的设计,当前的重点是:(1)北京市红十字会应考虑把积极参与维护首都的安全稳定作为一项中心工作;(2)北京市红十字会应与首都公安、武警、特种部队等反恐力量深化合作,特别是在执行层面建立更为密切和便于实施的部门联动机制;(3)可以考虑扩大《处突维稳合作协议》涵盖范围,与国家反恐力量形成打击与救援相结合的特殊维稳体系。

(二)拓展应急救援,开展社区救护培训与减灾活动

战争中的伤亡救援是红十字会诞生的主要目的,而日常的应急救援则是红十字组织长期以来的主要活动领域,这两项工作堪称红十字会的立足之本。

北京市红十字会一直致力于提供紧急救援,承担了大量的院前救护职责;同时还大力普及应急救护培训,加强公民应急救护教育。为了更好地开展这两项工作,北京市红十字会分别建立了北京市红十字会紧急救援中心(999)和北京市红十字会应急救护工作指导中心,其中999在近年的北京市紧急救援工作中表现出色。

在新形势下,需要进一步加强北京市红十字会在应急救援体系中的作用,通过推出红十字人道应急指挥中心及人道移动应急指挥平台等指挥决策平台,更好地统筹全市应急救援工作;需要完善应急救护培训体系,充分发挥红十字组织在应急救护培训工作中的主体作用,为我国的应急救援体系提供长期有效性支持;需要加强应急救护培训和紧急救护工作,加快全市应急救护培训工作标准化建设,强化对全市应急救护教育师资和督导考评师资的培训和管理。推进应急救护大讲堂深入党政机关、重点行业企业、基层组织和学校,特别是加大特殊行业应急技能训练力度。大力开展应急救援品牌建设。加强999急救站点布局的规划和设置,提升急救员的能力素质。积极推进北京市红十字会人道救助服务热线建设。推进999第

二代急救手机项目的应用。

强化北京红十字组织在社区减灾体系中的核心功能，重点在以下几方面积极作为：一是突出北京市红十字会在社区减灾管理体制中的角色，积极参与社区减灾相关法律政策和体制机制的建设；二是普及灾害预防、避险、逃生以及自救互救等减灾知识，做好社区居民应急救护培训；三是参与社区灾害应急预案的制订与实施，参与组织实施社区救灾演练活动；四是以社区减灾为主题，大力发展红十字志愿服务。

（三）全面建立京津冀一体化的空中应急救援体系

当前空地结合的应急救援体系是北京红十字组织能力建设最为突出的方面。空地联合救援的发展，特别是全国独一无二的空中救援体系的发展，正面临国家安全体系建设所赋予的绝佳时机，应作为战略重点进行谋划布局，在争取政府加大支持和实现市场化运营两个方面精心设计，强力推进。

在京津冀一体化的背景下，建立京津冀空中救援联盟，使三地一旦遭遇紧急情况，能第一时间调配空中急救力量，运送需要急救的重症患者到具备医疗条件的地方接受治疗，为三地的广大群众开辟顺畅的空中紧急救援通道，使北京市独有的空中救援资源得到最大程度的利用。为解决空中救援费用过高、市场普及难度大的问题，目前北京市红十字会已与中国人寿保险股份有限公司合作，推出了面向首都市民的中国首个航空医疗救援保险服务产品，空中紧急救援费用补偿医疗保险分为299元惠民版和999元尊享版。下一步，应就这一新的保险产品制订专门的推广计划，可以北京市城郊区为起点，第一步先在京津冀地区推广，然后考虑进一步覆盖北京周边有效服务区域。

（四）履行法定职责，当好政府在人道领域的助手

《中华人民共和国红十字会法》将红十字组织定义为"从事人道主义工作的社会救助团体"，《国务院关于促进红十字事业发展的意见》则将红十字会定位为"人道领域的政府助手"。人道关爱工作显然是中国红十字组织的重要使命。自北京市红十字会常务理事会议提出"履行人道关爱使

命"以来，以社会救助为主要形式的人道关爱工作就成为北京市红十字会的工作重点。

（1）北京红十字组织人道救助应重点提供医疗救助，尤其是血液事业和艾滋病防控领域的救助工作。北京红十字组织应在无偿献血及血液供应体系发挥更重要作用，摆脱仅仅承担义务献血宣传的被动局面。同时，参照中国红十字基金会实施儿童白血病救助"小天使"项目的成功经验，承续北京红十字基金会曾成功实施少儿大病互助保障项目的传统，继续深入开发血液病救治的公益项目。

（2）北京红十字组织应加强与卫生部门合作，同时获得财政部门的预算支持，力争成为首都医疗救治体系中的骨干力量。

（3）北京红十字组织应借助《红十字法》的修订，争取将"三献"服务工作特别是将器官和遗体捐赠服务的内容写入法律，并争取将具备北京红十字组织认可的救护资质人员在实施救护时可能遇到的风险给予免责。

（五）做实会员制，壮大红十字志愿服务队伍

1. 夯实北京红十字组织的会员制

会员是红十字组织工作的社会基础，是动员社会资源支持、扩大红十字组织社会影响的力量源泉；拥有强大的民主参与的会员体系，也是建设强大的国家红十字会所必备的条件。北京市红十字会在省级红十字会中率先实行较规范的会员制，这既是完善内部治理机制的要求，也是募集资金和调动社会资源的现实路径。

2. 壮大首都红十字志愿者队伍

2014年11月，以在北京举办的亚太经合组织领导人（APEC北京峰会）非正式会议为契机，北京市红十字会进行了新一轮的志愿者招募工作，开展大型志愿服务活动。以此次成功举办APEC北京峰会为起点，北京红十字组织应加强志愿者队伍的组织和管理工作，提升志愿者的专业素质，尤其是医疗救护方面的能力，为构建一支有特色的（集中于救护和安全维稳领域）专业志愿服务团队积累宝贵经验（会员与志愿者的区别见表5-1）。从长远看，北京市红十字会应开展与市团委、市精神文明办、市

志愿服务联合会等组织的交流合作活动,互相汲取志愿服务管理方面的经验,打造各具特色而又可统一调度管理的现代志愿服务体系,并成为其中的主力。

表 5-1 红十字组织会员与志愿者特征比较

红十字会员	红十字志愿者
● 会员是红十字组织的细胞,是组织合法存在的基础 ◇ 有权利:会员有选举权、被选举权,参加活动、培训和会议,提出批评、建议和质询 ◇ 有义务:会员须遵守章程、缴纳会费、支持工作、维护权益	● 志愿者是红十字组织的工作基础和依靠力量 ◇ 志愿者没有选举权和被选举权 ◇ 没有规定义务,参加红十字组织活动和提供捐赠均以自愿为前提

在具体策略上,一是要加强红十字志愿服务宣传力度,充分利用新媒体等手段加强红十字志愿精神的宣传,让公众更多了解志愿服务组织的使命、管理模式和运行机制;二是加强志愿者招募,放宽志愿者资格限制和注册建档的门槛,提供灵活多样的志愿服务参与方式,首先解决志愿者规模过小的问题,仅将高度组织化、规范化、专业化的志愿服务作为管理规制的重点,并增加志愿者培训和强化志愿行为的补助激励手段;三是拓宽志愿服务的领域和内容,除救灾、大型活动、卫生救护外,应大力发展参与人道救助和社会服务的志愿服务队伍,吸引大量志愿人员参与到对最易受损的群体的救助、健康教育、人道主义文化宣传、"三献"的传播与服务等领域中来,从而形成一支规模较大、基本稳定、参与多方面人道服务的首都红十字志愿者群体。

(六)加大改革创新力度,为首都红十字事业发展注入新的活力

1. 强化政府购买服务

在全面深化改革的关键时期,大力推进政府购买服务,逐步建立健全政府购买服务制度,是建设服务型政府、推进国家治理体系和治理能力现代化的客观要求。2013 年 9 月 26 日,国务院办公厅下发关于政府向社会力量购买服务的指导意见,强调通过发挥市场机制作用,把政府直接向社会公众提供的一部分公共服务事项,交由具备条件的社会力量来承担,并

由政府根据服务数量和质量向其支付费用。此后财政部出台了一个实施细则，主要涉及养老、新型服务业、助残等方面。

北京是最早探索由政府购买社会组织服务的地区之一，目前，无论是政府购买服务的政策支持力度和业务范围，还是政府购买服务的目录、流程等方面，其规范性都在全国各省份中处于领先地位。

市政府下一步将通过加大购买力度来促进首都红十字事业的发展：一是将部分北京红十字组织服务内容纳入政府购买服务的目录，通过中央及北京市财政专项资金支持北京红十字组织的能力建设，弥补北京红十字组织在人才队伍建设方面的不足，扩大北京红十字组织急救体系的覆盖范围，提升北京红十字组织所提供的应急救护培训的质量；二是参考国内外其他城市的政府购买服务相关政策与经验，探索政府购买服务在红十字系统内部的推行方式。由于北京红十字组织作为社会组织具有鲜明的特点和相对独立完整的组织体系，政府购买北京红十字组织社会服务适宜采取"量身定做"的办法，具体操作方法需要根据北京红十字组织特点和发展需要做系统设计。

2. 探索建设具有红十字人道特色的血液事业的核心业务板块

由于国际红十字运动起源于战场救护，其血液事业包括血液供应、血液病的防治是具有红十字人道特色的事业。以日本红十字会治理结构为例，日本红十字会设有行政管理部门、执行部门、血液服务总部三大部门，血液事业与救护、福利、医疗、护理事业并列，占其总体业务模块的半壁江山。比较而言，目前北京红十字组织在血液事业中发挥的作用还不突出，北京红十字血液中心虽冠名红十字，但北京红十字组织仅负责义务献血社会宣传动员，与卫生职能部门的联系较为松散，因而未能成为血液事业的实施主体之一。

参考国际经验，北京红十字组织未来在这方面有着极大的发展空间，应当在履行相关献血宣传职能的基础上，加大协商力度，争取与卫生主管部门共同做好血液工作。在推进策略上，可以做血液事业专题研究并策划一些大型传播活动，阐释红十字组织与血液事业休戚相关的历史传统和国际经验，彰显红十字组织在这方面能够发挥的突出作用。如果能有所突破，血液事业完全有可能成为首都红十字事业新的增长点，并为全国红十字事业开拓新局面起到带动作用。

3. 多渠道加大北京红十字组织公益募款的力度

一是夯实会员制。以发展个人会员为重点，协调有关部门将会费收缴纳入合法收费项目，使会费成为北京红十字组织的重要经费来源，同时让会员大会成为北京红十字组织的重要治理机制。

二是做大做强人道特色的公益品牌项目。抓住当前北京最迫切的社会服务需求，如老年与残障人士的公益服务、儿童大病特别是血液病的医疗救助等，通过有竞争力的公益品牌项目增强社会公益募款能力。

三是在"三献"服务领域重点争取政府购买机会。这一方面应该借鉴美国红十字会对血液捐献无偿获取有偿输出的经验（这是美国红十字组织的主要收入来源，大于政府直接拨款和购买服务之和），争取政府的许可和支持。

总之，要避免有过度依赖政府资源的倾向，在争取财政支持的同时，更加注重发挥社会组织优势，调动和利用社会资源发展红十字事业。

（作者：高华俊）

红十字文化在社会主义核心价值观建设中的价值

一 国际红十字运动精神与社会主义核心价值观

（一）国际红十字与红新月运动的背景[*]

国际红十字与红新月运动（简称"国际红十字运动"）有三个组成部分：红十字国际委员会、红十字会与红新月会国际联合会，以及各国红十字会或红新月会（简称红十字会）。这三个组成部分相对独立，但拥有共同的基本原则、目标、标志和章程。

红十字国际委员会的前身是亨利·杜南于1863年在瑞士日内瓦创立的伤兵救护国际委员会。该委员会共有25名委员，国际人道法赋予该组织独特的权力，保护国际和国内武装冲突受难者的生命和尊严。红十字会与红新月会国际联合会创立于1919年，它负责在国际红十字运动内部协调189个国家红十字会和红新月会的活动。在国际上，该国际联合会与各国红十字会密切合作，负责领导和组织应对大规模紧急事件的救援工作。该国际联合会的秘书处设于瑞士日内瓦。

世界各国几乎都有自己的红十字会或红新月会。目前，共有189个国家的红十字会或红新月会得到红十字国际委员会承认并被接纳为红十字会与红新月会联合会正式会员。根据国际人道法原则和国际红十字运动的章程，每个国家红十字会或红新月会在本国开展工作。依据其具体情况和能力，一些国家红十字会或红新月会可能会承担一些国际人道法或运动并未

---

[*] 本小节参考中国红十字会、ICRC、红十字会与红新月国际联合会编《红十字运动知识》，2013。

直接界定的人道工作。在很多国家，国家红十字会通过提供应急医疗服务而与该国卫生系统关系密切。

（二）国际红十字运动的原则*

国际红十字运动的基本原则是以亨利·杜南在《索尔弗利诺回忆录》中所提出的基本理念为基础的，是随着该运动的实践和发展逐步形成的。其形成过程大致如下。

1875年，伤兵救护国际委员会5位委员中的莫瓦尼埃提出了4项工作原则：深谋远虑、休戚与共、集中统一、一视同仁。1921年，红十字国际委员会修订章程，确定以"公正""对政治、宗教、经济的独立""运动的普遍性""各成员的平等"4项为基本原则。

1946年，红十字会协会（即现在的红十字会与红新月会国际联合会的前身）理事会第19次会议通过一项声明，批准了这4项原则，并在此基础上增加13项原则，一共为17项原则。后来，不少人士以这些原则为主题撰写了一系列文章进行探讨。1955年，吉恩·匹克戴写了一本专著《红十字的原则》，分析和界定国际红十字运动在处事上应依循的各种准则。他把上述17项原则分为两大类，第一类7项，即：人道、平等、适当、公正、中立、独立、普遍，为国际红十字运动存在的原因和行动的准则。第二类10项，即：无私、免费服务、志愿服务、国家辅助、自主权、利众主义、各国红十字会平等、团结一致、休戚与共、深谋远虑，为国际红十字运动的组织制度和工作方式。

1965年，红十字国际委员会将匹克戴所研究的原则浓缩为现行的7项原则，作为国际红十字运动的基本原则。这7项原则在奥地利维也纳召开的第20届红十字会与红新月会国际大会上被提交议决并获得通过。

1986年，在日内瓦召开的第25届红十字会与红新月会国际大会，经过投票决定，把这7项原则纳入国际红十字运动章程和序言之中。

这7项基本原则表明国际红十字运动所坚持的精神。不过，它们首先表达的是对人类的深切关注。

---

* 本小节参考《红十字运动的基本原则》，《江苏经济报》2007年9月4日。

1. 人道（humanity）

国际红十字与红新月运动的本意是不加歧视地救护战地伤员。在国际和国内两方面，努力防止并减轻人们的疾苦，不论这种疾苦发生在什么地方。本运动的宗旨是保护人的生命和健康，保障人类的尊严，促进人与人之间的相互了解、友谊和合作，促进持久和平。

人道原则是红十字组织所有工作的基础。国际红十字运动没有自己的"教义"，没有特殊的"哲学"，它只是关心人类的苦难。无数的人陷身于战争之中或遭受自然灾害的袭击，为了活命在苦苦挣扎，他们遭受的痛苦大多是来自"人对人的不人道"。国际红十字运动的宗旨在于采取适当的行动，以确保人类的疾苦不会受到漠视。从这个方面而言，人道原则并不代表一种"教义"或"哲学"，它代表的是一种休戚与共的道德精神及救助人间苦难的实实在在的具体行动。同时，它还认同人类一项共同关注的、跨越了所有界限的大事——人类的将来。

人道原则并非像某些人所说的那样太模糊，太笼统。对条文中使用的词，如防止、减轻、保护、保障等都要采取非常具体的行动。特别是保护，是人道原则中一个非常重要的概念。保护这个词的基本含义是：（1）帮助人们避开攻击和虐待；（2）阻止毁灭人或使其失踪的做法；（3）满足人们的安全需求，帮助人们生存和进行自我防护。

保护的形式可以是多种多样的，这取决于受害者所处的环境。在和平时期，对生命和健康的保护主要有预防疾病、灾害和事故，以及通过拯救生命来减轻人们的疾苦和负担。保护也意味着对一个有益于健康的安全的环境的维护。

国际人道法的作用就是保护武装冲突的受害者以及保证他们在那种局势中的生活能够尽可能正常。然而，法律条文不是在任何时候都得到了遵守。一旦出现这种情况，红十字国际委员会就挺身而出，敦促有关当局履行规则，援助那些受到国际人道法保护的人员，确保他们不会死于饥饿，不会受到虐待，不会失踪，不会受到攻击。更具体地说，就是对俘虏给予人道待遇，对伤员给予救治，对平民给予保护。

定义中说"努力防止并减轻人们的疾苦"。在原则中并没有对"疾苦"进行特别的界定。实际上，从诞生之日起，国际红十字运动就逐步扩展其活动范围，以便在战争时期与和平时期救助受害者。这里要注意的是，国际红十字运动的各个组成部分并不追求在工作上囊括一切，它们把重点放在其他组织所不能或不愿采取行动的那些措施上，如近年来红十字国际委员会、红十字会与红新月会国际联合会在阿富汗、卢旺达等战乱地区所做的那样。各国红十字会是本国政府开展人道工作的助手，但它们绝不取代国家当局，而是根据需要采取自己独特的和不带偏向的行动。

国际红十字运动为促进和平而做出的贡献主要体现在三个方面：一是通过在战时遵守人道规则并对受害者给予保护，从而能够在中远期起到促动敌对各方恢复对话进而和解并最终恢复和平的作用；二是发展和扩大国际人道法，确保此法的保护性规则得到遵守并扩大这些规则的范围，促进人们对生命和人身尊严的尊重；三是传播国际人道法，宣传有关保护受害者和非战斗员的基本观念和知识，推动和维护世界和平。

2. 公正（impartiality）

国际红十字运动的公正原则的定义是："国际红十字运动不因国籍、种族、宗教信仰、阶级或政治见解而有所歧视，仅根据需要，努力减轻人们的疾苦，优先救济困难最紧迫的人。"

首先，公正原则的内涵是不歧视。

不歧视，即对受害者采取公平的行动，是国际红十字运动的精髓，它从一开始就在《日内瓦公约》中得到了体现。1864年的第一部《日内瓦公约》规定，任何士兵都可以因伤情或病情而不再继续战斗，而"不得基于性别、种族、国籍、宗教、政治见解或其他类似标准而有所歧视"。该公约中使用"其他类似标准"这一措辞表明，所有类型的歧视都是受到禁止的，文中列举的具体类型仅仅是其中几个例子而已。从理论上讲，不歧视就是拒绝对属于某种具体类别的人做出有害性质的区分。从人道准则的角度讲，不歧视则要求放弃对人的所有客观区分，以便提供的救助能够超越最剧烈的敌性对抗；在武装冲突和内部动乱中，对朋友和敌人都给予同样方式的救助，对一切处于危难中的人在任何时候都给予帮助，不论他们是谁或属于谁。

其次，公正原则的内涵是"给予苦难者与其痛苦程度相称的帮助"。

不歧视，意味着对所有处于困难之中的人都应给予帮助。但是，如果不考虑他们的痛苦程度，不考虑他们需求的紧迫程度而平均给予帮助，这就不公正了。国际人道法规定，对某些特别易受损害类型的受保护者，如妇女、儿童和老人等，必须给予优先待遇；对伤者和病者给予完全平等的照顾和保护；出于紧急的治疗原因应在救治工作中做出优先安排。

总之，当痛苦程度相同时，救助应是相等的；当痛苦程度不相同时，救助就应与各种不同程度的痛苦相匹配。否则，就会看似公正实际并不公正。

最后，公正原则的内涵是排除个人偏见。

不歧视，意味着不考虑人与人之间的客观差别；而公正，从本质上讲，则要求摒弃主观区分，排除个人偏见，一视同仁。例如，如国家红十字会拒绝向某个群体提供服务，因为该群体来自少数民族，那么它就是未能遵守公正原则；或国家红十字会的一名工作人员在行使职责时偏向自己的朋友，给他们的服务要比给其他人的优越，那么他也是违反了公正的原则。

公正原则要求执行者努力克服所有的偏见，排除一切个人因素的影响。换言之，公正是指对问题的客观审视和人道工作的非个人化。国家红十字会工作人员和志愿工作者在感情上偏向冲突的某一方是很自然的人性，但是，他们在开展救助工作时，在减轻所有受害者的痛苦时，在分配救济品时，他们都应将个人的感情暂时搁置，不对冲突各方做出任何有害的区分。

3. 中立（neutrality）

中立指"为了继续得到所有人的信任，国际红十字运动在敌对状态下不采取立场，任何时候也不参与带有政治、种族、宗教或意识形态性质的争论"。

中立原则是一种态度。国际红十字运动各成员的每一步行动都要采取这个态度，其目的是得到所有人的信任，以便顺利地开展工作。该原则规定在冲突双方之间不采取立场，除非涉及人道职责。

中立可分为军事中立、意识形态中立和红十字国际委员会特殊中立三个方面。

（1）军事中立，是指在武装冲突或动乱局势中不采取任何有可能促使有关各方加剧敌对行为的行动。在国际性武装冲突中，国家红十字会的医疗队同正规军事医务部门或民事医务部门一起工作，决不能以任何方式支持或阻碍任何军事行动。这种中立是敌我双方相互尊重对方的医务人员和医务机构的必要前提。不得在挂有红十字或红新月标志的医院隐藏武器，使用救护车运送战斗员；不得使用绘有红十字或红新月标志的飞机执行侦察任务……凡涉及上述等等行为都违反了中立原则，从而削弱和破坏了国际人道法所包含的保护体系，改变了人员和物体使用标志的人道目的，从而使人的生命处于危险之中。

（2）意识形态中立，是指在任何时候都避开政治、宗教或其他意识形态争论。因为，如果红十字会与红新月会工作者在这些争论中采取立场，那就会失去一部分群众的信任，就无法使它们的工作遍及所有地方。如在因政治争论或宗教分歧导致的武装冲突中，红十字会与红新月会工作者有偏向一方的言论和行动，那么就会失去另一方的信任，这样也就失去了在该地开展人道工作的权利，同时也将自己置于危险的境地。

（3）红十字国际委员会特殊中立。为履行《日内瓦公约》各缔约国赋予它的职责以及作为中立者发挥作用时行使人道首创权，红十字国际委员会必须具有自己特殊中立。为此，它采取了一种特殊的组织运作形式，具体表现为它的委员全都是瑞士籍，总部设在瑞士，瑞士的永久中立性已得到国际承认；它的各项工作得到的援助是来自各国政府和公众。这样，就可使其不为政治压力、经济压力和其他任何压力所左右，并维护其在各国政府和公众心目中的可信度。

4. 独立（independence）

独立的定义是"国际红十字运动是独立的。虽然各国红十字会是本国政府的人道工作助手并受本国法律的制约，但必须始终保持独立自主，以便任何时候都按本运动的原则行事"。

从最广泛的意义上讲，独立原则指的是国际红十字运动必须抵御干扰，无论这些干扰是政治性、意识形态性还是经济性的，特别是要避免和排除对实行人道、公正、中立原则的干扰，无论这些干扰属于什么性质。

例如，对于有附带条件而违反基本原则的捐款，任何国家红十字会都不得接受；对公众传媒应保持自己的独立性。独立原则要求对国家红十字会的特殊性质给予确认，国家红十字会不同于国内其他慈善机构，它的正式身份是本国政府在人道工作方面的助手（1949年第一个《日内瓦公约》第26条）；但与此同时，国家红十字会在国内必须享有真正的自主权，保证能够在任何时候都按照基本原则行事。换句话说，无论在战时还是平时，国家红十字会都应作为本国政府的助手发挥作用，但绝不能以任何方式放弃自身的决策自由，只有这样，国家红十字会才能保持对人道、公正和中立理念的忠诚。国家红十字会必须获得本国政府的承认。从国际关系来说，获得政府的承认是每个国家红十字会都必须具备的10项条件之一，否则将不能加入国际红十字运动并成为其合法的一员。从国内关系来说，国家红十字会得到国家法令的承认，是使国家红十字会不同于其他慈善组织并允许其在武装冲突期间享有4个《日内瓦公约》及其"附加议定书"的保护和使用红十字标志或红新月标志的权利。虽然国家红十字会最基本的职责是在战时辅助武装部队医务部门抢救伤病员，但它们都在和平时期逐步开拓人道工作。

今天，国家红十字会在备灾救灾、卫生救护、社区服务和传播国际人道法方面发挥着重要的作用。在行使这些职责时，国家红十字会仍然作为本国政府的助手开展工作。这种辅助工作的方式一般有两种：一是根据政府的明确委托，在全国范围内部分负责或全面负责某些工作；二是自发地承担某些工作，从而减轻政府的某些负担。国家红十字会自主的程度不可能是一成不变和绝对的，因为自主在某种程度上受到国家政治、经济和社会情况的制约。例如，在发生内战时，国家红十字会决不能以政府工具的面貌出现，因为它得不到冲突各方的信任就无法履行其所有职责。而在和平时期，这一要求就有所不同。对国家红十字会来说，最重要的就是自主决定自己的工作范围和工作方式。作为本国政府的助手的这一性质绝不妨碍国家红十字会自主开展完全独立于政府的一些活动。国家红十字会必须制定自己的具体组织规则与行动规则，并拥有较雄厚的经济实力，这样才能有效地抵御各种干扰而保持独立自主。

独立原则的具体实施，从红十字国际委员会、红十字会与红新月会国际联合会两个国际机构来说，主要是正确处理与联合国等国际组织的关系。目前的做法是：在进行人道主义救援工作时，在一些具体项目上可以与有关机构合作和协调办理，但不建立固定的合作模式，避免使国际红十字运动成为联合国工作的一部分而受其影响。联合国是政府间的组织，有时会与某些国家处于对抗地位，在这种情况下，联合国人员不能去的地方，国际红十字会人员能去而且应该去。

对各国红十字会或红新月会来说，坚持独立原则主要是正确处理与本国政府的关系。从法律上讲，国家红十字会是政府助手，协助政府进行人道领域里的工作，但国家红十字会作为国际红十字运动的组织机构中的成员，必须独立自主地开展工作。从实际工作上来讲，国家红十字会的领导机构之所以有政府官员参加，是为之便于协调工作，但在国家红十字会对重大问题做出决策时必须按照国家红十字会章程行事。

5. 志愿服务（voluntary service）

志愿服务的定义为"国际红十字运动是志愿救济运动，绝不期望以任何形式得到利益"。

志愿服务最早是亨利·杜南先生目睹索尔弗利诺战场缺乏医疗服务时产生的想法，这个想法就是："建立救济团体，以便由热心忠诚的和完全胜任的志愿者们来照料战争中的伤兵。"1863年日内瓦国际会议第6号决议实现了杜南的想法，决定将志愿医务人员"置于军队指挥部管辖之下"，并享有同军队医务人员一样的待遇。随着时间的推移，志愿服务也在逐步发展，如今不仅在战场上而且在自然灾害现场和日常生活中都能看到志愿工作者的身影。这是国际红十字运动不断发展以及人道领域工作不断开拓创新的结果。

志愿服务具有如下意义和作用。

一是人道的行为和象征。志愿服务是一种无私的表现，它体现人与人之间的一种出于自愿的休戚与共精神。志愿服务是国际红十字运动的无私使命，在许多情况中，它的成员们都隐姓埋名，以人道、博爱的精神为他人服务。志愿服务的精髓是对他人服务而不索取报酬，这就是对人道原则的直接表达。虽然红十字工作人员都有报酬，然而红十字工作人员的动机绝非金钱，而是个人对人道观念的信仰和奉献。

二是国家红十字会独立性的体现。国家红十字会为了抵御来自外界的众多压力，保持自己的独立性，按照基本原则办事，必须有众多的志愿工作者，特别是在国家内战中以及内部动乱中，当国家分裂成敌对各方时，如果国家红十字会得不到来自各个不同的政治、宗教和社会群体的志愿工作者的支持，它就不能获取冲突各方的信任，也就无法接近所有的受害者。

三是对国家红十字会的一种经济支撑。由于众多的志愿工作者都不索取报酬，国家红十字会可以用更多的资金为社会提供服务。

6. 统一（unity）

统一的定义是："任何一个国家只能有一个红十字会或红新月会。它必须向所有的人开放，必须在全国范围内开展人道工作。"

这个原则是7项基本原则中历史最悠久的原则之一。早在1875年，莫瓦尼埃提出的4项原则中就有一项是"集中统一"。这一原则同国家红十字会的结构及制度密切相关。

统一包含有三个要素，它们是国家红十字会获得国际红十字运动承认必须达到的三个基本条件。

一是国家红十字会必须是这个国家独一无二的红十字组织。这意味着行政统一，从内部事务来看，只能有一个中央机构（即总会或总部），从事全面筹划，负责分配所获得的各种资源，确定各种行动；从对外关系来说，国家红十字会要参加国际会议，只能由一个中央机构来代表它作为国际红十字运动的正式成员。

二是一视同仁地吸收会员。国家红十字会的力量来自其会员所具有的广泛性。因此，国家红十字会必须向所有的人开放，在吸收专职工作人员、会员和志愿工作者时，都不得考虑种族、性别、宗教、阶级及政治见解。

三是工作活动遍及整个国家领土。从原则上讲，国家红十字会在其国家中的独一无二的地位，必然要求它的活动遍及国家领土的每一个角落。国家红十字会的行动能力，应该是能够执行其章程规定的所有任务，并在国家的整个领土上执行这些任务，这就要通过建立各地分会并在中央机构的统一指导下开展工作。

7. 普遍（universality）

普遍的定义为"国际红十字与红新月运动是世界性的。在运动中，所有的红十字会享有同等地位，负有同样责任和义务，相互支持"。

从根源上说，人类的苦难是普遍的，对于苦难者的援助也应该是普遍的，因此，普遍原则是国际红十字运动的必要条件。另外，普遍原则不仅反映对于苦难者的援助超越了国家、意识形态的区分，而且体现国际红十字运动的全球参与性，因此，该原则也是现实的写照。

普遍原则包含如下三层意思。

一是共同职责。国际红十字运动以消除人类痛苦为使命，对任何一个组成部分遭遇的困难都不能漠然视之。普遍原则在本运动内部倡导集体职责。

国际红十字运动的财富与力量存在于自身的多样性之中。这种多样性来自遍及世界各地的各个组成部分的文化背景，来自各国红十字会、红十字会与红新月会国际联合会以及红十字国际委员会根据自己的使命所承担的各种职责之间的互补性。因此，国际红十字运动要求各个组成部分之间的关系必须完全平等，享有相同的权利，承担相同的义务。

二是为发展而合作。不仅在大规模自然灾害和战争及武装冲突中，国际红十字运动的各个组成部分应充分发挥互助合作精神，而且在促进社会发展工作中也应发挥合作精神。以现有的各种方式同贫困做斗争，是国际红十字运动的首要任务之一。每一个国家红十字会都负有在本国加入这一斗争的职责。但是，在贫穷国家，该国红十字会本身就缺乏资源，这时就应由其他富裕的和经验丰富的国家红十字会向它提供援助，与它一起共同承担不划分国界的职责。

三是权利的平等。在国际大会、代表会议以及国际联合会大会上，每个国家红十字会都只有一票表决权。这就是国家红十字会权利平等的体现。

从国际红十字运动的人道使命来看，平等的要求具有深层的根源：它来自人类相互之间的平等，特别是他们处于痛苦之中时的平等。

国际红十字运动诞生于一个人的倡议，诞生于一个特定的战场，今天它的工作已遍及世界的每个角落，覆盖了需要得到帮助的亿万群众。从这个意义上讲，普遍原则正是人道原则的延伸和补充。达到和保持这种普遍原则绝非易事，它要求国际红十字运动的各组成部分都要付出巨大的努力和勇气。

（三）社会主义核心价值观的基本内涵

党的"十八大"报告在谈到加强社会主义核心价值体系建设时明确指出："倡导富强、民主、文明、和谐，倡导自由、平等、公正、法治，倡导爱国、敬业、诚信、友善，积极培育和践行社会主义核心价值观。"提出"三个倡导"是中国共产党顺应全党和全国人民的共同期待，总结社会主义核心价值体系建设经验而得出的重要结论，是中国共产党中央立足于社会主义先进文化建设尤其是社会主义核心价值体系建设实践而做出的重大理论创新，对进一步推进社会主义文化强国建设，促进社会主义核心价值体系教育，具有十分重要的现实意义和长远的历史意义。

价值是体现主体与客体关系的一个范畴，它反映的是客体满足主体需要的关系。马克思指出："'价值'这个普遍的概念是从人们对待满足他们需要的外界物的关系中产生的。"从哲学意义上讲，价值体现的是现实中人的需要与事物属性之间的一种关系。我们说某种事物或现象具有价值，就是因为该事物或现象能满足人们的某种需要，成为人们的兴趣或目的所追求的对象。价值观是人们关于什么是价值、怎样评判价值、如何创造价值等问题的根本观点。价值观的内容，一方面表现为价值取向、价值追求，凝结为一定的价值目标；另一方面表现为价值尺度和准则，成为人们判断事物有无价值及价值大小的评价标准。价值观作为一种社会意识，它集中反映一定社会的经济、政治和文化精神，体现人们对生活现实的总体认识、基本理念和理想追求。价值观对人们自身行为的定向和调节起着非常重要的作用，它决定人的自我认识，并由此影响和决定一个人的理想、信念、生活目标和追求方向。

我们一般把价值观分为两大类，一类是一般价值观，另一类是核心价值观。在一个国家和社会的价值观体系中，各种价值观的地位并不是完全相同的。一类价值观在整个社会价值体系中居于从属地位，它仅仅体现社会某个方面或领域的价值取向和追求，这种价值观我们就称之为一般价值观；另一类是处于主导和支配地位的价值观，它引领和统率着其他处于从属地位的价值观念，是一种社会制度和社会公民普遍遵循的基本原则，体现着这个国家或社会所特有的文化精神追求和基本价值理念。这种居于社会主导地位的价值观就叫核心价值观。

社会主义核心价值观是指那些在社会主义价值观体系中居统治地位、起决定性指导作用的价值理念，是反映社会主义基本的、稳定的社会关系及价值追求的价值观，它是社会主义价值观体系中最基础、最核心的部分，是我们民族长期秉承的反映社会主义本质和建设规律的根本原则和价值观念的结晶，是中国共产党人和全体中国人民在社会主义革命、建设和改革过程中逐步形成和发展起来的核心价值目标和价值观念，这种核心价值理念支撑着我们在建设社会主义伟大实践中的行为指向和行为准则，深刻影响着全体国民在建设中国特色社会主义伟大实践中的思想方法与行为方式。

（四）社会主义核心价值观的基本内容

党的"十八大"顺应当代中国社会发展需要和广大人民群众的共同期盼，以社会主义核心价值体系为基础，明确提出了以"三个倡导"为主要内容的社会主义核心价值观，从不同层面规范了我们国家、社会和公民的核心价值追求。

第一，富强、民主、文明、和谐体现了中国特色社会主义的价值目标，是立足国家层面概括出的社会主义核心价值观。

中国特色社会主义现代化建设的总体布局就是经济建设、政治建设、文化建设、社会建设和生态文明建设。无论是经济建设、政治建设，还是文化建设、社会建设和生态文明建设，都有一个共同的价值追求目标，我们党在过去曾经把这个共同价值追求表述为"民族独立，人民解放""国家繁荣，人民幸福"。在社会主义现代化建设时期，我们的主要任务就是要通过经济建设、政治建设、文化建设、社会建设和生态文明建设，实现全面建成小康社会和社会主义现代化的宏伟目标，这个宏伟目标从价值追求角度来说就是要达到富强、民主、文明、和谐，也就是说经济上要越来越富强，政治上要越来越民主，文化上要越来越文明，社会和生态上要越来越和谐。

富强、民主、文明、和谐的核心价值观集中体现了中国特色社会主义现代化的价值目标和价值追求，符合当代中国共产党人和全体中国人民寻求民族复兴的共同愿景,是一个凝聚人心、鼓舞士气、激发活力、振奋精神的价值目标。

第二,自由、平等、公正、法治体现了中国特色社会主义的基本社会属性,是立足社会层面概括出的社会主义核心价值观。自由、平等、公正、法治是马克思主义的基本要求,也是中国共产党人的一贯价值追求。马克思主义追求的终极目标就是人的自由而全面的发展。我们党自成立起,就把带领人民实现自由、民主、平等写在自己的旗帜上,并为之而不懈奋斗。新中国成立后,中国共产党把这些目标写在社会主义旗帜上,使之成为激励人们发愤图强建设社会主义的强大精神动力。

改革开放以来,随着我国社会主义市场经济体制的建立和社会主义民主政治的深入发展,广大人民群众的民主法治意识越来越强,自由平等观念日益深入人心,维护公平正义的要求也越来越高。正是为了适应广大人民群众这种新期待、新要求,中国共产党更加自觉地把自由、平等、公正、法治等理念深入扎实地体现到党的各项理论和实践之中。党的"十七大"报告强调"树立社会主义民主法治、自由平等、公平正义理念","十八大"报告则把"倡导自由、平等、公正、法治"作为"积极培育和践行社会主义核心价值观",推进社会主义核心价值体系建设的一项重要内容。由此可以看出,自由、平等、公正、法治是当代中国共产党人坚持科学发展,坚持以人为本,坚持执政为民,坚持依法治国伟大实践的集中价值体现,也是我们坚持和发展中国特色社会主义的核心价值追求。

第三,爱国、敬业、诚信、友善体现了社会主义国家公民的基本价值追求和道德准则要求,是立足公民层面概括出的社会主义核心价值观。加强对全体公民的价值观、道德观教育是一项长期而紧迫的任务,尤其是面对当前社会经济利益和分配方式多样化的趋势,面对全面建成小康社会和人民群众精神文化需求的不断增长,面对世界范围各种思想文化的相互激荡,如何形成社会的主流价值观,如何把公民价值观道德观教育提高到一个新水平,成为摆在全党和全国人民面前的一个重要课题。2001年,中共中央印发的《公民道德建设实施纲要》提出,要坚持以为人民服务为核心,以集体主义为原则,以爱祖国、爱人民、爱劳动、爱科学、爱社会主义为基本要求,在全社会倡导"爱国守法、明礼诚信、团结友善、勤俭自强、敬业奉献"的基本道德规范。2006年3月,胡锦涛同志在参加全国政协讨论会时提出了以"八荣八耻"为主要内容的社会主义荣辱观,要求提倡热爱祖国、服务人民、崇尚科学、辛勤劳动、团结互助、诚实守信、遵纪守法、艰苦奋斗的精神。2006年10月,党的十六届六中全会审议通过《中共中央关于构建社会主义和谐社会若干重大问题的决定》,明确提出了建设社会主义核心价值体系的战略任务,并把社会主义核心价值体系的基本内容做了规范性阐述。所有这些都为中国共产党从社会公民层面概括社会主义核心价值观奠定了坚实的理论基础。党的"十八大"正是在继承和发展中国共产党关于社会主义核心价值体系思想的基础上,紧密结合全面建成小康社会和发展中国特色社会主义的新需要,从公民层面提出了爱国、敬业、诚信、友善的社会主义核心价值观。爱国、敬业、诚信、友善的社会主义核心价值观,集中体现了中华民族传统美德、中国共产党人革命道德和社会主义道德的精华,是中国共产党人对马克思主义公民道德和价值理念的新发展。①

二 国际红十字运动精神与社会主义核心价值观的契合

(一)法治:国际红十字运动与社会主义核心价值观的运行基础

国际红十字运动精神是在国际人道法的框架下开展活动的,我国的红十字组织系统是在《中华人民共和国红十字会法》的保障下开展工作的,而党的"十八大"报告中也明确将法治纳入社会主义核心价值体系。从这一点来看,国际红十字运动精神、我国红十字组织的工作和社会主义核心价值观是高度契合的。

实际上,红十字国际委员会是国际人道法的推动者和传播者。国际人道法又称战争法或武装冲突法,是一些基于人道理由去寻求限制武装冲突所带来后果的规则。国际人道法旨在和平及战争时期中保护平民、伤兵、战俘、医务人员、医院、文化及宗教场所等,采取多种方法和手段限制战

---

① 韩振峰:《社会主义核心价值观的基本内涵与重大意义》,《思想政治工作研究》2012年第12期。

争,即保护没有战斗能力的人或建筑物以及减低战争的残酷程度。国际人道法的主要条约由《日内瓦公约》(1949年)及第一、二"附加议定书"(1977年)和第三"附加议定书"(2007年)组成。

红十字国际委员会概括了国际人道法的精华,然而,它们并不具备国际法律文件的效力,也无意取代现行条约。它们旨在促进及提倡国际人道法。从1863年成立至今,红十字国际委员会150余年来在国际人道法的价值取向、法律框架和发展趋势等方面做出了卓越的贡献。

党的"十八大"之所以把法治看作基础性的核心价值观,是因为法治是一套规则治理体系,法治本质上是利益关系的调整器,不论人们的思想呈现多元、观念有所差异,在法治社会里人的行为都必须在法治规则下运行,这样国家社会才能有秩序,我们改革开放的发展之路才能在稳定的环境下进行,我们确定的价值目标才能实现。当然,法治作为基础性的核心价值观,其本身必须具有良好的品质。因此,培育和践行良好的法治,推动"法治中国"建设是当务之急。由于受历史传统和观念的影响,大力推动"法治中国"建设,真正实现科学立法、严格执法、公正司法、全民守法,才能使法治成为推动社会主义核心价值观的基础力量。

(二)传统与现代:国际红十字运动精神与社会主义核心价值观对文明的不同表述

人道、博爱、奉献的国际红十字运动精神是人类文明长期发展的成果,体现了人类文明中最为美好、最为善良、最为温情的特质。社会主义核心价值观与其有异曲同工之处,富强、民主、文明、和谐是中华民族梦寐以求的美好夙愿,自由、平等、公正、法治是对美好社会的生动表述,爱国、敬业、诚信、友善是公民基本道德规范。国际红十字运动精神与社会主义核心价值观在对人类美好生活上有不同的表述。

从时间范畴上来看,国际红十字运动精神诞生于1863年,社会主义核心价值观则是改革开放以来我国社会主义意识形态建设经过不断的探索,并于2012年由党的"十八大"报告明确提出的。前者是全人类共同追求的普世价值,后者与中国特色社会主义发展要求相契合,与中华优秀传统文化和人类文明优秀成果相承接,是中国共产党凝聚全党全社会价值共识做出的重要论断。

（三）诚信建设：社会主义核心价值观与红十字会的共同追求

诚信是人类的普遍道德要求，是中华民族的传统美德。具体来说，"诚"是尊重事实、真诚待人，既不自欺也不欺人，故朱熹曰："诚者，真实无妄之谓。""信"是忠于良心、信守诺言，故张载曰："诚善于心谓之信。""诚"是"信"之根，"信"是"诚"之用。中华传统美德把诚信视为人"立身进业之本"，要求人们"内诚于心，外信于人"。

诚信是立身处世之道。诚信是人之为人的道德规定。孔子曰："人而无信，不知其可也。"诚信是个人社会化的初始原则。人是通过社会化完成从生命体的自然人到具有社会角色的社会人的转化的。人的社会化，不仅要学习和掌握社会生活所必需的知识和技能，而且要学习社会交往的规则。其中，遵循不说谎、说话算数等诚信规则，则是每个人最早接受的规则教育之一。

对于北京市红十字会甚至中国红十字会而言，在新的社会环境中，诚信建设离不开公信力和影响力的建设。回首中国红十字会110年历史和北京市红十字会86年历史，在公众记忆里，它曾经是负面新闻最少的公益组织。然而随着社会管理的复杂程度不断加深，任何机构团体都不会对利益交换、管理混乱、效率低下等病毒具有天然的免疫力。只有接种好信息公开、社会监督、公众参与的疫苗，大刀阔斧地推进慈善改革，才能重获社会的信任，找回公信力，扩大机构影响力。

（四）自救互救：红十字会帮助公民践行社会主义核心价值观

北京市红十字会提倡让自救互救成为每一位公民的生存技能。如果每个人都能学会一些简单的急救技能，那么在危急时刻，这些技能就可以为需要紧急救助的人群提供帮助。开展群众性应急救护培训，是《中华人民共和国红十字会法》赋予我国红十字组织的责任，是北京红十字组织的传统工作内容之一，也是《国务院关于促进红十字事业发展的意见》中明确要求的。北京市红十字会认真贯彻落实《北京市"十二五"时期应急体系发展规划》，从组织机构、课程设置、师资管理、督导评估及保障支撑五个方面着手,逐步形成了结构合理、特色鲜明的应急救护培训体系。

掌握自救互救的基本知识与技能以后,公民见到老人摔倒才能去扶,见到病人犯病才能去施救,这样才能有助于实现社会主义核心价值观中的友善,从而为和谐社会的建构贡献一份力量。由此看来,红十字会及其提倡的国际红十字运动精神为社会主义核心价值观提供了实实在在的技术基础。

(五)志愿服务:实现国际交流的载体

中国红十字会的国际交往是中国民间外交的重要组成部分,在新中国的外交史上有着独特的作用和功绩,保持和发展国际红十字运动各方面的交流与合作,对于新时期进一步扩大国际交往有着十分重大的意义。北京市红十字会承担着中国红十字会大量对外交流交往的工作和任务,在增进国际社会对中国的了解方面起着重要的作用。

具体而言,志愿服务是实现国际交流的重要载体。国际红十字运动精神中的志愿服务原则指的是"志愿救济运动,绝不期望以任何方式得到利益"。在中国红十字会的发展历程中,曾经多次开展多国文化交流活动,如"中日韩三国首都红十字大学生交流营"上,来自三个国家的大学生通过实地考察的形式,交流青少年志愿服务工作经验。红十字组织搭建的交流平台与交流内容有其独特的优势,是其他政府或社会组织不能替代的。

三 北京市红十字会核心价值观与"人文北京"建设

(一)北京市红十字会成立概况

中华民国政府于1928年将首都定在了南京,中国红十字会也随之迁移到上海。由于在1928年以前,中国红十字会设立在北京,其组织兼管了全国和北京地区的红十字工作,北京地区并未设立红十字分会。同年10月29日,中国红十字会召开议事员会,并宣布了北京市红十字会前身——北平分会的成立,并将红十字会北平医院交给北平分会管理。

北平分会成立后,开展了一系列的救护赈济工作,这些工作主要有几种。

（1）战地救护。因为在危难和战乱年代诞生，北平分会当时的主要活动就是救灾、救援和战地救护。1930年上半年继旧军阀混战之后，又爆发了新军阀大战。在豫中战役中，战事尤为激烈，交战各方伤亡甚众。北平分会立即组织战地救护队，并发动队员紧急购办药物和救护器材。同年10月"辽宁事变"后，难民聚集，北平分会派出救护队20人从事救济工作，在皇姑屯设立临时流通难民收容所。

（2）救济难民。军阀混战、日本侵略战争给平民百姓带来了深重的灾难，并导致数量众多的灾民流落到北平地区。北平分会为了救济这些难民、灾民，每逢冬季办粥厂，施放衣物。

（3）为难民提供医疗服务。1933年，几千名难民逃到北平，由于生活条件极差，导致很多难民患病，北平分会派出医师、护士6人到各难民收容所为难民治病。

（4）施诊施药，遣返灾民、伤员。北平分会成立之初，为结核病疗养院中生活困难的病人施诊施药：长期住院疗养的病人酌情免住院费，门诊看病者，一律免费。1931年11月至1934年5月，北平分会转送从上海、天津红十字分会送来的绥远、陕西等地灾童、伤员数十人回原籍。

（5）接受捐献。1931年东北沦陷后，华北抗日救亡运动风起云涌，获得爱国人士和侨胞的赞誉，他们以捐款的义举对此予以支持。大量捐款由北平分会转给抗日部队驻北平代表。

（二）北京市红十字会的文化建设与核心价值观

作为人道主义力量提供者的北京市红十字会，在牢牢把握建设中国特色社会主义先进文化的发展趋势和要求的同时，立足时代要求，继承并发扬了传统文化思想，创造性地发展出了北京红十字组织的文化理念：戮力同心、立公惠民、积善累德、诚信一流。

（1）戮力同心。成语"戮力同心"中的"勠力"指并力、合力；"同心"指思想一致。整个成语指齐心合力、团结一致。党的"十八大"提出：中国特色社会主义事业需要全体中华儿女万众一心、团结奋斗。团结就是大局，团结就是力量。要求全党用坚强的党性保证团结，用共同的事业凝聚民族，凝聚民心。北京市红十字会"戮力同心"的核心价值观，已经获得社会各界的首肯和赞誉。

（2）立公惠民。党的十六届三中全会提出"坚持以人为本，树立全面协调可持续的发展观"，促进经济、社会和人的全面发展。理论和实践双重探究都要求我们全面宣传和落实马克思人道主义思想。北京市红十字会的核心价值观"立公惠民"的含义丰富，外延广泛，不仅实现了党希望通过科学发展社会救助事业、宣传和落实马克思人道主义来达到惠民助民的目标，而且一切以最广大人民利益作为工作的出发点和落脚点。

（3）积善累德。"积善累德"成语本身的意思是，要持续不断地为需要帮助的人提供与其痛苦程度相同的帮助，持续不断地保护人的生命安全，维护人的尊严。马克思认为，实践不仅是人与自然之间的物质、能量的变换活动，表现人的自觉能动性，而且是社会历史的过程。人类的实践活动体现着自然过程和社会历史过程的统一。实践是人的有意识有目的的活动，北京市红十字会"积善累德"的核心价值观的确立也是根据这样的原理形成。

（4）诚信一流。在中国红十字系统整体面临诚信危机之时，北京市红十字会将"诚信一流"作为自身机构的核心价值观，这说明该机构对组织公信力的重视。在当代中国，发展先进文化，就是发展有中国特色的社会主义文化，就是建设社会主义精神文明。北京市红十字会在牢牢把握建设中国特色社会主义先进文化的发展趋势和要求的同时，"坚持以马克思列宁主义、毛泽东思想、邓小平理论为指导，立足于建设有中国特色社会主义人道救助工作发展的前沿，不断地创新北京市红十字会人道主义救援工作体制，完善资金审查机制，做到信息透明，公开公正"，充分理解马克思主义对人道主义的阐释，并根据马克思人道主义的实践，充分领会北京红十字组织所处的特殊历史地位，与党建设中国特色社会主义人道主义的潮流相匹配。

（三）"人文北京"的内涵与发展计划

1."人文北京"的背景与建设规划

2008年北京奥运会结束以后，为了将"绿色奥运、科技奥运、人文奥运"的成果发扬光大，北京市委、市政府提出了"人文北京、科技北京、绿色北京"的新理念，并作为深入学习实践科学发展观活动的主题。这是北京市委、市政府在后奥运时代做出的重大决策，具有继往开来的意义。它既是对北京奥运会辉煌遗产的总结和继承，又是对北京未来发展的开拓和创新。

为深入贯彻落实科学发展观，巩固和发展"人文奥运行动计划"成果，全面践行"人文北京"发展理念，进一步推进"人文北京"建设，北京市制订了《"人文北京"行动计划（2010—2012年）》

"人文北京"建设的远景目标是：到2020年，在全面推进民生发展、文明发展、文化发展、和谐发展的基础上，把北京建成最具人文关怀、最显文明风采、最有文化魅力、最为和谐宜居的世界城市。

"人文北京"建设的近期目标是：到2012年，围绕改善民生、弘扬文明、繁荣文化、构建和谐四大支柱，重点实施十大工程，把"人文北京"建设提高到新的水平。四大支柱如下。

一是在全国率先建成覆盖城乡的民生保障体系。健全覆盖城乡、功能完善的社会公共服务体系，不断扩大公共服务供给能力；集中力量推进基本公共服务设施体系建设，促进基本公共服务在城乡和区域之间的一体化发展；养老、医疗、失业等社会保险制度更加健全，社会福利、社会救助事业更加发展；就业、住房、医疗、教育、交通等领域公共服务设施不断完善，公共服务水平不断提高；调整优化公共服务供给结构和布局，优先发展基本公共服务，城乡公共服务均等化程度显著提高。

二是城市文明程度居全国前列。社会主义核心价值体系建设稳步推进；城乡居民的思想道德素质、科学文化素质、身心健康素质显著提高；在公共环境、公共行为、公共秩序、社会风尚等方面的文明程度进一步提升；开放包容、热情友好、富有活力的城市文明形象进一步展示；学习型城市建设的阶段性目标基本实现。

三是国际文化中心的地位更加巩固。文化体制改革进一步深化，历史文化遗产得到有效保护、利用，优秀传统文化进一步弘扬，公共文化服务体系不断完善，各项文化事业进一步发展；文化创意产业发展政策和服务体系不断完善，文化市场更加繁荣有序，文化特色更加鲜明，文化影响力更加凸显。

四是社会主义和谐社会首善之区建设取得新突破。法治环境建设取得新进展，市民的各项民主权益得到充分保障；城乡一体化水平不断提升，各方面的利益关系更加协调，社会秩序更加稳定，人际关系更加和谐；社会体制改革不断推进，城乡社会管理体制不断完善。

2."人文北京"的具体内容（十大重点工程）

围绕建设"人文北京"的目标，北京市委市、政府将着力实施以下十大重点工程，共五十三项工作。[①]

（1）民生保障与改善工程，包括稳定和扩大就业，加大保障性住房建设力度，完善基本医疗卫生制度，推动教育优先发展，加强社会保障体系建设，推进"公交城市"建设。

（2）社会主义核心价值体系建设工程，包括研究宣传马克思主义中国化最新成果，开展社会主义核心价值体系教育，提升舆论引导能力，繁荣发展哲学社会科学事业。

（3）市民文明素质提升工程，包括推进市民思想道德建设，提升市民科学文化素质，促进市民身心健康，加强和改进未成年人思想道德教育工作，继续开展来京务工人员"与首都文明同行"活动。

（4）城市文明建设工程，包括培育文明的社会风尚，推进精神文明创建活动，推进城市环境文明建设，推进公共秩序文明建设，提升窗口行业文明服务水平，推进社会志愿服务。

（5）学习型城市建设推进工程，包括加强学习制度建设，积极拓展社区教育，建立终身学习服务体系，打造终身学习网络平台，开展学习型组织创建活动。

（6）历史文化名城保护工程，包括健全文物保护体制机制，充分发挥首都文物、档案资源的功能，加强对非物质文化遗产的保护。

（7）公共文化服务体系建设工程，包括加快公共文化服务设施建设，加大公共文化惠民工程力度，提高公共文化供给能力和服务水平，完善公

---

① 陈剑：《论"人文北京"建设的内涵》，《北京联合大学学报》（人文社会科学版）2009年第11期。

共文化服务投入机制,加强公共文化服务队伍建设,加大文化市场监管力度。

(8) 文化创意产业发展工程,包括巩固和提升文化创意产业的支柱地位,健全文化创意产业扶持政策,壮大优势行业和发展新兴产业,加强科技与文化的结合,推进文化要素市场建设,加快文化创意产业集聚发展,培育文化创意产业骨干企业,提升文化创意产业国际化水平,推进体育事业和体育产业,加快旅游业发展。

(9) 法治环境建设工程,包括依法保障人民群众的基本权利,深入开展法制宣传教育,构建首都公益性法律服务体系,推进"平安北京"建设。

(10) 社会建设推进工程,包括完善社会公共服务,创新社会管理体制,健全社会动员机制,做好民族宗教工作。

(四)"人文北京"的宣传与研究活动

"人文北京"理念提出后,政府、学术界、媒体等举行了多种多样的研究与宣传活动。这些活动主要以会议论坛、青少年宣传教育、成果交流会、摄影比赛、书籍出版和杂志专栏的形式展开。

1. 会议论坛

2009年"人文北京"论坛在北京举行,该论坛由北京市委宣传部、北京市邓小平理论研究中心、北京市社会科学界联合会等单位联合举办。中央文史研究馆、北京大学国学院、中国人民大学等机构的学者围绕"人文北京"的科学内涵及建设"人文北京"的具体思路和途径等问题进行了热烈的讨论,并提出建设性意见。如继续加大公共文化的投入,形成足够的可供普通市民从事文化休闲活动的新的文化中心区;充分挖掘和借鉴优秀的传统文化资源,尤其是首都特有的历史文明积淀和传统文化结晶,并充分汲取和借鉴其他城市文明建设的经验;等等。

同年,中国人民大学人文北京研究中心举办"人文北京建设与城市空间研究"学术研讨会。与会学者认为,该人文北京研究中心的建设和发展与北京市近年的发展战略有着密切联系。近年来,北京市城市发展由"人文奥运"逐步向"人文北京"转变,并相继提出了建设"世界城市"、弘扬"北京精神"、建设"中国特色世界城市"等发展目标，伴随着北京城市的发展变化，该研究中心一方面保留"人文奥运"的研究成果，延续着在奥林匹克文化领域的交流和影响；另一方面逐步向"人文北京"发展方向过渡，培育了大量具有重要价值的研究成果。

2. 青少年宣传教育

2010年，北京市教育委员会向全市中小学生广泛开展"人文北京、科技北京、绿色北京"教育，并将其作为中小学德育教育的重要内容。北京市教委倡导，与课程相结合，引导学生深入理解"三个北京"建设的内涵；与实践相结合，引导学生在体验中感受"三个北京"建设的成就；与服务相结合，引导学生积极投入"三个北京"建设的行动中。"三个北京"的理念和行动体现在学生学习生活的方方面面。学校不仅要引导学生很好地了解北京、认识北京，做好学识和能力的准备，在未来成为重要建设力量，还要引导他们从现在做起、从身边做起、从小事做起，做"人文北京、科技北京、绿色北京"的宣传者、实践者。各区县要指导学校把学习、实践和服务相结合，引导中小学生积极参加各种力所能及的志愿服务与公益活动，在实践中不断增强服务社会的意识，提升建设"三个北京"的素质和能力。

首都博物馆针对中小学校开展"'人文北京'宣传月"活动。活动月期间，通过预约，每天接待学校团体观众500名免费参观常设展览。首都博物馆的常设展览包括《古都北京历史文化篇》《古都北京城建篇》《京城旧事老北京民俗展》《书房珍玩精品展》《古代玉器艺术精品展》《古代绘画艺术精品展》《古代佛像艺术精品展》《古代瓷器艺术精品展》等。需要单独购票的特展有《卢浮宫珍藏展》等。

2010年初，北京市委组织部、市委宣传部、团市委共同启动了"争做建设'人文北京、科技北京、绿色北京'的时代先锋"主题教育实践活动。团市委依托"人文北京、科技北京、绿色北京"青少年行动计划，动员组织全市青少年积极投身到该主题教育实践活动中来。全市各级团组织和广大青少年积极响应号召，按照统一部署，围绕活动主题，结合本地区、本系统、本单位实际，广泛开展了形式多样、内容丰富、生动活泼的教育实践活动，积极投身"人文北京、科技北京、绿色北京"和世界城市建设之中，争做青年先锋。

3. 成果交流会

2010年"让青春在卫生改革与发展中闪光"首都卫生青年原创博文大赛成果交流会在北京地坛医院报告厅成功举办。该大会旨在贯彻落实《"人文北京、科技北京、绿色北京"卫生青年行动计划（2010—2012年）》，号召卫生系统广大团员青年结合行业特色，充分发挥生力军和突击队作用，积极参与"三个北京"建设和首都医药卫生体制改革。

在2011届文博会上，由北京市委宣传部主办的"以人为本，和谐发展——人文北京建设成果展"顺利举行，该展览通过文字、图片、视频和互动等形式，辅以高新技术手段，全面展示了北京市近几年来在"人文北京"建设方面取得的阶段性成果。

4. 摄影比赛

2010年举办的"人文北京"群众摄影文化活动，是"爱北京照北京"群众摄影文化活动的深入发展。"人文北京"群众摄影文化活动内容有三项：一是举办"人文北京"摄影比赛；二是年底举办"人文北京"摄影比赛优秀作品展；三是编辑出版"人文北京"画册。其中，"'人文北京'摄影比赛优秀作品展"共展出400多幅作品，这些作品是从"人文北京"群众摄影文化活动参赛作品中遴选出来的优秀作品。2010年"人文北京"群众摄影比赛是2009年"爱北京、照北京"群众摄影文化活动的延续。一年来，各行各业的摄影爱好者拿起相机拍"人文北京"，共收到48个国家和地区摄影爱好者的3.6万件参赛作品，充分表达了人们对"人文北京"理念的认同和对建设"人文北京"的巨大热情。

2010年"外国人爱北京照北京"摄影文化活动主题"外国友人眼中的人文北京"，是北京市"人文北京"群众摄影文化活动的一部分。该主题活动围绕"人文北京"，充分反映首都的人文关怀、文化魅力、城市面貌和人物风采等，使在华外国友人融入北京的生活，使来京参观访问的外国友人了解、感受北京的变化与魅力，为提高北京的国际化水平，建设世界城市做出积极贡献。

5. 书籍出版

2009年，中共北京市委讲师团、北京市哲学社会科学规划办公室主编

《学习实践科学发展观建设人文北京、科技北京、绿色北京》。

2010年，中共北京市委研究室、北京市社会科学界联合会、首都社会经济发展研究会、北京市哲学社会科学规划办公室、北京决策研究基地组织编写《建设人文北京、科技北京、绿色北京决策研究》，并列入北京市哲学社会科学"十一五"规划重点项目。

2012年，中国人民大学出版《北京，人文之魅》。

6. 杂志专栏

《前线》杂志开设专栏宣传"人文北京"行动计划。为帮助广大党员干部学习理解和贯彻落实《"人文北京"行动计划（2010—2012年）》，2010年出版的中共北京市委机关刊物《前线》杂志第5期开辟专栏进行深度解读和重点阐释。

四 北京红十字文化与"人文北京"的关系

（一）北京红十字文化是"人文北京"的一部分

北京红十字文化是马克思主义人道观的中国化、时代化和大众化的集中体现，是社会主义核心价值观体系的人道准则，是社会主义先进文化的重要组成部分，是中国传统文明和现代文明的有机融合。

基于长期的对北京市红十字运动实践经验总结，"人道、博爱、奉献"的北京市红十字精神逐渐升华为"戮力同心、立公惠民、积善累德、诚信一流"的北京红十字核心价值观，并提炼成一种尊重生命、敬畏生命的文化内涵，形成一种上善若水、厚德载物的文化品格。传播北京红十字精神，可以引导社会大众投身于社会建设和文化建设，培养公民意识和公共事务参与意识，使"博爱善举"成为更多公民的自觉行为，进一步提高公民整体素质，强化精神文明建设，从而促进社会科学可持续发展，为首都经济社会的科学发展和全国文化中心建设发挥应有的作用。

（二）北京红十字文化是首都文化建设的实践基石

北京文化中"包容、厚德"精神突出"以人为本"，"以人为本"是科学发展观的重要内容，深刻体现着社会主义人道、人文、人权的思想理念。

从新中国成立至今，中国红十字事业发展的历史和事实证明，北京市红十字会作为从事人道主义工作的社会救助组织，在保障和改善民生中努力扩大参与面和影响力，对推进基本公共服务均等化和品牌化进程起着积极的作用。北京市红十字会积极开展的"博爱暖京城，惠民千万家"为主题的人道救助活动，在实现"学有所教、劳有所保、病有所医、老有所养、住有所居"目标的过程中充分体现了其人文关怀和人道精神，发挥着优势和作用。在其积极开展的"生命关爱奉献行动"活动中，它所提倡的无偿献血、造血干细胞和人体器官捐献，就是人们无私爱心的传递，营造了良好的社会主义风尚。

北京市红十字会作为社会的中坚力量，是和谐社会建设的生力军，对社会事业的发展具有巨大的推动作用，可以促进北京的经济社会发展和城市建设，有利于化解社会矛盾，维护和促进社会公平公正，从而更好地与城市的功能相应，更好地与首都人口、资源环境的承载能力相协调。

（三）北京红十字文化是首都文化传播的主力

北京市红十字会本质上是以社会主义核心价值观体系为指引，结合北京红十字组织发展实际和环境，集思广益，集中民智，在实践基础上形成共识，确立了"戮力同心、公立惠民、积善累德、诚信一流"的北京红十字核心价值观。

北京市红十字会作为中国红十字会乃至国际红十字会的重要组成部分，具有代表、展示、示范、带动的作用。在推动首都红十字事业发展中，将首都红十字核心价值理念构筑为北京市红十字工作者的价值追求和精神家园。在推进北京市红十字改革和发展的实践中，北京市红十字会认真总结人道应急、生命关爱、文化传播、组织创新中取得的成就和经验，履行法定职责，当好人道公益的榜样，用作应急救护的先锋，伸出生命关爱的援手，争当文化传播的主力，架构对外交往的桥梁；并且充分发挥北京市红十字会在思想道德引领战略中的重要作用，关注困难群体，为改善最易受损害群体境况提供帮助，体现对社会、对他人的爱心和不求回报的追求，把北京红十字核心价值观念转化为建设具有世界影响力首都中的北京红十字组织的价值追求和精神动力。

五　北京市红十字会文化与"人文北京"运动的结合：北京红十字文化宣传现状

（一）人员配置："纵向不到底，横向没覆盖"的宣传能力现状

机构的宣传能力与人员配置有着十分密切的关系。北京市红十字会内设有宣传部，共有14位全职工作人员。各区红十字会同样设有宣传部，全职工作人员为1～2人。各大小街道没有红十字组织的专职负责宣传的工作人员，但有一名工作人员兼负管理民政、残联、红十字组织等相关工作。在社区层面，没有任何专职、兼职的红十字工作人员。所以，在宣传工作方面，北京市红十字会的人员配置的特点是典型的"横向没覆盖，纵向不到底"。

（二）宣传内容：传播国际红十字运动精神，开展应急救护培训

1. 传播国际红十字运动知识

北京市红十字会主要是传播国际红十字运动的知识，包括国际红十字运动的起源与原则等。实际上，是让民众知晓国际红十字会的历史、宗旨、目标、主要工作，让社会各界了解红十字组织的价值。

2. 应急救护培训

应急救护培训，是向全民推广防灾减灾、应急避险、自救互救等相关知识与技能。另外，还根据《红十字会法》和《红十字会青少年章程》的规定，在青少年群体里开展红十字知识普及教育。《红十字会法》对于我国红十字组织进入学校对青少年进行人道主义教育这一工作起到巨大的推进作用。我国红十字组织普及的人道主义与社会主义核心价值观有很多共通之处。此外，我国红十字组织宣扬的人道主义是不分国籍、种族、宗教信仰、政治见解的，从某种角度上又与国际

通用的价值理念相一致。目前，北京市红十字会与国际红十字会开展国际人道法进学校的宣传普及工作，这也是在青少年当中树立人道理念的重要举措。

北京市红十字会在官方网站上推出移动终端应用（App）"红十字急救掌上学堂"。在智能手机上，该软件叫作"急救"，主要内容包括学习、预防、应急、测试、信息五大板块，其中学习板块中包括过敏反应、哮喘发作、出血、骨折、烧烫伤、气道梗阻等知识；预防板块中包括化学紧急事故、旱灾、地震、应急包、日常突发事件、流感大流行、台风等方面的知识；应急板块中包括对脑膜炎、癫痫、中风等处理知识，并有120急救电话的链接；测试板块将各类知识变成测试习题；信息板块介绍了中国红十字会与红十字运动基本原则、急救课程、中国红十字会官网、微博、许可协议等。

（三）宣传平台：对各种媒体的综合利用

北京市红十字会的宣传平台主要有：

（1）官方门户网站：http://www.bjredcross.org.cn/；

（2）新浪微博：如北京红十字志愿者 http://weibo.com/bjzhijia、北京999紧急救援中心 http://weibo.com/u/1510046105 等；

（3）移动终端App：红十字急救掌上学堂；

（4）腾讯微信公众号：北京市红十字会紧急救援中心（Airrescue999）、北京999急救中心（Redcross999）等；

（5）到各企事业单位中开展培训；

（6）《北京红十字报》（已停刊）；

（7）《人道北京》季刊；

（8）举办大型活动。

（四）宣传方式："六进"、培训、知识竞赛、红十字日大型活动等

北京市红十字会积极开展应急救护培训"进机关、进学校、进乡村、进社区、进企业、进军营"的"六进"活动。

通过"进机关",提升机关干部社会公众形象,让每一位机关干部职工都成为应急救护的宣传员、志愿者和现场救护的积极组织者,进一步增强机关干部职工为民服务的社会责任感。

通过"进学校",促进学校素质教育、健康教育、安全教育,让学生了解救护知识和防灾避险知识。

通过"进乡村",促进社会主义新农村建设,把应急救护宣传教育纳入农村公共服务重要内容,紧密结合新农村建设工程,达到应急救护和防灾避险知识家喻户晓。

通过"进社区",促进文明祥和的新型社区建设,依托社区红十字服务站和红十字志愿者,按照"居民能自救、邻居能互救、现场能抢救、急时能施救"的标准,结合社区宣传活动,广泛向市民、社区群众发放宣传资料,将应急救护、防灾避险、健康保健知识送到千家万户。

通过"进企业",促进企业安全生产持续发展,将坚持安全生产遵章守纪教育与应急救护常识教育相结合,特别是以公安、交通、消防、建筑、电力、煤矿、铁路、旅游等高危行业为重点,深入开展应急救护培训工作,培训内容除止血、包扎、固定、搬运和心肺复苏技能外,还根据高危企业行业和工种特点,辅以触电、灼伤、溺水、中毒、中暑等急救知识培训。

通过"进军营",促进部队实用人才培育,增强部队官兵在突发事件、抢险救灾等现场的应急救护技能和处置能力,进行自救互救,减少死亡和伤残,更好地保护自身和人民群众的生命安全,更好地发挥突发事件和自然灾害应急救护生力军作用。

此外,社区也搞一些演练、培训等活动,并通过每年的"五·八红十字日"在各个区举办一些大型的活动。

(五)志愿者招募:"挂靠"为主,主动招募为辅

动员、招募志愿者的能力能够反映出北京市红十字会的宣传动员能力。以西城区红十字会为例,西城区红十字会有志愿者上千名,分为19支志愿者队伍。这19支志愿者队伍包括15支街道应急救援志愿服务队和4支志愿队。这4支志愿队为:(1)"希望之光"志愿服务队,为大病儿童提供救助、心理辅导,组织"天使圆梦行动";(2)"牵手希望"

志愿服务队，负责西单献血小屋运作；（3）"路德先锋"志愿服务队，由出租车司机组成，在恶劣天气发生时为不便者提供免费运载服务；（4）"西城区威斯汀酒店中外志愿者服务队"。这4支志愿者队伍中，只有1支志愿者队伍是由西城区红十字会招募组成的，其他3支队伍都在已有了一定的组织形态、固定人员、服务领域等以后，挂靠在西城区红十字会下取得了合法身份。

西城区红十字会通过官方网站、微博、博客等媒介发布招募信息，向潜在的志愿者进行宣传。

（六）问题与挑战：需要政府部门支持、与公众的横向关系紧张、宣传方式待更新

目前北京市红十字会的最大问题是需要政府部门的大力支持，如果缺少政府的支持，北京市红十字会就处在"自弹自唱"的尴尬状态中。因为北京市红十字会既不是政府的职能部门，也不能靠经营性收入带来利益。其全部人员开支及绝大部分工作经费靠政府拨款。政府部门的支持是其机构生存的基础。

民众的支持也很重要，目前，纵向的关系中如由中央到各部委、到北京市委市政府，都非常支持北京市红十字会，但是横向的关系中，如首都各界对北京红十字组织的知晓率、参与率还不是很高。特别是2011年的网络风波使北京红十字组织遭受到了一定的冲击。因此，与民众之间的横向关系是下一步宣传工作的重点。

北京市红十字会宣传方式有待更新。传统的宣传方式，如在公共场所悬挂条幅、发行内部刊物等宣传手段无法与受众互动，从而使宣传效果大打折扣。选择恰当的宣传方式和平台，并使其健康地运行下去，是北京市红十字会在宣传方面面临的挑战。

六 境外经验：各国红十字会的人道主义文化传播

（一）澳大利亚红十字会：手机应用软件模拟人道危机事件

澳大利亚红十字会官方网站上（http://www.redcross.org.au/）介绍

了国际红十字与红新月运动、红十字会与红新月会国际联合会、红十字国际委员会的基本知识，并提供相关链接。此外，该网站还专门开辟出针对在校师生的板块（school resources），试图帮助青少年了解红十字人道工作及知识，以应对澳大利亚及全球的人道主义危机。

在这一板块中，主要分为五个部分，其中四个部分分别针对老师、学生、学校、家长提供不同的知识，并专门设置了第五个板块引导以上人群加入红十字队伍中。值得注意的是，针对学生的需求，澳大利亚红十字会专门制作了两个手机应用（App）"急救"（first aid）和"我曾经是个难民"（I was a refugee ……）。前者提供最为前沿的急救知识，后者从经验丰富的澳大利亚红十字志愿者的视角出发，引导青少年如何面对具有难民背景和身份的人。

（二）加拿大红十字会：为教师开发人道主义教学工具箱

加拿大红十字会官方网站（http://www.redcross.ca/）的结构很简单，只有"我们是谁""我们在哪里工作""我们做些什么""志愿者"和"捐赠"五个板块。在"我们是谁"这个板块中，并没有关于国际红十字会或加拿大红十字会的教条信息，而是采用真实、鲜活的"红十字故事"方式向读者展示红十字组织的人道主义精神。

加拿大红十字会官方网站专门针对教师开发了教学工具（tools for teachers），帮助教师向学生传授国际人道法的重要意义与在战争中尊重生命及个人尊严的规则。在这里，加拿大红十字会还向教师提供"探索人道法"资料工具箱[①]，让老师引导学生对国际人道法展开讨论。此外，网站还为教师提供"儿童与战争工具箱""武器与战争工具箱"，以及《面对恐惧》教材。《面对恐惧》专门针对恐怖主义活动及袭击增多的情况，为5~7岁、8~10岁、11~13岁、14~16岁四个年龄段的孩子提供应对恐怖袭击的方法。

---

① 此工具箱由红十字国际委员会开发，共36学时，为13~18岁的学生还原真实的战争情景，并展示国际人道法在此间所起到的作用。

（三）美国红十字会：充分利用社交媒体

美国红十字会在传播上选择了社交网站 Facebook 以及社交软件 Twitter 等新媒体作为其主要传播渠道。在内容上，美国红十字会在新媒体上发布的内容更新频率快，主题贴近公众生活，并能充分利用互动调动大众参与的积极性。截至 2014 年 12 月 24 日，美国红十字会在 Facebook 上拥有 66 万关注者，在 Twitter 上拥有 179 万关注者，共发布 3846 条动态信息。数量庞大的关注群体在社交网站上与美国红十字会互动，既能及时得到该红十字会的最新资讯和活动信息，也能在网络上以最快捷简便的方式进行反馈。

美国红十字会网站（http://www.redcross.org/）有对无偿献血、培训业务、参与方式、求助方式的介绍，并可进行线上捐赠。在用户注册后可在网站上对捐赠金额的去向和使用进行查询，并对所捐赠金额、抵税情况等进行查询和管理。

另外，美国红十字会开发了近 10 款 App，可在网络上免费下载使用。内容包括急救、地震、飓风、火灾、游泳、避难、血液捐赠等，覆盖民众生活的方方面面，为使用者提供相关知识指导、灾难预警信息、捐赠管理等服务。

在公众教育方面，美国红十字会在官方网站上提供了 18 种培训课程，其内容囊括公众生活的方方面面，如婴儿护理、家庭急救、艾滋病预防教育、护理培训、宠物急救、游泳课程等。这些课程基本上都是收费的。

（四）英国红十字会：设置青少年"人道主义公民奖"

英国红十字会网站（http://www.redcross.org.uk/）内容非常丰富，除了对项目、业务、参与方式、捐赠方式等的详细介绍之外，还有按礼物、教育、急救、生活用品分类的慈善商店，为大众提供种类丰富的商品，可供其网上消费。

值得注意的是，英国红十字会在网站上专门为儿童及青少年的参与提供了相关内容。英国红十字会规定，成为志愿者必须年满 15 周岁，但该网站为"13～14岁的青少年"提供了诸如"筹款字母表"等有趣的课程，也允许13～14岁的青少年参与"人道主义公民奖"（Humanitarian Citizen Awards）的评选。该奖项每年评选一次，候选人都是25周岁及以下的个人/团体，他们在提供紧急救护、救助弱势群体和参加公益筹款方面做出了突出贡献。

该网站也为学校和教师提供了免费的课程资源，包括可订阅的慈善新闻、课程计划、课堂活动、教师简报、课程包等，并按主题对内容进行了分类，极大地方便了学校和教师对青少年的人道主义教育。

七　推广北京红十字文化的建议

从国外红十字会在人道主义文化传播的实践中，我们可以看出国外红十字会关于人道主义文化的传播对象主要是青少年群体，传播内容也多为实用性的应急知识，并能够运用最为前沿的传播平台。结合北京市红十字会的现实情况，我们的建议如下。

（一）在互联网背景下展开人道主义文化传播

在当今经济社会发展的环境下，互联网已经不再是一种简单工具，它已成了一种社会的基础设施，对中国社会和世界的变化具有革命性的影响。在如此巨大的变革当中，北京市红十字会应当积极应对互联网给人道精神传播带来的变化与挑战，更新传播方式，更好地利用互联网技术为人道主义文化传播服务。

经过快速发展，互联网不仅仅是先进技术，而且形成了自己独特的网络文化体系。网络文化是一种只在互联网上流通的独特文化。由于网络流通于全世界，各地的文化除在网络上被人认识之外，也在网络上被同化、融合、产生，甚至衍生成现实世界的文化。并且有些网络文化是因已经存在的同类文化演变出来的。① 因此网络文化变化和传送的速度很快。有学

---

① 马国富等：《网络文化建设与网络文化安全管理创新研究》，《商场现代化》2011年第23期。

者认为，网络文化是人们在互联网这个特殊世界中进行工作、学习、交往、沟通、休闲、娱乐等时所形成的活动方式及其所反映的价值观念和社会心态等方面的总称，包含人的心理状态、思维方式、知识结构、道德修养、价值观念、审美情趣和行为方式等。因此，北京市红十字会的人道精神传播不仅要借助互联网技术，而且要与互联网文化相结合，借助互联网广泛而迅速的传播功能将北京市红十字会核心价值观传播出去。

（二）以青少年为传播对象主体，将国际红十字运动精神与各类考试相结合

从各国红十字会的工作经验中，我们可以看到，人道主义精神传播的对象都是以青少年为主的。针对这一特点，各国红十字会利用红十字国际委员会提供的教材开发出符合自己国情的教材，专门针对学校、教师、家长、学生开展人道主义精神教育。北京市红十字会可以充分吸收此项经验，积极翻译、开发相关教材、工具箱，向广大中小学生、学校、家长、教师进行宣传普及。

为了适应中国的教育制度，甚至可以将国际红十字运动精神、北京红十字价值观、应急知识技能等内容与各类考试相结合，设计合理的加分制度，激励学生、家长、老师积极学习。

在成人教育方面，可以学习美国经验，将人道主义教育、应急救护培训等课程与汽车驾驶执照的考取结合起来。个人在取得汽车驾驶执照之前，必须通过心肺复苏术等考试，以半强制的方式使成人接受人道主义教育。

（三）重视社交媒体的传播作用，吸引更多人群的关注与互动

目前，北京市红十字会已经拥有一些社交媒体账号，但其功能有待进一步的开发。如微博账号"北京红十字志愿者"（http：//weibo.com/bjzhijia）和"北京999紧急救援中心"（http：//weibo.com/u/1510046105），从发帖量及与网友互动等情况来看，这两个账号并没有达到充分沟通、发起公共话题、引导公众讨论、发起线下活动的目的。

以"北京红十字志愿者"微博账号为例，该账号自2010年2月发出

第一条微博以后，截至2014年12月，共发布微博2442条，其中原创微博约占3/5，平均每月发布微博41条。到2016年2月的6年中，该账号共吸引了6180个"粉丝"。但每条微博的转发、评论数基本上在5条以下，这说明该账号与公众的互动非常少，没有充分利用社交媒体的各项优势与功能。

因此，建议在北京市红十字会现有的社交媒体的基础上，通过设计新颖话题、组织线下活动、播放易于传播的宣传短片、组织问答、线上调查、设置小礼品等形式，吸引更多的"粉丝"参与北京市红十字会的社交媒体平台上的线上线下活动，进一步达到传播北京红十字的核心价值观的目的。

（四）设计亲子活动，并设置青少年人道主义奖项

青少年教育是红十字人道主义精神宣传的突破口，通过对青少年的宣传教育和"小手拉大手"的形式，最终达到向成人传播人道主义精神的目的。

亲子活动应以国际红十字运动精神、国际人道法、北京红十字核心价值观等为主要内容，辅以趣味性知识，采取青少年、儿童能够接受的教育形式，以线上线下相结合的方式定期开展。同时，可以在参加者或全市范围内的青少年当中设立年度人道主义奖项，通过表彰和宣传的方式激发全社会的关注与参与。

（作者：孙博）

指标体系

关于设计区红十字人道事业发展评价指标体系的报告

一 关于设计区红十字人道事业发展评价指标体系的背景和意义

（一）背景

自2013年11月十八届三中全会首次提出推进国家治理体系和治理能力现代化建设以来，在中央文件和主要领导讲话中多次谈到了推进国家治理体系和治理能力现代化建设，并将其与完善和发展中国特色社会主义制度一同作为全面深化改革的总目标。

在这一大背景下，北京市红十字会为准确把握其在首都治理体系和治理能力现代化建设中的定位，自觉地参与治理体系和治理能力现代化建设，充分发挥红十字组织的人道支撑作用，会同北京市社会科学界联合会设计了"红十字组织在推进首都治理体系和治理能力现代化建设中的地位与作用研究"的课题，并委托北京师范大学中国公益研究院进行研究。该课题设一个总报告，五个子课题。"区红十字人道事业发展评价指标体系"是该课题的子课题之一。这一子课题的重点是通过研究得出可复制、可推广、可借鉴的评价北京区红十字人道事业发展水平的指标体系和测算方式方法。

（二）意义

研究设计北京区红十字人道事业发展评价指标体系，改变了凭经验、凭感觉、凭印象的评价方式，创新了量化评价红十字事业发展的新模式，其意义主要有以下几个方面。

（1）有利于提升红十字人道工作能力。近几年来，北京市各区红十字组织在首都治理体系和治理能力现代化建设中发挥了不可替代的红十字人道支撑作用，突出表现在人道"三救"的覆盖面在加大，人道"三献"的人数在增加，人道志愿服务队伍在扩大，人道主义文化传播力度在加强，人道公益项目知名品牌在增多等方面，成绩斐然。但是，从北京的功能定位、发展以及与红十字人道相关的社会服务需求来看，红十字人道工作还有很大的拓展和提升空间。那么，如何才能拓展和提升呢？关键是比较准确地看到自身优势在哪里，薄弱环节在哪里，最大挑战在哪里，以及哪些需要巩固提高，哪些需要创新拓展。这需要运用比较科学的方式方法来把脉与衡量各区红十字人道事业发展的实际水平，通过把脉和衡量方式，既可以比较准确、全面地掌握区红十字人道事业发展的整体水平，又可以比较准确地掌握某个方面或某个环节红十字人道工作的情况。只有这样才能有利于采取针对性的策略和措施，巩固和发展做得好的方面，改进薄弱环节，加快红十字人道事业的发展。

（2）有利于促进红十字人道事业统计制度建设。课题组在设计红十字人道事业发展评价指标体系过程中，发现北京市各级红十字会做了大量的、卓有成效的"三救""三献"、人道主义文化传播、发展人道志愿者等方面工作。同时，也发现这些工作用文字和图片记录的多，用数字记录的少，特别是用统计方法记录的少。因此，无法用数字全面系统地展示北京人道事业的发展成就。为了客观评价北京区红十字人道事业发展水平，课题组以区红十字会的核心业务为重点设计了一套比较系统的评价指标，可以比较全面地反映区红十字人道事业的发展水平。这些指标基本上能转化为红十字人道事业发展的统计指标，有利于促进红十字人道事业统计制度建设，用统计数字来记录各区红十字人道事业发展过程。

（3）有利于促进应用互联网思维开展红十字人道事业工作。课题组在设计区红十字人道事业发展评价指标体系过程中，特意设计了一些最基础、最普通的与运用互联网技术相关的指标。如网络工具传播人道主义文化次数年度增长率、街道（乡镇）红十字会门户网站开设率、工作人员电子邮箱（不涉密）设置普及率，等等。旨在促进区红十字组织，特别是街道（乡镇）、社区居（村）的红十字组织使用便捷、高效、低成本的互联网这一工具，并在实践中不断提高使用这一工具的技能，更好地服务于红十字人道事业工作。

（4）有利于形成红十字人道事业发展评价范式。课题组在设计指标体系过程中，始终围绕红十字组织的核心业务，以满足客观评价北京市各区红十字人道事业发展水平为前提，设计既适合评价北京市各区红十字事业发展水平的指标，又适合评价其他省份各级红十字事业发展水平的指标。比如，政府红十字事业经费按预算拨付率、政府购买红十字人道服务经费占政府购买服务经费比例、政府拨付红十字事业经费占财政支出比例、工作人员电脑配置率，等等。这样，最终形成的指标体系既符合北京的实际情况，又具有普遍适用性。同时，课题组选择的评价方法具有简单、好理解、易掌握、便操作的特点。该指标体系具备了可复制、可推广、可借鉴的基本条件，初步形成了区红十字人道事业发展水平评价的范式。

二 关于设计区红十字人道事业发展评价指标体系的原则和思路

（一）设计指标体系遵循的基本原则

北京市各区红十字人道事业发展水平是全市人道事业发展整体水平的有机组成部分，客观评价区红十字人道事业发展状况，不仅有利于促进区红十字人道事业的发展，还有利于提升全市人道事业发展整体水平。由此可见，设计一套各区普遍适用的、系统的、科学的评价指标体系是非常重要的。由于在设计过程中涉及指标体系框架构建、指标设计、指标筛选、指标确认、数据处理、指标测算等各个方面，因此是一项较为复杂的工作。课题组在设计和构建区红十字人道事业发展指标体系过程中始终注意遵循系统性、实用性、可测性和引领性四个基本原则。

（1）系统性。区红十字人道事业发展水平是由"三救""三献"、人道志愿服务、人道主义文化传播、人道公益项目等多方面业务，以及人道工作保障能力组成的，内容丰富、涉及面广、社会性强，要客观评价区人道事业发展水平，需要设计每一类每一项红十字人道核心业务的评价指标，需要设计区与街道（乡镇）、村（居）委会红十字人道业务难以分割的指标。比如，四级人道应急救援体系覆盖率、区与街道（乡镇）红十字组织之间运用互联网交流不涉密工作信息普及率，等等。最初设计指标时，课题组只考虑了红十字人道事业的核心业务，没有考虑红十字人道工作必备的硬件和软件等保障能力。在分析设计的指标是否能全面反映区红十字人道事业发展水平时，发现没有评价区红十字人道工作保障能力方面的指标，依据单一的红十字人道核心业务指标不能全面、系统地反映区红十字人道事业发展水平。然后，课题组增加了有关红十字人道工作保障方面的指标。总之，课题组设计指标时始终注意指标的系统性，以此提高评价的客观性、全面性。

（2）实用性。设计的指标能否客观评价区红十字人道事业发展水平直接关系到设计指标的目的。在设计指标的最初阶段，课题组担心指标少，不能形成指标体系，影响评价的全面性和系统性。因此，鼓励每一位成员，多阅读有关北京红十字事业的文献资料，多深入红十字人道工作的一线，开动脑筋从中发现指标或可以转化为指标的要素，尽可能多提一些拟设指标。在筛选拟设指标阶段，课题组始终注意拟设指标的实用性，将是否有利于全面客观评价和推进区红十字人道事业发展作为衡量拟设指标的标准，凡是不能促进红十字人道事业发展的拟设指标不予考虑，即全部筛选出来，毫不犹豫地逐个排除。同时征求北京市红十字会各业务部门负责人，以及西城、海淀、大兴三个区红十字会领导和工作人员对拟设指标的意见。在这过程中还多次听取了吕世杰副会长对拟设指标的要求，凡是实际工作者认为不具有客观评价性、引领性、操作性的拟设指标，全部弃用。经过多次筛选，最终选定了75个具有实用价值的三级指标。

（3）可测性。设计的指标能否量化，直接关系到指标的可测性。课题组在设计指标的初期，担心缺少有关红十字人道事业发展原则落实情况等方面的评价指标，将类似红十字人道事业发展原则、红十字人道精神、红十字组织在治理体系现代化建设中的作用等难以量化、难以测评的条目作为拟设指标。同时，还担心不能全面反映北京区人道事业发展现状，将类似人行道盲道铺设率\公共卫生间老年人和残疾人设施的设置率、公共交通工具老幼病残孕座位设置率等属于其他部门的工作职责和红十字组织难以评价的条目作为拟设指标。在筛选拟设指标过程中，经过与北京市红十字会的沟通，课题组尽量排除不能量化的拟设指标，以及属于其他部门人道工作职能的拟设指标，确保每个指标可测性和可操作性。

（4）引领性。设计评价指标体系的根本目的是促进区红十字人道事业发展，因此指标体系中不仅要有评价区红十字人道事业发展现状的指标，还要有引领区红十字人道事业发展的指标。为此，课题组设计了人道理论文章在报刊发表数量年度增长率，区红十字会与本行政区域同级公安、民政、卫计、人社、教育五部门建立工作机制的覆盖率，区、街道（乡镇）两级红十字组织设置人道志愿者数据库比例，政府购买红十字人道服务经费占政府购买服务经费比例，等等，旨在通过对这些指标的分析评价，引领区红十字组织加强人道工作理论研究，注重红十字人道工作机制建设，加强红十字人道工作数据的管理和运用，积极争取政府购买人道服务的经费，从而提升区红十字人道事业发展的整体水平。

（二）设计指标体系的基本思路

（1）根据要求确定课题定位。课题组根据委托合同和市红十字会领导对构建《人道城市评价体系》（原名）的具体要求，在反复讨论的基础上形成了对课题定位的初步想法，并及时向北京市红十字会吕世杰副会长等同志做了报告，并根据反馈的意见，完善课题定位，调整评价的范围和重点，经过多次论证，最终将课题的定位明确下来，即设计一套可复制、可推广、可借鉴的以区红十字事业为研究评价对象，重点围绕"三救""三献"、人道文化传播、人道公益项目、人道志愿活动等核心业务，且兼顾红十字人道工作保障能力的评价指标体系以及测算的方式方法。

（2）将可得性和可测性指标作为第一目标。为实现这一目标，课题组查阅了《北京市统计年鉴》《2012 北京红十字会年鉴》《北京市红十字会统计报表》《北京市红十字会年度工作总结》等与红十字人道事业发展相关的文献资料，希望搜集到能够全面反映区红十字人道事业发展的指标及数据。课题组虽然做出了很大努力，但选择结果仍旧不如意、不理想。在上述文献中只搜集到了部分年份的应急救护培训数据和不完整的造血干细胞捐献统计数据，难以找到系统反映北京市区红十字人道事业发展的指标，以及支撑指标的数据。由于搜集到的少量指标和数据只能反映了区红十字人道事业的局部情况，无法构建起区红十字人道事业发展评价指标体系。无奈，不得不放弃从现有文献中寻找作为第一目标的可测性指标和数据。课题组开始着手设计区红十字人道事业发展评价指标体系。

（3）用可测性指标构建科学的评价指标体系。课题组在前期认知红十字会业务的基础上，进一步学习和理解《中华人民共和国红十字会法》《国务院关于促进红十字事业发展的意见》，以及反映北京红十字事业的年度总结、研究文章等文献资料，同时与市、区两级红十字工作者座谈，加深对红十字核心业务的了解，从而根据课题的定位、评估的范围，设计指标，将需要评估的内容逐一提炼，进行概念化、条目化、可测化，逐一转化为具有评价功能并能计算的指标。例如，将人道应急救护分解为与人道应急救护相关的条目，然后逐条转化为类似人道紧急救援志愿服务站点数量年度增长率、人道减灾救护救助演练次数年度增长率、获得初级救护培训证书人数年度增长率等这样具有评价功能的指标，从而构建科学的评价指标体系，以此解决现有文献中无法得到可测性指标的问题。

三 关于区红十字人道事业发展评价指标体系的结构和内容

区红十字人道事业发展评价指标体系由3个层级指标组成。其中，一级指标6个，二级指标17个，三级指标75个。

（一）区红十字人道事业发展评价指标体系图表

（1）区红十字人道事业发展评价指标体系结构（见图7-1）。

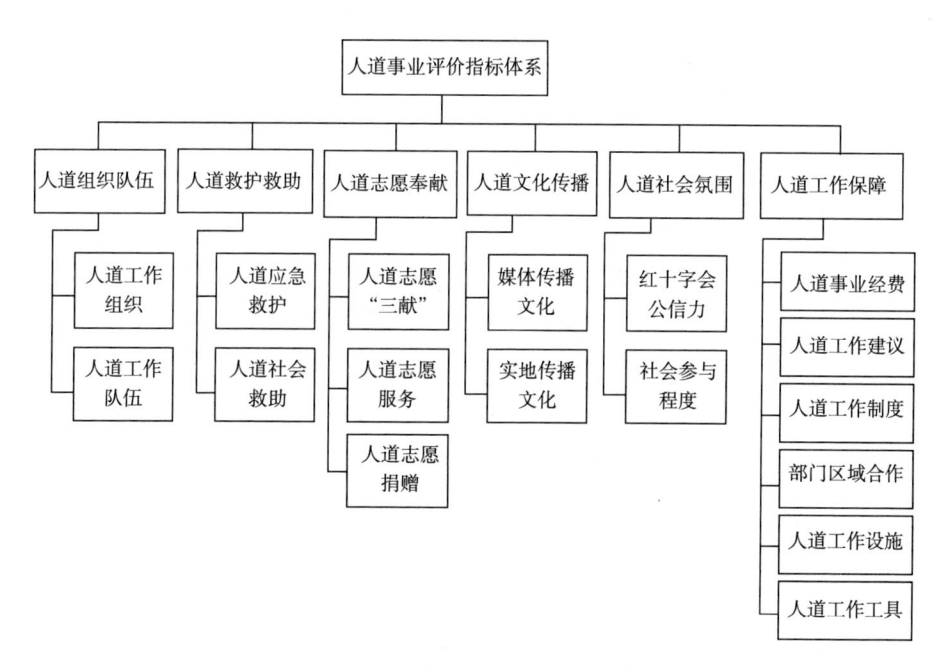

```
                        人道事业评价指标体系
                                │
    ┌──────────┬──────────┬─────┼─────┬──────────┬──────────┐
人道组织队伍  人道救护救助  人道志愿奉献  人道文化传播  人道社会氛围  人道工作保障
    │          │          │          │          │          │
 人道工作     人道应急    人道志愿    媒体传播    红十字会    人道事业经费
 组织         救护        "三献"      文化        公信力
    │          │          │          │          │          │
 人道工作     人道社会    人道志愿    实地传播    社会参与    人道工作建议
 队伍         救助        服务        文化        程度
                          │                                 │
                       人道志愿                            人道工作制度
                       捐赠                                  │
                                                          部门区域合作
                                                             │
                                                          人道工作设施
                                                             │
                                                          人道工作工具
```

图 7−1　区红十字人道事业发展评价指标体系结构[*]

*："人道文化传播"即"人道主义文化传播"。

（2）区红十字人道事业发展评价指标体系表（见表 7−1）。

表 7−1　区红十字人道事业发展评价指标体系

一级指标	二级指标	三级指标
1. 人道组织队伍	1.1 人道工作组织	1.1.1 政府部门红十字组织覆盖率
		1.1.2 街道（乡镇）红十字组织覆盖率
		1.1.3 村（居）委会红十字组织覆盖率
		1.1.4 中小学红十字组织覆盖率
		1.1.5 区属企业与两新组织红十字组织覆盖率
		1.1.6 街道（乡镇）红十字组织理事会制度普及率
		1.1.7 区及街道（乡镇）红十字组织参加同级维稳组织比例
	1.2 人道工作队伍	1.2.1 红十字会专职工作人员按编制配备率
		1.2.2 行政工作人员占员工总数比例（逆向指标）
		1.2.3 专职工作者占专兼职工作人员总数比例
		1.2.4 本科以上学历工作人员占员工总数比例
		1.2.5 工作人员年度参加业务培训率

续表

一级指标	二级指标	三级指标
2. 人道救护救助	2.1 人道应急救护	2.1.1 人道紧急救援志愿服务站点数量年度增长率
		2.1.2 四级人道应急救援体系覆盖率
		2.1.3 人道减灾救护救助演练次数年度增长率
		2.1.4 获得初级救护培训证书人数年度增长率
	2.2 人道社会救助	2.2.1 灾害救助项目援助资金受援地区户籍人口人均数
		2.2.2 天使圆梦项目救助大病儿童人数占本行政区域户籍儿童比例
		2.2.3 点亮生命项目救助人数占本行政区域户籍人口比例
		2.2.4 温暖一家项目救助户数占本行政区域户籍登记家庭比例
		2.2.5 携手夕阳项目救助孤寡老人数占本行政区域户籍孤寡老人比例
		2.2.6 助飞梦想项目助学人数占本行政区域义务教育阶段本市户籍学生比例
		2.2.7 2012年以来参与灾害人道应急救援获得区级以上政府或部门表彰的次数占参与次数的比例
3. 人道志愿奉献	3.1 人道志愿"三献"	3.1.1 人道公益项目品牌率
		3.1.2 无偿献血宣传次数年度增长率
		3.1.3 组织无偿献血场次年度增长率
		3.1.4 造血干细胞捐献登记人数回访率
	3.2 人道志愿服务	3.2.1 人道志愿者注册人数年度增长率
		3.2.2 人道志愿团体注册数量年度增长率
		3.2.3 人道志愿服务队伍数量年度增长率
		3.2.4 人道志愿服务基地数量年度增长率
		3.2.5 人道志愿服务项目数量年度增长率
		3.2.6 本年度人道志愿服务时间人均数
	3.3 人道志愿捐赠	3.3.1 本年度人道募款人均数
		3.3.2 人道捐赠人数占本行政区域户籍人口比例
4. 人道文化传播	4.1 媒体传播文化	4.1.1 人道理论文章在报刊发表数量年度增长率
		4.1.2 媒体正面报道红十字活动次数年度增长率
		4.1.3 网络工具传播人道文化次数年度增长率
		4.1.4 街道（乡镇）红十字会门户网站开设率
		4.1.5 区红十字会门户网站内容更新率

续表

一级指标	二级指标	三级指标
5. 人道社会氛围	4.2 实地传播文化	4.2.1 人道文化传播进社区年度覆盖率
		4.2.2 人道文化传播进学校年度覆盖率
		4.2.3 人道文化传播进企业年度覆盖率
		4.2.4 人道救护培训进社区年度覆盖率
		4.2.5 申请使用红十字标志的占实际使用比例
	5.1 红十字会公信力	5.1.1 审计中问题资金占审计总资金比例（逆向指标）
		5.1.2 影响红十字会声誉舆情年度增长率（逆向指标）
		5.1.3 "两公开两透明"落实率
	5.2 社会参与程度	5.2.1 参与人道文化传播活动人数年度增长率
		5.2.2 参与人道救护培训活动人数年度增长率
		5.2.3 参与红十字少年活动人数年度增长率
		5.2.4 红十字会每年大会代表参会率
		5.2.5 红十字会会员数量年度增长率
		5.2.6 红十字会会员交纳会费率
6. 人道工作保障	6.1 人道事业经费	6.1.1 政府红十字事业经费按预算拨付率
		6.1.2 政府购买红十字人道服务经费占政府购买服务经费比例
		6.1.3 政府拨付红十字事业经费占财政支出比例
	6.2 人道工作建议	6.2.1 区政府对发展人道事业规划或请示批复率
		6.2.2 红十字会提请区政府常务会审议事项上会率
		6.2.3 区红十字会向市红十字会提出的工作建议被采纳率
	6.3 人道工作制度	6.3.1 工作制度健全率
		6.3.2 工作流程普及率
		6.3.3 应急预案齐全率
	6.4 部门区域合作	6.4.1 区红十字会与本行政区域同级公安、民政、卫计、人社、教育五部门建立工作机制的覆盖率
		6.4.2 区红十字会与本行政区域同级工会、青年团、妇联、残联四个群团组织建立工作机制的覆盖率
		6.4.3 区红十字会与本市其他区或天津及河北区县开展人道合作事项年度增长率
		6.4.4 国际友好区数量年增长率

续表

一级指标	二级指标	三级指标
	6.5 人道工作设施	6.5.1 红十字会办公场所合规率
		6.5.2 红十字会办公经费保障率
		6.5.3 红十字会工资福利保障率
		6.5.4 区及街道（乡镇）红十字组织备灾中心（点）设置覆盖率
	6.6 人道工作工具	6.6.1 工作人员电脑配置率
		6.6.2 工作人员电子邮箱（不涉密）设置普及率
		6.6.3 区与街道（乡镇）红十字组织之间运用互联网交流不涉密工作信息普及率
		6.6.4 区、街道（乡镇）两级红十字组织设置人道志愿者数据库比例

（二）区红十字人道事业发展评价指标解释表

北京区红十字人道事业发展评价指标解释表见7-2。

表7-2　区红十字人道事业发展评价指标解释

序号	指标名称	指标解释
1	政府部门红十字组织覆盖率	指区行政区域内已经建立红十字组织的政府部门占本区政府部门总数的百分比
2	街道（乡镇）红十字组织覆盖率	指区行政区域内已经建立红十字组织的街道（乡镇）占本区街道（乡镇）总数的百分比
3	村（居）委会红十字组织覆盖率	指区行政区域内已经建立红十字组织的村（居）委会占本区村（居）委总数的百分比
4	中小学红十字组织覆盖率	指区行政区域内已经建立红十字组织的中学、小学占本区中小学总数的百分比
5	区属企业与两新组织红十字组织覆盖率	指行政域内区已经建立红十字组织的区属企业和两新组织占本区属企业和两新组织总数的百分比
6	街道（乡镇）红十字组织理事会制度普及率	指区行政区域内已经建立理事会制度的街道（乡镇）占本区街道（乡镇）总数的百分比
7	区及街道（乡镇）红十字组织参加同级维稳组织比例	指区红十字会参加区维稳组织的数量占区及街道（乡镇）总数的百分比

续表

序号	指标名称	指标解释
8	红十字会专职工作人员按编制配备率	指区红十字会机关已有在编工作人员数占按编制可以配备工作人员数的百分比
9	行政工作人员占员工总数比例（逆向指标）	指区红十字会机关行政工作人员占员工总数的百分比
10	专职工作者占专兼职工作人员总数比例	指区红十字会机关专职工作者占专兼职员工总数的百分比
11	本科以上学历工作人员占员工总数比例	指区红十字会机关本科以上学历工作人员占员工总数的百分比
12	工作人员年度参加业务培训率	指区红十字会机关工作人员本年度参加业务培训人数占本机关工作人员总数的百分比
13	人道紧急救援志愿服务站点数量年度增长率	指区红十字会本年度已经设置的人道紧急救援志愿服务站点数量同上年度相比的增长率
14	四级人道应急救援体系覆盖率	指区红十字会已经与街道（乡镇）、社区、门楼（院）建立四级人道应急救援体系的占本区街道（乡镇）总数的百分比
15	人道减灾救护救助演练次数年度增长率	指区红十字会本年度组织开展的减灾救护救助演练次数同上年度相比的增长率
16	获得初级救护培训证书人数年度增长率	指区行政区域内本年度获得初级救护培训证书人数同上年度相比的增长率
17	灾害救助项目援助资金受援地区户籍人口人均数	指区红十字会本年度支援灾区捐款（含捐赠物资折价）平均到受援地区每个户籍人口的数额
18	天使圆梦项目救助大病儿童人数占本行政区域户籍儿童比例	指区红十字会本年度天使圆梦项目救助大病儿童人数占本行政区域内14岁以下户籍儿童总数的比例
19	点亮生命项目救助人数占本行政区域户籍人口比例	指区红十字会本年度点亮生命项目救助特重大疾病居民人数占本行政区域内户籍人口总数的比例。
20	温暖一家项目救助户数占本行政区域户籍登记家庭比例	指区红十字会本年度温暖一家项目救助因灾因病等致困家庭数占本行政区域内户籍登记家庭总数的比例
21	携手夕阳项目救助孤寡老人数占本行政区域户籍孤寡老人比例	指区红十字会本年度携手夕阳项目救助60岁以上孤寡老人占本行政区域内户籍孤寡老人总数的比例

续表

序号	指标名称	指标解释
22	助飞梦想项目助学人数占本行政区域义务教育阶段本市户籍学生比例	指区红十字会本年度救助义务教育阶段贫困家庭学生人数占本行政区域义务教育阶段本市户籍学生总数的比例
23	2012年以来参与灾害人道应急救援获得区级以上政府或部门表彰的次数占参与次数的比例	指2012年以来区红十字会参与自然灾害人道应急救援获得区级以上政府或部门表彰的次数占总参与次数的比例
24	人道公益项目品牌率	指区红十字会组织开展的已经被确认为公益品牌项目的人道公益项目占本区公益项目总数的百分比
25	无偿献血宣传次数年度增长率	指区红十字会本年度组织无偿献血宣传次数同上年度相比的增长率
26	组织无偿献血场次年度增长率	指区红十字会本年度组织无偿献血的场次数同上年度相比的增长率
27	造血干细胞捐献登记人数回访率	指区红十字会对志愿捐献造血干细胞登记者回访人数占总登记人数的百分比
28	人道志愿者注册人数年度增长率	指区行政区域内本年度注册的红十字人道志愿者人数同上年度注册的人数相比的增长率
29	人道志愿团体注册数量年度增长率	指区行政区域内本年度注册的红十字人道志愿团体数量同上年度注册的团体数量相比的增长率
30	人道志愿服务队伍数量年度增长率	指区行政区域内本年度建立的红十字人道志愿服务队数量同上年度建立的志愿队伍数量相比的增长率
31	人道志愿服务基地数量年度增长率	指区红十字会本年度红十字人道志愿服务基地建设数量同上年度的基地建设数量相比的增长率
32	人道志愿服务项目年度增长率	指区本年度组织开展的红十字人道志愿服务项目同上年度组织开展的项目数相比的增长率
33	本年度人道志愿服务时间人均数	指区行政区域内本年度红十字人道志愿服务时间总数平均到每个参与红十字人道志愿服务者的时间
34	本年度人道募款人均数	指区红十字会本年度人道募款总额平均到本行政区域内每个户籍人口的募款数量
35	人道捐赠人数占本行政区域户籍人口比例	指区行政区域内本年度参与红十字人道捐赠人数占本行政区域户籍人口的比例

续表

序号	指标名称	指标解释
36	人道理论文章在报刊发表数量年度增长率	指区红十字会本年度在《中国红十字报》《人道城市》《北京日报》等报刊发表理论文章数量同上年度相比的增长率
37	媒体正面报道红十字活动次数年度增长率	指本年度报刊、电视、广播等媒体对区红十字会开展活动的正面报道次数同上年度相比的增长率
38	网络工具传播人道文化次数年度增长率	指区红十字会本年度运用门户网站、微信、微博等网络工具传播人道文化的次数同上年度相比的增长率
39	街道（乡镇）红十字会门户网站开设率	指区行政区域内已经开设门户网站的街道（乡镇）红十字会占本区街道（乡镇）的百分比
40	区红十字会门户网站内容更新率	指区红十字会门户网站按每月更新4次计，实际更新次数占应更新次数的百分比
41	人道文化传播进社区年度覆盖率	指区红十字会传播人道文化本年度已经进的社区占本行政区域社区总数的比例
42	人道文化传播进学校年度覆盖率	指区红十会传播人道文化本年度已经进的学校占本行政区域学校总数的比例
43	人道文化传播进企业年度覆盖率	指区红十会传播人道文化本年度已经进的企业占本行政区域企业总数的比例
44	人道救护培训进社区年度覆盖率	指区红十字会组织开展人道救护培训本年度已经进的社区占本行政区域社区总数的比例
45	申请使用红十字标志的占实际使用比例	指向区红十字会申请使用红十字标志的占实际使用红十字标志的比例
46	审计中问题资金占审计总资金比例（逆向指标）	指区红十字会在审计中被发现的违规资金数占审计总资金数的百分比
47	影响红十字会声誉舆情年度增长率（逆向指标）	指区红十字会本年度发生的影响红十会声誉的报道次数同上年度次数相比的增长率
48	"两公开两透明"落实率	完成"两公开两透明"规定的条目数占总条目数的百分比
49	参与人道文化传播活动人数年度增长率	指区行政区域内本年度参与红十字人道文化传播活动人数同上年度相比的增长率
50	参与人道救护培训活动人数年度增长率	指区行政区域内本年度参与红十字人道救护技能培训人数同上年度相比的增长率
51	参与红十字少年活动人数年度增长率	指本行政区域内本年度参加红十字少年活动人数同上年度相比的增长率

续表

序号	指标名称	指标解释
52	红十字会每年大会代表参会率	指区红十字会召开年度大会实际参加会议的人数占应当参加会议人数的百分比
53	红十字会会员数量年度增长率	指区行政区域内本年度红十字会会员数量同上年度相比的增长率
54	红十字会会员交纳会费率	指区行政区域内红十字会会员交纳会费人数占会员总人数的百分比
55	政府红十字事业经费按预算拨付率	指区政府财政实际拨付的红十字事业经费占当年红十字事业预算经费的百分比
56	政府购买红十字人道服务经费占政府购买服务经费比例	指区政府财政向本级红十字会购买人道服务经费占当年区政府财政购买社会服务经费的百分比
57	政府拨付红十字事业经费占财政支出比例	指区政府每年拨付给区红十字会的事业经费占本级政府财政支出的百分比
58	区政府对发展人道事业规划或请示批复率	获得区政府批复的发展人道事业规划或请示件数占区红十字会实际提交件数的百分比
59	区红十字会提请区政府常务会审议事项上会率	指区红十字会提请区政府常务会审议事项被列入审议的次数占实际提交审议次数的百分比
60	区红十字会向市红十字会提出的工作建议被采纳率	指区红十字会向市红十字会提出的工作建议被市红十字会采纳的次数占实际提交次数的百分比
61	工作制度健全率	指区红十字会在财务管理、人道募捐管理、突发事件管理、人道志愿服务管理、"三救"管理、"三献"管理、信息公开管理七个方面中已经建立工作制度的百分比
62	工作流程普及率	指区红十字会在人道应急救护、人道应急救助、人道募捐、人道文化传播四个方面已经建立工作流程的占四个方面的百分比
63	应急预案齐全率	指区红十字会在突发事件应对、紧急社会募捐、媒体舆情应对三个方面中已经制订应急预案的百分比
64	区红十字会与本行政区域同级公安、民政、卫计、人社、教育五部门建立工作机制的覆盖率	指区红十字会与本行政区域同级公安、民政、卫计、人社、教育五部门已经签订合作协议,建立工作机制的占5个部门的百分比

续表

序号	指标名称	指标解释
65	区红十字会与本行政区域同级工会、青年团、妇联、残联四个群团组织建立工作机制的覆盖率	指区红十字会与本行政区域同级工会、青年团、妇联、残联4个群团组织已经签订合作协议，建立工作机制的占4个群团组织的百分比
66	区红十字会与本市其他区或天津及河北区县开展人道合作事项年度增长率	指区红十字会本年度与本市其他区或天津及河北区县开展人道工作合作（包括国内对口援助）事项数量同上年度相比的增长率
67	国际友好区数量年增长率	指区红十字会本年度与其他国家开展人道事业合作次数同上年度相比的增长率
68	红十字会办公场所合规率	按照国务院机关事务管理局发布的关于机关工作人员办公室标准衡量区红十字会工作人员办公室符合规定的百分比
69	红十字会办公经费保障率	指政府实际拨付给区红十字会办公经费占年度办公预算经费的百分比
70	红十字会工资福利保障率	指区红十字会上年度能够每月按时发放工资福利的占全年12个月的百分比
71	区及街道（乡镇）红十字组织备灾中心（点）设置覆盖率	指区及街道（乡镇）红十字组织设置应急救助物资储备中心（仓库）的占本区及街道（乡镇）总数的百分比
72	工作人员电脑配置率	指区红十字会机关工作人员已经配置电脑的占本会工作人员总数的百分比
73	工作人员电子邮箱（不涉密）设置普及率	指区红十字会工作人员已经设置的不涉密电子邮箱占本会工作人员总数的百分比
74	区与街道（乡镇）红十字组织之间运用互联网交流不涉密工作信息普及率	指区红十字组织已经运用互联网与街道（乡镇）红十字组织交流不涉密工作信息占本行政区域街道（乡镇）总数的百分比
75	区、街道（乡镇）两级红十字组织设置人道志愿者数据库比例	指区及街道（乡镇）红十字会已经设置志愿者数据库的占本区两级红十字会总数的百分比

（三）区红十字人道事业发展评价指标权重表

北京区红十字人道事业发展评价指标权重表见表7-3。

表7-3 区红十字人道事业发展评价指标权重

单位：%

一级指标	权重	二级指标	权重	三级指标	权重
1. 人道组织队伍	10	1.1 人道工作组织	50	1.1.1 政府部门红十字组织覆盖率	14
				1.1.2 街道（乡镇）红十字组织覆盖率	14
				1.1.3 村（居）委会红十字组织覆盖率	14
				1.1.4 中小学红十字组织覆盖率	14
				1.1.5 区属企业与两新组织红十字组织覆盖率	14
				1.1.6 街道（乡镇）红十字组织理事会制度普及率	15
				1.1.7 区及街道（乡镇）红十字组织参加同级维稳组织比例	15
		1.2 人道工作队伍	50	1.2.1 红十字会专职工作人员按编制配备率	20
				1.2.2 行政工作人员占员工总数比例（逆向指标）	20
				1.2.3 专职工作者占专兼职工作人员总数比例	20
				1.2.4 本科以上学历工作人员占员工总数比例	20
				1.2.5 工作人员年度参加业务培训率	20
2. 人道救护救助	16	2.1 人道应急救护	40	2.1.1 人道紧急救援志愿服务站点数量年度增长率	25
				2.1.2 四级人道应急救援体系覆盖率	25
				2.1.3 人道减灾救护救助演练次数年度增长率	25
				2.1.4 获得初级救护培训证书人数年度增长率	25
		2.2 人道社会救助	60	2.2.1 灾害救助项目援助资金受援地区户籍人口人均数	14
				2.2.2 天使圆梦项目救助大病儿童人数占本行政区域户籍儿童比例	14
				2.2.3 点亮生命项目救助人数占本行政区域户籍人口比例	14

续表

一级指标	权重	二级指标	权重	三级指标	权重
				2.2.4 温暖一家项目救助户数占本行政区域户籍登记家庭比例	14
				2.2.5 携手夕阳项目救助孤寡老人数占本行政区域户籍孤寡老人比例	14
				2.2.6 助飞梦想项目助学人数占本行政区域义务教育阶段本市户籍学生比例	14
				2.2.7 2012年以来参与灾害人道应急救援获得区级以上政府或部门表彰的次数占参与次数的比例	16
3. 人道志愿奉献	16	3.1 人道志愿"三献"	40	3.1.1 人道公益项目品牌率	25
				3.1.2 无偿献血宣传次数年度增长率	25
				3.1.3 组织无偿献血场次年度增长率	25
				3.1.4 造血干细胞捐献登记人数回访率	25
		3.2 人道志愿服务	40	3.2.1 人道志愿者注册人数年度增长率	16
				3.2.2 人道志愿团体注册数量年度增长率	16
				3.2.3 人道志愿服务队伍数量年度增长率	16
				3.2.4 人道志愿服务基地数量年度增长率	16
				3.2.5 人道志愿服务项目数年度增长率	16
				3.2.6 本年度人道志愿服务时间人均数	20
		3.3 人道志愿捐赠	20	3.3.1 本年度人道募款人均数	50
				3.3.2 人道捐赠人数占本行政区域户籍人口比例	50
4. 人道文化传播	15	4.1 媒体传播文化	50	4.1.1 人道理论文章在报刊发表数量年度增长率	25
				4.1.2 媒体正面报道红十字活动次数年度增长率	20
				4.1.3 网络工具传播人道文化次数年度增长率	20
				4.1.4 街道（乡镇）红十字会门户网站开设率	20
				4.1.5 区红十字会门户网站内容更新率	15
		4.2 实地传播文化	50	4.2.1 人道文化传播进社区年度覆盖率	20
				4.2.2 人道文化传播进学校年度覆盖率	20
				4.2.3 人道文化传播进企业年度覆盖率	20
				4.2.4 人道救护培训进社区年度覆盖率	20
				4.2.5 申请使用红十字标志的占实际使用比例	20

续表

一级指标	权重	二级指标	权重	三级指标	权重
5. 人道社会氛围	13	5.1 红十字会公信力	40	5.1.1 审计中问题资金占审计总资金比例（逆向指标）	40
				5.1.2 影响红十字会声誉舆情年度增长率（逆向指标）	20
				5.1.3 "两公开两透明"落实率	40
		5.2 社会参与程度	60	5.2.1 参与人道文化传播活动人数年度增长率	15
				5.2.2 参与人道救护培训活动人数年度增长率	15
				5.2.3 参与红十字少年活动人数年度增长率	15
				5.2.4 红十字会每年大会代表参会率	20
				5.2.5 红十字会会员数量年度增长率	20
				5.2.6 红十字会会员交纳会费率	15
6. 人道工作保障	30	6.1 人道事业经费	15	6.1.1 政府红十字事业经费按预算拨付率	40
				6.1.2 政府购买红十字人道服务经费占政府购买服务经费比例	10
				6.1.3 政府拨付红十字事业经费占财政支出比例	50
		6.2 人道工作建议	20	6.2.1 区政府对发展人道事业规划或请示批复率	35
				6.2.2 区红十字会提请区政府常务会审议事项上会率	35
				6.2.3 区红十字会向市红十字会提出的工作建议被采纳率	30
		6.3 人道工作制度	15	6.3.1 工作制度健全率	40
				6.3.2 工作流程普及率	30
				6.3.3 应急预案齐全率	30
		6.4 部门区域合作	15	6.4.1 区红十字会与本行政区域同级公安、民政、卫计、人社、教育五部门建立工作机制的覆盖率	30
				6.4.2 区红十字会与本行政区域同级工会、青年团、妇联、残联等四个群团组织建立工作机制的覆盖率	30
				6.4.3 区红十字会与本市其他区或天津及河北区县开展人道交流合作项目年度增长率	30
				6.4.4 国际友好区数量年增长率	10

续表

一级指标	权重	二级指标	权重	三级指标	权重
		6.5 人道工作设施	15	6.5.1 红十字会办公场所合规率	25
				6.5.2 红十字会办公经费保障率	25
				6.5.3 红十字会工资福利保障率	25
				6.5.4 区及街道（乡镇）红十字组织备灾中心（点）设置覆盖率	25
		6.6 人道工作工具	20	6.6.1 工作人员电脑配置率	25
				6.6.2 工作人员电子邮箱（不涉密）设置普及率	25
				6.6.3 区与街道（乡镇）红十字组织之间运用互联网交流不涉密工作信息普及率	25
				6.6.4 区、街道（乡镇）两级红十字组织设置人道志愿者数据库比例	25

四　关于区红十字人道事业发展水平评价工具的选择

在选择评价工具过程中，课题组参考了以下不同的评估方法：红十字会与红新月会国际联合会 2012 年 7 月发布国际通用的"核心能力自我评估表"、首都精神文明建设委员会办公室印发的《首都文明区测评体系（2014 年版）》、中民慈善捐助中心发布的《中国城市慈善发展报告（2012）》、北京师范大学发布的《2011 中国民生发展报告》《2010 中国绿色发展指数年度报告》，以及联合国开发计划署制订的"人类发展指数"。

上述评估方法可分成两种类型，即"自我状态描述法"与"指数计算法"。其中"核心能力自我评估表"、《首都文明区测评体系（2014 年版）》使用的是"自我状态描述法"。《2011 中国民生发展报告》中的"中国民生发展指数"与联合国开发计划署的"人类发展指数"（2009 年以前），以及《2010 中国绿色发展指数年度报告》中的"中国绿色发展指数"均使用"指数计算法"这一评价工具。不同的是"中国民生发展指数"和"人类发展指数"使用的是"最大最小值法"；"中国绿色发展指数"使用的是"标准差标准化法"。

"自我状态描述法"一般将所需评估的内容按照一定的标准，划分为

A、B、C、D等不同档次的描述的内容来测评相应的状态，方法是由被评估方自行填写，或组织相关部门或相关专家讨论，达成一致意见后填写。

"指数计算法"一般是在构建或设计指标体系后，搜集支撑三级指标的数据，在指标选定后根据指标在评价过程中的作用赋予权重，并将数据按照一定权重进行测算，最终获得一个具有可比较的分数，这个指数分数可以反映被评价对象在相关领域的相对水平与状态。

同时，为避免各指标以不等全参加运算分析，采用"最大最小值法"与"标准差标准化法"消除量纲。

"最大最小值法"一般的计算公式是：指数值=（实际值-最小值）/（最大值-最小值），即给每个指标设置最大值与最小值，每个指标通过与最大值、最小值的比较，获得相对的分数，反映被评估方相应的水平。

"标准差标准化法"一般的计算公式是：

$$y_i = \frac{x_i - \bar{x}}{\sqrt{\frac{\sum_{i=1}^{N}(x_i - \bar{x})^2}{n}}}$$

其中，y_i为某区某项指标的指数值，x_i为某区某项指标的实际值，$\bar{x}$为所有区该项指标的平均值。

将评价指标的平均值作为依据，衡量偏离度，高于平均值的为正数，低于平均值为负数，偏离越远数值的绝对值就越大。[①]

课题组认为，"指数计算法"相比"自我状态描述法"有更大的优势。首先，"最大最小值法"与"标准差标准化法"都是采用了对比分析的方法。而对比分析是统计分析最常用的相对科学的方法，它强调可比性，能够有效避免分析结果因失去可比性而产生偏差。其次，无量纲化处理的统计指标可以分为正指标（数值越大越好的指标）和逆指标（数值越小越好的指标）。在对数据一致性处理的时候，对逆指标进行较为简易的正向化处理，以求补法为主，即用1减去逆向指标后得到的数值进行计算。

课题组考虑到北京市红十字人道资源分布不均衡，倘若用"最大最小

[①] 马立平：《统计数据标准化——无量纲化方法》，《北京统计》2000年第3期，第34~35页。

值法"会影响评价的公正性。比如,大学生往往是无偿献血的主要人群,海淀区大学密集,因此海淀区参与无偿献血的人就多,而延庆区大学少,参与无偿献血人也就少。两者差距过大,用"最大最小值法"会使延庆区在指标上的贡献极小,获得非常低的分数,这不能科学准确反映延庆区人道事业发展水平。课题组经过反复论证,决定选择"标准差标准化法"。

"标准差标准化法"对数据的要求较高。本课题需要在获得北京市各区红十字人道事业发展的系统数据后,方能得出均值与标准差,方能进行指数计算。但是,从前期的调研过程中,课题组发现区红十字人道核心业务及工作保障方面的数据缺失非常严重,无法直接获得北京市所有区红十字人道事业的相关数据的均值与标准差,也就难以直接进行指数计算。

鉴此,课题组在前期设计的区红十字人道事业发展评价指标体系的基础上,又设计了一份适合区红十字组织填写的"区红十字人道事业发展基础信息表"(以下简称"基础信息表")。由各区按照"填报说明"将每个指标的原始数据和测算结果填写在"基础信息表"上。这样,就解决了评价指标体系中三级指标无数据支撑的问题。北京市红十字会回收"基础信息表"后,按照评价流程和"标准差标准化法"的方式进行测算,可以得出各区红十字人道事业发展水平。

课题组认为,运用"指数计算法"这一工具实现了三个转变:一是从凭印象作判断转变为凭数据作判断;二是从定性评价转变为定量评价;三是从人脑打分转变为电脑算分。因此,评价过程中主观因素减少了,评价的结果更靠近真实。

五 区红十字人道事业发展基础信息表

(一)区红十字人道事业发展基础信息表

北京师范大学中国公益研究院根据测评北京区红十字人道事业发展水平的需要,设计了"区红十字人道事业发展基础信息表"(见表7-4),目的是系统掌握区红十字核心业务与工作保障的数据,夯实客观评价的基础。

表7-4 区红十字人道事业发展基础信息

一级指标	二级指标	三级指标	原始数据名称	原始数据数值	计算公式	分值
人道组织队伍	人道工作组织	1. 政府部门红十字组织覆盖率	建立红十字组织的区政府部门数		建立红十字组织的区政府部门数/本区政府部门总数	
		2. 街道（乡镇）红十字组织覆盖率	建立红十字组织的街道（乡镇）数		建立红十字组织的街道（乡镇）数/本区街道（乡镇）总数	
		3. 村（居）委会红十字组织覆盖率	行政区域内已经建立红十字组织村（居）委会数		行政区域内已建红十字组织村（居）委会数/本区村（居）委会总数	
		4. 中小学红十字组织覆盖率	建立红十字组织的中学、小学数		建立红十字组织的中学、小学数/本区中小学总数	
		5. 区属企业与两新组织红十字组织覆盖率	建立红十字组织的区属企业与两新组织数		建立红十字组织的区属企业和两新组织数/本区属企业和两新组织总数	
		6. 街道（乡镇）红十字组织理事会制度普及率	建立理事会制度的街道（乡镇）数		建立理事会制度的街道（乡镇）数/本区街道（乡镇）总数	
		7. 区及街道（乡镇）红十字组织参加同级维稳组织比例	参加同级维稳组织的红十字组织数		参加同级维稳组织的红十字组织数/本区及街道（乡镇）总数	

续表

一级指标	二级指标	三级指标	原始数据名称	原始数据数值	计算公式	分值
人道组织队伍	人道工作队伍	1. 红十字会专职工作人员按编制配备率	区红十字会机关已有在编工作人员数 本机关按编制可以配备工作人员数		区红十字会机关已有在编工作人员数/本机关按编制可以配备工作人员数	
		2. 行政工作人员占员工总数比例（逆向指标）	区红十字会机关行政工作人员数 本机关员工总数		1－（区红十字会机关行政工作人员数/本机关员工总数）	
		3. 专职者占专兼职工作人员总数比例	区红十字会机关专职人员数 本机关专兼职员工总数		区红十字会机关专职人员数/本机关专兼职员工总数	
		4. 本科以上学历工作人员占员工总数比例	区红十字会机关本科以上学历工作人员数 本机关员工总数		区红十字会机关本科以上学历工作人员数/本机关员工总数	
		5. 工作人员年度参加业务培训率	区红十字会工作人员年度参加业务培训人数 本机关员工总数		区红十字会工作人员年度参加业务培训人数/本机关工作人员总数	

续表

一级指标	二级指标	三级指标	原始数据名称	原始数据数值	计算公式	分值
人道救护救助	人道应急救护	1. 人道紧急救援志愿服务站点数量年度增长率	区红十字会本年度已经设置的人道紧急救援志愿服务站点数；上年度站点数		（区红十字会本年度已经设置的人道紧急救援志愿服务站点数－上年度站点数）/上年度站点数	
		2. 四级人道应急救援体系覆盖率	区红十字会已经与街道（乡镇）、社区、门楼（院）建立四级人道应急救援体系数；本区街道（乡镇）总数		区红十字会已经与街道（乡镇）、社区、门楼（院）建立四级人道应急救援体系数/本区街道（乡镇）总数	
		3. 人道减灾救护救助演练次数年度增长率	区红十字会年度组织开展的减灾救护救助演练次数；上年度组织开展的次数		（区红十字会本年度组织开展的减灾救护救助演练次数－上年度组织开展的次数）/上年度组织开展的次数	
		4. 获得初级救护培训证书人数年度增长率	区行政区域内本年度获得初级救护培训证书人数；上年度获得初级救护培训证书人数		（区行政区域内本年度获得初级救护培训证书人数－上年度获得初级救护培训证书人数）/上年度获得初级救护培训证书人数	

续表

一级指标	二级指标	三级指标	原始数据名称	原始数据数值	计算公式	分值
	人道社会救助	1. 灾害救助项目援助资金受援地区户籍人口人均数	区红十字会本年度支援灾区捐款（含捐赠物资折价） 受援地区户籍总人口		区红十字会本年度支援灾区捐款（含捐赠物资折价）/受援地区户籍人口	
		2. 天使圆梦项目救助大病儿童人数占本行政区域户籍儿童比例	区红十字会本年度天使圆梦项目救助大病儿童人数 本行政区域内14岁以下户籍儿童总数		区红十字会本年度天使圆梦项目救助大病儿童人数/本行政区域内14岁以下户籍儿童总数	
		3. 点亮生命项目救助人数占本行政区域户籍人口比例	区红十字会本年度点亮生命项目救助特重大疾病居民人数 本行政区域内户籍总人口		区红十字会本年度点亮生命项目救助特重大疾病居民人数/本行政区域内户籍总人口	
		4. 温暖一家项目救助户数占本行政区域户籍登记家庭比例	区红十字会本年度温暖一家项目因灾因病等致困家庭数 本行政区域内户籍登记家庭总数		区红十字会本年度温暖一家项目因灾因病等致困家庭数/本行政区域内户籍登记家庭总数	
		5. 携手夕阳项目救助孤寡老人数占本行政区域户籍孤寡老人比例	区红十字会本年度携手夕阳项目救助60岁以上孤寡老人数 本行政区域内户籍孤寡老人总数		区红十字会本年度携手夕阳项目救助60岁以上孤寡老人数/本行政区域内户籍孤寡老人总数	

续表

一级指标	二级指标	三级指标	原始数据名称	原始数据数值	计算公式	分值
人道志愿奉献		6. 助飞梦想项目助学人数占本行政区域义务教育阶段本市户籍学生比例	区红十字会本年度救助义务教育阶段家庭贫困学生人数 本行政区域义务教育阶段本市户籍学生总数		区红十字会本年度救助义务教育阶段贫困家庭学生人数/本行政区域义务教育阶段本市户籍学生总数	
		7. 2012年以来参与灾害人道应急救援获得区级以上政府或政府部门表彰的次数占参与次数的比例	2012年以来区红十字会参与自然灾害人道应急救援获得区级以上政府或政府部门表彰的次数 总参与次数		2012年以来区红十字会参与自然灾害人道应急救援获得区级以上政府或政府部门表彰的次数/总参与次数	
	人道志愿奉献"三献"	1. 人道公益项目品牌率	区红十字会组织开展的已经被确认为公益品牌项目数 本区公益项目总数		区红十字会组织开展的已经被确认为公益品牌项目的人道公益项目数/本区的公益项目总数	
		2. 无偿献血宣传次数年度增长率	区红十字会本年度组织无偿献血宣传次数 上年度组织无偿献血宣传次数		(区红十字会本年度组织无偿献血宣传次数−上年度组织无偿献血宣传次数)/上年度组织无偿献血宣传次数	
		3. 组织无偿献血场次年度增长率	区红十字会本年度组织无偿献血的场次数 上年度组织无偿献血的场次数		(区红十字会本年度组织无偿献血的场次数−上年度组织无偿献血的场次数)/上年度组织无偿献血的场次数	
		4. 造血干细胞捐献登记人数回访率	区红十字会回访志愿捐献造血干细胞登记的人数 本区红十字会登记的志愿捐献造血干细胞总人数		区红十字会回访志愿捐献造血干细胞的人数/本区红十字会登记的志愿捐献造血干细胞总人数	

续表

一级指标	二级指标	三级指标	原始数据名称	原始数据数值	计算公式	分值
	人道志愿服务	1. 人道志愿者注册人数年度增长率	区行政区域内本年度注册的红十字人道志愿者人数		(区行政区域内本年度注册的红十字人道志愿者人数－上年度注册的红十字人道志愿者人数)/上年度注册的红十字人道志愿者人数	
			上年度注册的红十字人道志愿者人数			
		2. 人道志愿团体注册数量年度增长率	区行政区域内本年度注册的红十字人道志愿团体数量		(区行政区域内本年度注册的红十字人道志愿团体数量－上年度注册的红十字人道志愿团体数量)/上年度注册的红十字人道志愿团体数量	
			上年度注册的红十字人道志愿团体数量			
		3. 人道志愿服务队数量年度增长率	区行政区域内本年度建立的红十字人道志愿服务队数量		(区行政区域内本年度建立的红十字人道志愿服务队数量－上年度建立的红十字人道志愿服务队数量)/上年度建立的红十字人道志愿服务队数量	
			上年度建立的红十字人道志愿服务队数量			
		4. 人道志愿服务基地数量年度增长率	区行政区域内本年度红十字人道志愿服务基地建设数量		(区行政区域内本年度红十字人道志愿服务基地建设数量－上年度红十字人道志愿服务基地建设数量)/上年度红十字人道志愿服务基地建设数量	
			上年度红十字人道志愿服务基地建设数量			

续表

一级指标	二级指标	三级指标	原始数据名称	原始数据数值	计算公式	分值
		5. 人道志愿服务项目年度增长率	区行政区域内本年度组织开展的红十字人道志愿服务项目数；上年度组织开展的红十字人道志愿服务项目数		（区行政区域内本年度组织开展的红十字人道志愿服务项目数－上年度组织开展的红十字人道志愿服务项目数）/上年度组织开展的红十字人道志愿服务项目数	
		6. 本年度人道志愿服务时间人均数	区行政区域内本年度红十字人道志愿服务时间总数；本区参与红十字人道志愿服务者人数		区行政区域内本年度红十字人道志愿服务时间总数/本区参与红十字人道志愿服务者人数	
	人道志愿捐赠	1. 本年度人道募款人均数	区红十字会本年度人道募款总额；本区户籍人口总数		区红十字会本年度人道募款总额/本区户籍人口总数	
		2. 人道捐赠人数占本行政区域户籍人口比例	区行政区域内本年度居民参与红十字人道捐赠人数；本区户籍人口总数		区行政区域内本年度居民参与红十字人道捐赠人数/本区户籍人口总数	

续表

一级指标	二级指标	三级指标	原始数据名称	原始数据数值	计算公式	分值
人道文化传播	媒体传播文化	1.人道理论文章在报刊发表数量年度增长率	区红十字会本年度在报刊发表理论文章数数量		(区红十字会本年度在报刊发表理论文章数量－上年度在报刊发表理论文章数量)/上年度在报刊发表理论文章数量	
			上年度在报刊发表理论文章数量			
		2.媒体正面报道红十字活动次数年度增长率	本年度报刊、电视、广播等媒体对区红十字会开展活动的正面报道次数		(本年度报刊、电视、广播等媒体对区红十字会开展活动次数－上年度报刊、电视、广播等媒体对区红十字会开展活动的正面报道次数)/上年度报刊、电视、广播等媒体对区红十字会开展活动的正面报道次数	
			上年度报刊、电视、广播等媒体对区红十字会开展活动的正面报道次数			
		3.网络工具传播人道文化次数年度增长率	区红十字会本年度运用门户网站、微信、微博等网络工具传播人道文化的次数		(区红十字会本年度运用门户网站、微信、微博等网络工具传播人道文化的次数－上年度运用门户网站、微信、微博等网络工具传播人道文化的次数)/上年度运用门户网站、微信、微博等网络工具传播人道文化的次数	
			上年度运用门户网站、微信、微博等网络工具传播人道文化的次数			

续表

一级指标	二级指标	三级指标	原始数据名称	原始数据数值	计算公式	分值
		4. 街道（乡镇）红十字会门户网站开设率	区行政区域内已经开设门户网站的街道（乡镇）红十字会数量 本区街道（乡镇）总数		区行政区域内已经开设门户网站的街道（乡镇）红十字会数量/本区街道（乡镇）总数	
		5. 区红十字会门户网站内容更新率	区红十字会门户网站每月实际更新次数 应更新次数（按每月更新4次计）		区红十字会门户网站每月实际更新次数/应每月更新4次	
	实地传播文化	1. 人道文化传播进社区年度覆盖率	区红十字会本年度组织的传播人道文化进社区数 本区社区总数		区红十字会本年度组织的传播人道文化进社区数/本区社区总数	
		2. 人道文化传播进学校年度覆盖率	区红十字会本年度组织的传播人道文化进学校数 本区学校总数		区红十字会本年度组织的传播人道文化进学校数/本区学校总数	
		3. 人道文化传播进企业年度覆盖率	区红十字会本年度组织的传播人道文化进企业数 本区企业总数		区红十字会本年度组织的传播人道文化进企业数/本区企业总数	
		4. 人道救护培训进社区年度覆盖率	区红十字会本年度组织开展的人道救护培训进社区数 本区社区总数		区红十字会本年度组织开展的人道救护培训进社区数/本区社区总数	
		5. 申请使用红十字标志的占实际使用比例	向区红十字会申请使用红十字标志的数量 实际使用红十字标志的数量		向区红十字会申请使用红十字标志的数量/实际使用红十字标志的数量	

续表

一级指标	二级指标	三级指标	原始数据名称	原始数据数值	计算公式	分值
人道社会氛围	红十字会公信力	1. 审计中问题资金占审计总资金比例（逆向指标）	区红十字会在审计中被发现的违规资金数；审计总资金数		1－区红十字会在审计中被发现的违规资金数/审计总资金数	
		2. 影响红十字会声誉舆情年度增长率（逆向指标）	区红十字会本年度发生的影响声誉的报道次数；上年度影响红十字会声誉的报道次数		1－（区红十字会声誉本年度的报道次数－上年度影响红十字会声誉的报道次数）/上年度影响红十字会声誉的报道次数	
		3. "两公开两透明"落实率	完成"两公开两透明"规定的条目数（应小于等于4）		完成"两公开两透明"规定的条目数/4	
	社会参与程度	1. 参与人道文化传播活动人数年度增长率	区行政区域内本年度参与红十字人道文化传播活动人数；上年度参与红十字人道文化传播活动人数		（区行政区域内本年度参与红十字人道文化传播活动人数－上年度参与红十字人道文化传播活动人数）/上年度参与红十字人道文化传播活动人数	
		2. 参与人道救护培训活动人数年度增长率	区行政区域内本年度参与红十字人道救护技能培训人数；上年度参与红十字人道救护技能培训人数		（区行政区域内本年度参与红十字人道救护技能培训人数－上年度参与红十字人道救护技能培训人数）/上年度参与红十字人道救护技能培训人数	

续表

一级指标	二级指标	三级指标	原始数据名称	原始数据数值	计算公式	分值
		3. 参与红十字少年活动人数年度增长率	行政区域内本年度参加红十字少年活动人数；上年度参加红十字少年活动人数		（本行政区域内本年度参加红十字少年活动人数－上年度参加红十字少年活动人数）/上年度参加红十字少年活动人数	
		4. 红十字会每年大会代表参会率	区红十字会召开年度大会实际参加会议的人数；区红十字会召开年度大会应当参加会议的人数		区红十字会召开年度大会实际参加会议的人数/区红十字会召开年度大会应当参加会议的人数	
		5. 红十字会会员数量年度增长率	区行政区域内红十字会会员数量；上年红十字会会员数量		（区行政区域内本年度红十字会会员数量－上年红十字会会员数量）/上年红十字会会员数量	
		6. 红十字会会员交纳会费率	区行政区域内红十字会会员交纳会费人数；本区红十字会会员总人数		区行政区域内红十字会会员每年交纳会费人数/本区红十字会会员总人数	
人道工作保障	人道事业经费	1. 政府购买红十字人道服务预算拨付率	区政府财政实际拨付的红十字事业预算经费；本年区红十字事业预算经费		区政府财政实际拨付的红十字事业经费/本年区红十字事业预算经费	
		2. 政府购买红十字事务经费占政府购买服务经费比例	区红十字会本年度获得的政府购买人道服务的经费；本年区政府财政购买社会服务经费		区红十字会本年度获得的政府购买人道服务的经费/本年区政府财政购买社会服务经费	
		3. 政府拨付红十字事业经费占财政支出比例	区红十字会本年度获得本级政府财政拨付的红十字事业经费；本年度本级政府财政支出		区红十字会本年度获得本级政府财政拨付的红十字事业经费/本年本级政府经费本年度本级政府财政支出	

续表

一级指标	二级指标	三级指标	原始数据名称	原始数据数值	计算公式	分值
	人道工作建议	1. 区政府对发展人道事业规划或请示批复率	获得区政府批复的发展人道事业规划或请示批件数		获得区政府批复的发展人道事业规划或请示批件数/区红十字会实际提交件数	
		2. 区红十字会提请区政府常务会审议事项上会率	区红十字会实际提请区政府常务会审议的次数		区红十字会提请区政府常务会审议事项被列入审议次数/实际提交审议次数	
		3. 区红十字会向市红十字会提出的工作建议被采纳率	区红十字会向市红十字会提出的工作建议被市红十字会采纳的次数		区红十字会向市红十字会提出的工作建议被市红十字会采纳的次数/工作建议实际提交次数	
	人道工作制度	1. 工作制度健全率	区红十字会在财务管理、人道募捐管理、突发事件管理、"三救"管理、人道志愿服务管理、信息公开管理七个方面中已经建立工作制度的数量（应当小于等于7）		区红十字会在财务管理、人道募捐管理、突发事件管理、"三救"管理、人道志愿服务管理、信息公开管理七个方面中已经建立工作制度的数量/7	
		2. 工作流程普及率	区红十字会在人道救助、人道募捐、人道应急救护、人道文化传播四个方面中已经建立工作流程的数量（应当小于等于4）		区红十字会在人道救助、人道募捐、人道应急救护、人道文化传播四个方面中已经建立工作流程的数量/4	
		3. 应急预案齐全率	区红十字会在突发事件应对、紧急社会募捐、媒体舆情应对三个方面中已经制订应急预案的数量（应当小于等于3）		区红十字会在突发事件应对、紧急社会募捐、媒体舆情应对三个方面中已经制订应急预案的数量/3	

续表

一级指标	二级指标	三级指标	原始数据名称	原始数据数值	计算公式	分值
	部门区域合作	1. 区红十字会与本行政区域同级公安、民政、卫计、人社、教育五部门建立工作机制的覆盖率	区红十字会与本行政区域同级公安、民政、卫计、人社、教育五部门签订合作协议、建立工作机制的部门数（应当小于等于5）		区红十字会与本行政区域同级公安、民政、卫计、人社、教育五部门已经签订合作协议、建立工作机制的部门数/5	
		2. 区红十字会与本行政区域同级工会、青年团、妇联、残联四个群团组织建立工作机制的覆盖率	区红十字会与本行政区域同级工会、青年团、妇联、残联四个群团组织经签订合作协议组数（应当小于等于4）		区红十字会与本行政区域同级工会、青年团、妇联、残联四个群团组织已经签订合作协议、建立工作机制的群团组织数/4	
		3. 区红十字会与本市其他区或天津及河北区县开展人道合作事项年度增长率	区红十字会本年度与本市其他区或天津及河北区县开展人道合作（包括国内对口援助）事项数量		（区红十字会本年度与本市其他区或天津及河北区县开展人道合作（包括国内对口援助）事项数量 − 上年度同类事项数量）/上年度同类事项数量	
			上年度同类事项数量			
		4. 国际友好区数量年增长率	区红十字会本年度与其他国家开展人道事业合作次数		（区红十字会本年度与其他国家开展人道事业合作次数 − 上年度同类合作次数）/上年度同类合作次数	
			上年度同类合作次数			
	人道工作设施	1. 红十字会办公场所合规率	区红十字组织工作人员办公室面积符合国务院机关事务管理局发布的关于机关工作人员办公室面积标准的数量		区红十字组织工作人员办公室面积符合国务院机关事务管理局发布的关于机关工作人员办公室面积标准的数量/区红十字会工作人员办公室总数量	
			区红十字会工作人员办公室总数量			

续表

一级指标	二级指标	三级指标	原始数据名称	原始数据数值	计算公式	分值
人道工作工具		2. 红十字会办公经费保障率	政府财政上年度实际发付给区红十字会办公经费 区红十字会上年度办公预算经费		政府财政上年度实际发付给区红十字会办公经费/区红十字会上年度办公预算经费	
		3. 红十字会工资福利保障率	区红十字会上年度能够按时发放工资福利的月份数（应当小于等于12）		区红十字会上年度能够每月按时发放工资福利的月份数/12	
		4. 区及街道（乡镇）红十字组织灾备中心（点）设置覆盖率	区及街道（乡镇）红十字组织设置应急救助物资储备中心（点）数量 本区及街道（乡镇）总数		区及街道（乡镇）红十字组织设置应急救助物资储备中心（点）数量/本区及街道（乡镇）总数	
	人道工作工具	1. 工作人员电脑配置率	区红十字会已经配置电脑的机关工作人员数 本会工作人员总数		区红十字会已经配置电脑的机关工作人员数/本会工作人员总数	
		2. 工作人员电子邮箱（不涉密）设置普及率	区红十字会工作人员已经设置的不涉密电子邮箱的人数 本会工作人员总数		区红十字会工作人员已经设置的不涉密电子邮箱的人数/本会工作人员总数	
		3. 区与街道（乡镇）红十字组织之间运用互联网交流不涉密工作信息普及率	区与街道（乡镇）红十字组织之间已经运用互联网交流不涉密工作信息的街道（乡镇）数 本区街道（乡镇）总数		区与街道（乡镇）红十字组织之间已经运用互联网交流不涉密工作信息的街道（乡镇）数/本区街道（乡镇）总数	
		4. 区、街道（乡镇）两级红十字组织设置人道志愿者数据库比例	区及街道（乡镇）已经设置人道志愿者数据库的红十字会总数 本区两级红十字会总数		区及街道（乡镇）已经设置人道志愿者数据库的红十字会数/本区两级红十字会总数	

（1）仔细阅读此填报说明。区红十字会在填写"基础信息表"前要仔细阅读填报说明，全面了解填报的内容和要求，有疑问可以直接与市红十字会宣传部联系。

（2）"基础信息表"的内容。"基础信息表"包含区红十字人道事业发展评估指标体系的一级指标、二级指标、三级指标、原始数据名称、原始数据数值、三级指标的计算公式与测算分值七项内容，并体现在七个栏目中。

（3）原始数据的截至年份。目前，通常都采用发布年份与所用数据年份相差两年的做法。如确定2015年开展评价工作，就使用2013年的原始数据。

（4）三级指标原始数据的填写。要实事求是地将每个三级指标的原始数据数值填写在"基础信息表"内与指标对应的第5栏中，确保三级指标原始数据的真实性。

（5）逆向指标的处理。逆向指标均已在"基础信息表"中标注。在根据原始数据计算时，要对逆向指标进行处理（用1减去得到的数值），比如，行政工作人员占员工总数比例，假设区红十字会机关行政工作人员为3人，员工总数为12人，最后的分值应该是 $1 - 3/12 = 0.75$。

（6）三级指标原始数据的测算。要根据计算公式算出分值并填写在"基础信息表"内与原始数据对应的第7栏中。

（7）原始数据和分值的校核。要认真校核已经填写的原始数据和算出的分值，确保准确性。

（8）执行填报和审核责任制。填写和审核工作要责任到人，填写和审核工作完成后当事人均应签字。

此表将由北京市红十字会统一发放与回收。填写的内容仅供北京市红十字会进行"区人道事业发展评价体系"指数计算，原始数据只可在获得许可后公开。

（二）测算原始数据公式

测算原始数据公式见表7-5。

表 7-5　测算原始数据公式

	一般公式	指标举例	指标计算公式
百分比	某一部分的数量/总量	行政工作人员占员工总数比例	区红十字会机关行政工作人员数/员工总数
覆盖率	完成部分的数量/所有的数量	街道（乡镇）红十字组织覆盖率	建立红十字组织的街道（乡镇）数/本区街道（乡镇）总数
人均值	受益人数/户籍人口	点亮生命项目救助人数占本行政区域户籍人口比例	点亮生命项目救助人数/本行政区域户籍人口
	金额或者其他总量/实际参与人数	本年度人道募款人均数	本年度人道募款/参与捐款的人数
年增长率	（本年度的数量-上一年度的数量）/上一年度的数量	人道紧急救援志愿服务站点数量年度增长率	（区红十字会本年度已经设置的紧急救援志愿服务站点数量-上年度站点数）/上年度站点数

六　区红十字人道事业发展评价测算流程

北京市红十字会在统一汇总各区填报的"基础信息表"后，按照以下步骤进行测算（见图 7-2）。

（1）校核区红十字会上报的"基础信息表"中原始数据的真实性和测算结果的准确性，发现问题要与区红十字会及时联系，及时更正，确保质量。

（2）将经校核的各区填报的"基础信息表"中各项指标的原始数据与计算分值录入 Excel 中，并校核录入的内容，确保准确性。

（3）在 Excel 中，计算各区各项指标分值的平均值。

（4）对各项指标的数据进行标准化处理，根据的公式如下：

$$y_i = \frac{x_i - \bar{x}}{\sqrt{\frac{\sum_{i=1}^{N}(x_i - \bar{x})^2}{n}}}$$

即(原始数据-均值)/样本标准差,将各项指标数值与平均值的差,除以各项指标数值相对平均值的标准差),得到某一区各项指标的指数值;该指数值可以反映某区单项的发展水平。

(5)将各项指数值加权后相加得到某一区的最终红十字人道事业发展分数,该分数可以反映某区红十字人道事业的总体发展水平。

(6)用此方法获得所有区的各项指数值与最终分数,因经过了一致性与标准化的处理,各区的各项指数值与总体分数具有很高的可比性。

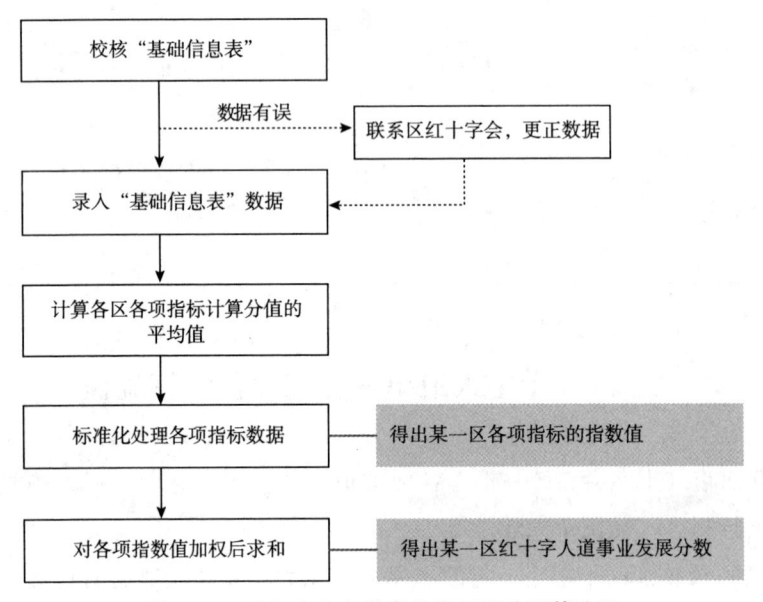

图7-2 区红十字人道事业发展评价测算流程

(指数设计、作者:柳永法、汪颖佳)

典型案例

北京红十字组织人道事业典型案例

一 打造空地一体化人道救援体系

北京市红十字会地面救援建设成绩突出，但日益加剧的交通问题与多变频繁的突发事件迫切需要现代化救援手段。北京市红十字会紧急救援中心（999）拥有307辆999医疗急救车，承担着全市50%的医疗急救任务。同时，应对交通拥堵，北京市红十字会先后推出摩托车和电动自行车车上车急救等措施，灵活多样地开展急救，缩短急救时间。但是随着自然灾害救援和突发事件救援任务趋于频繁，跨区域、跨国境医疗转运需求的增加，以及北京日益加剧的道路拥堵问题，迫切需要对救援设备进行现代化更新，尤其是建立空中救援体系。

2010年开始，999就在全国率先开展了空中救援业务，并于2011年10月，首次开展地空联合救护演习，这标志着北京市红十字会初步建立起空地立体救援体系。2010年以来，999先后与华彬、亚盛、通用航空北京有限公司、首航直升机有限公司，通过商业合作的方式开展空中医疗救援业务，与首都航空公司市公安局警航总队密切合作，开展直升机紧急救援演练，多次组织医疗急救人员赴国外接受专业培训，目前已有16人获准登机资格。5年来北京市红十字会已为国内外患者提供了200多次救援和转运服务，为构建航空医疗救援体系积累了宝贵经验。

在地面、空中救援业务发展的基础上，2014年，北京市红十字会又迈出历史性的一步，购置属于自己的医疗救援直升机。这也是中国首架专业航空医疗救援直升机，有助于进一步完善首都空中人道救援体系。3月，999与欧洲直升机公司签订协议购买两架空中救援专用直升机。其中，第一架飞机10月到位，并在10月28日正式起航。该飞机机型为EC-135，安全性能高，客舱具有灵巧安排和装载能力，是医疗急救领域的典范机型。EC-135能承载7~8人，并拥有较大的医疗物资储物空间。救援直升机上配置了包括德国多瑙沃特公司的除颤心电监护仪、瑞士Bucher公司的全套EMS设备，以及医疗内饰、应急浮筒、绞车、搜索灯、货钩等全球领先的医疗设备。遇突发事件时，EC-135还可以装载两副担架，同时转送两名患者，将航空救援能力提升了一倍。飞机最远航程超过620公里，基本可以覆盖京津冀地区。

在设施配套方面，为了进一步缩短急救反应时间，北京市红十字会加强对配套停机坪的建设。目前北京市红十字会在999和北京市怀柔区桥梓镇北宅村建设了航空救援备勤点两个，并将京津冀及周边地区500公里范之内106个净空条件好、分布合理的场地作为航空救援直升机应急急降点，形成覆盖京津冀地区的航空紧急医疗救援网络。同时，通过推出010-999全国公众医疗救援号码逐步向全国辐射。9月，"首都空地救援网"正式上线并试运行，为首都空地医疗救援体系建设提供互联网配套服务，为公众了解航空救援知识、获取航空救援创造便捷渠道。

在专业人员和技术支持方面，北京市红十字会选派救援机组骨干赴德国、瑞士进行专业培训，同时聘请国外直升机救援机构专家对999全体急救医务人员进行培训。北京市红十字会还专门成立了首都红十字航空医疗救援专家指导委员会，将为首都航空救援体系建设决策提供智力支持，进一步加强首都航空医疗救援体系的科学化、规范化建设。

在运作模式方面，空中救援直升机运营采用商业运作与人道公益服务相结合的方式，与中国人寿保险股份有限公司合作，建立空中医疗救援的保险机制。10月22日，惠民版和尊享版两种保险产品面向180天至70岁首都市民正式推出。惠民版年缴纳299元，可报销3万元内救援费用的70%，尊享版则年缴纳999元，30万元以内救援费用全报销。这是中国首个航空医疗救援保险服务产品，对于中国航空医疗救援保险制度的建立具有开创与探索意义。

在合作机制方面，9月，北京市红十字会与北京市体育局、中国人寿保险股份有限公司北京分公司、工银金融租赁有限公司、北京首航直升机空用航空服务有限公司、思奥思国际旅行援助服务北京有限公司5家单位签订《空中救援战略与合作协议》，北京市红十字会将重点在大型体育赛事和群众性体育活动保障、空中医疗救援相关保险产品、金融融资、紧急搜救、安全巡查、空中救援，以及固定翼飞机医疗转运和陆地直升机医疗转运等方面开展合作。① 以与合作单位建立长期、稳固的战略合作关系为基础，进一步延伸和拓展合作领域，充分发挥各方资源优势，积极为深化合作创造各种有利条件，推动首都航空医疗事业的健康发展。首架空中救援直升机委托给首航直升机公司管理。

北京市红十字会引进"空中ICU" EC-135直升机，增强了首都空中医疗救援优势，大大提升城市人道应急救援水平和响应速度。空中专业医疗救援配合地面999急救，标志着首都空地一体化救援体系进一步完善。另一架专业航空医疗救援直升机将于2015年上半年到位服务。此外，北京市红十字会计划在2015年另购入两架直升机，并在2016~2017年引进固定翼飞机，实现直升机与固定翼飞机救援的结合，从而真正形成完备的首都空地一体化救援体系。

在推进首都空中医疗救援体系建设中，北京市红十字会创下了5个"第一"：（1）引进国内第一架专业航空医疗救援直升机，填补了我国航空医疗救援专用直升机的空白；（2）成立国内第一支专业航空医疗救援飞行队；（3）开通国内第一家空地救援网；（4）成立中国第一家创新发展合作空地救援联盟；（5）推出全国第一个航空医疗保险服务产品。首都红十字组织加快推进空地一体化救援体系建设，更好地履行人道使命，在全国必将起到重要的示范引领作用。②

随着北京市红十字会成为首都反恐维稳处突体系领导成员，它将充分发挥装备设施和人才储备优势，突出医疗救护、人道救援、博爱救助的特色，在人道主义救援、自然灾害、事故灾难、公共卫生事件、社会安全事件、大事要事赛事活动、反恐防暴维稳等方面彰显红十字组织在构建首都空中救援治理体系和模式中的作用，为建设国际一流的和谐宜居之都，提

---

① 刘欢：《市红会签航空医疗救援合作》，《北京日报》2014年9月7日，第2版，http://bjrb.bjd.com.cn/html/2014-09/07/content_215243.htm，最后访问时间：2015年5月5日。
② 《中国首架专业航空医疗救援直升机正式启航》，资料来源：民航资源网，http://news.carnoc.com/list/297/297836.html，最后访问时间：2015年5月5日。

供人道支撑和航空救援保障。① 同时北京市红十字会空地一体化救援体系的建立，将为京津冀人道一体化发展提供支撑。

二 在首都反恐维稳处突中发挥人道支撑作用

近年来，受到国际恐怖活动的影响，中国连续发生多起在公共场合针对普通群众的重大暴力恐怖事件，给公众的人身安全造成了巨大伤害，并带来一定程度上的社会恐慌。习近平总书记多次就维稳工作做出指示，并在主持中央政治局第十四次集体学习时再次指出，要建立健全反恐格局，完善反恐工作体系，加强反恐力量建设。

作为首善之区，北京面临的国际国内形势异常复杂。面对日趋严峻的反恐形势，应当加强与社会公众的相互配合，针对中国暴恐案件的具体特点，及时有效地采取相关应对措施，以确保首都的和谐稳定与人民生活的安宁祥和。对此，中央政法委书记孟建柱同志在新华社内参上做出重要批示："要重视发挥红十字会组织在维稳方面的作用。"

2014年4月29日，北京市红十字会被正式纳入北京市维护稳定工作领导小组。7月，北京市红十字会与北京市公安局签订了《处突维稳合作协议》，参与北京市反恐维稳处突工作。维护首都安全稳定，成为北京红十字组织首要的政治任务和重要职责；加强组织领导，健全和完善应急机制和工作预案，提升应急处置和医疗救援能力成为北京市红十字会的迫切需求。为此，北京市红十字会突出专群结合、软硬件结合、日常化救助与专职化救援结合的工作方针，成立了维护稳定工作领导小组，建立了北京市红十字人道应急、处突维稳指挥平台。

北京市红十字人道应急、处突维稳指挥平台以999医疗救护人员为依托，组建由政治坚定、思想过硬、作风顽强、能力突出的骨干组成的人道救援队伍。为了更好地发挥北京红十字组织在参与首都安全维稳工作中的作用，北京市红十字会新配备50辆首都红十字处突维稳医疗专用车，专门

---

① 《首都红十字会成立航空救援专家指导委员会》，资料来源：北京市红十字会官网，http://www.bjredcross.org.cn/beijing/beijing2/20140901/691604.htm，最后访问时间：2015年5月5日。

用于突发事件现场的人道救援救治。

首都红十字处突维稳医疗专用车具有防毒、防化、防爆等84项功能。在医疗急救设备基础上，新增添了多种反恐专用设施，如新增3套防毒面具和防护服，协助医务人员进入第一现场，抢救重症伤员；N95口罩用于呼吸道疾病等传染病处置过程中的基本防护，便携式灭火器在突发事件中用于对自焚者灭火；救援绳索套装用于各类突发事件现场如深井、山地等的救生和救援；手动破拆工具4件，主要用于突发事件现场伤员被困时独立或协助消防人员进行抢救；影像记录仪，用于对于各种突发事件现场视频资料的搜集、存储，并在第一时间传至指挥中心；多功能逃生锤，用于自身车辆发生意外或恐怖袭击时车组人员的逃生。

50辆首都红十字处突维稳医疗专用车均已经过特殊改装，部分车辆具有越野功能；在面对突发灾害事故进行紧急救援时，专用车的长排座椅位置可迅速安装上两副简易担架，将转移病人数量增加两倍，一辆车转运伤员人数可达两到三人。该车厢内装配WiFi，可同时供多部平板电脑、手机、笔记本上网。另专配平板电脑，内置任务接收终端、智能导航，可进行现场资料传输、视频会议、现场资料查询等，便于搭建市维稳办、市反恐办、市应急办与市红十字会人道应急指挥中心、999指挥中心沟通的桥梁。[①] 每车配备3名专业救援人员，包括司机在内，均持有初级急救救援证书，救援中他们将团结协作，紧密配合，努力完成救援任务。

首批10辆首都红十字处突维稳医疗专用车部署在天安门地区及长安街沿线，配合有关部门参与反恐处突维稳工作。另外40辆负责配合有关部门在鸟巢、金融街、机场等重要敏感地区的反恐维稳处突工作。同时为了构建空地一体化救援体系，北京市红十字会还配备了两架空中紧急医疗救援直升机，逐步形成有规模、有影响、有战斗力的人道救援格局。

北京红十字处突维稳人道救援队是首支以执行人道危机救援和处置突发事件为己任，以与公安机关合作为基础，具有红十字精神特点的处突维稳救援队伍，体现了红十字组织与公安机关反恐防暴联抓，处突维稳联

[①]《北京市红十字会和市公安局签定处突维稳合作协议》，资料来源：北京市红十字会官网，http://www.bjredcross.org.cn/beijing/beijing2/20140528/691339.htm，最后访问时间：2015年5月8日。

动、专群结合联手，应对防范联勤，普及教育联合，大事要事联保的关系，有助于更好地开展人道救助、救护救治、应急培训、知识普及、物资储备、查人转信、人道交流等工作。

红十字人道应急、处突维稳指挥平台的建立，体现了北京市红十字会服从、服务于党和国家大局，准确把握国家安全局势变化新特点、新趋势，坚持总体国家安全观的特点，便于有效发挥其在维护首都安全和社会稳定中的独特作用，为建设国际一流的和谐宜居城市之都贡献人道力量。

三 为血液病患者提供造血干细胞捐赠系统化服务

中国造血干细胞捐献者资料库北京管理中心，简称"北京造血干细胞管理中心"（Beijing Marrow Donor Program，BJMDP），也称"中华骨髓库北京分库"（以下简称"北京分库"）于2001年经北京市机构编制办公室批准成立，隶属北京市红十字会，是正处级的全额拨款事业单位。

北京造血干细胞管理中心自成立以来，以全新的服务理念，主要从事向社会各界宣传造血干细胞知识、募捐活动、组织志愿者培训、招募志愿者、慰问造血干细胞志愿捐献者等服务活动；对志愿捐献者和患者的资料进行办公程序自动化的计算机网络管理；为需要造血干细胞移植的患者提供准确的HLA配型数据；在造血干细胞采集前后提供跟踪服务，并为提高捐献者的健康指标和移植患者的成活率开展相关的科学研究工作。

开展有效的宣传和动员回访工作，提高北京造血干细胞管理中心库容使用率和移植率。在全国31个省级管理中心中，北京造血干细胞管理中心的容量属于最大的，该管理中心通过严把报名登记和采集血样的入库关，提高志愿捐献者的入库质量，做好招募志愿捐献者的基础性工作，以此来降低志愿捐献者的流失率和反悔率。该管理中心通过组织宣传和动员活动，积极报道捐献者崇高的人道善举和该管理中心在推进精神文明、构建和谐社会中的作用，营造"个人自愿、家庭支持、单位重视、社会赞誉"的良好社会氛围。

建立区县工作站，发挥区县工作站的主动性和能动性。2009年，大兴区红十字会正式成立北京市第一家有独立机构、专职工作人员的分站中国造血干细胞捐献者资料库北京管理中心大兴站。自此之后,各个区县纷纷效仿,截至2011年底,全市建立了8个工作站。区县工作站的建立是延伸分库、夯实工作基础、严把入库关和紧密联系志愿捐献者的有效举措。通过建立区县工作站,全面推广造血干细胞网络工作平台,实现市、区县两级分层管理,真正发挥区县工作站在造血干细胞捐献工作中的主动性和能动性,从而使得北京造血干细胞捐献工作在区县落到实处。

积极与专家顾问、志愿者之家、高校合作。专家顾问组以其专业知识和技能为北京分库在采集、移植、科研等方面建言献策,同时提供技术上的支撑和指导;2004年12月30日成立的志愿者之家是北京分库开展捐献造血干细胞的得力助手,并在招募志愿者、志愿者资料录入及再动员和陪护、志愿捐献者回访等工作中发挥很好的作用;而高校红十字会工作一直是市红十字会主要的有生力量,配合北京分库在大学生中宣传造血干细胞捐献的信息,扎扎实实做好志愿捐献者的招募工作。

建立HLA组织配型实验室,提供可靠的配型资料。北京造血干细胞管理中心建立经过国家管理中心评定的定点人类白细胞抗原(HLA)组织配型实验室,该实验室与北京分库建立合作关系,在北京分库专家顾问的指导下开展工作,保证向需要造血干细胞移植的患者提供准确、可靠的HLA配型资料,从而提高配型成功率。

通过北京造血干细胞管理中心的不懈努力,目前,北京分库入库志愿者11.6万人,成功实现231例造血干细胞捐献者。北京造血干细胞管理中心为来自北京、上海、天津、重庆、福州、济南、成都、杭州、广州、武汉、哈尔滨、香港和韩国等国内外的血液病患者提供检索查询服务,并有多名志愿捐献者为境外患者捐献造血干细胞。这种不图回报的捐献行为,不仅仅拯救了一位患者的生命,而且维护了患者的一个家庭,使患者及其亲友周围的小小社会更加和谐。

北京造血干细胞管理中心所从事的工作是一项给予患者生存希望,坚定生活信念,为人类健康造福的伟大事业,捐献造血干细胞是北京红十字组织为构建和谐社会所做的重要工作之一,应致力于将北京造血干细胞管理中心打造成北京市红十字会挽留生命、造福人类、促进社会和谐发展的一大品牌。

四 菲律宾救援：初建国际救援机制，促进人道外交

2013年11月8日，台风"海燕"登陆菲律宾，造成巨大破坏，官方确认最少6000人死亡，菲律宾红十字会则表示失踪人数高达2.5万人。巨大的自然灾难引起了国际社会的广泛关注，许多国家纷纷伸出援手，提供救援物资及人力支持。

中国作为善邻友好的大国，在此次灾难中，同样承担起一个大国应负的责任。应菲律宾政府的请求，中共中央决定派遣救援队赴菲救灾。救援队的建立以及开展救援的具体职责，则由北京市红十字会承担。最终，由中国红十字（北京999）医疗救援队和中国红十字（蓝天）救援队15人组成的中国（北京）红十字会国际救援队，从11月20日至12月6日共计16日在菲律宾全力开展救援工作。这是中国红十字会救援队时隔90年后再次踏出国门开展救援活动，也是北京市红十字会首次走出国门开展救援活动。

中国（北京）红十字会国际救援队在菲律宾的救援工作，以医疗救援为核心，同时开展流行病学调查、板房需求调研、普及防疫知识等和当地灾后长期发展息息相关的业务。

从11月26日开始，该救援队便全面展开医疗救治工作，派遣多支医疗队到当地村落进行巡诊，同时还到灾区的华人社区开展服务；16天下来，该救援队一共巡诊灾民1891人，治疗959人，搜寻移交尸体53具。在开展医疗救助的过程中，该救援队还和当地政府、红十字会交流沟通。在Dulag地区，当地市长亲自到医疗点向该救援队表示感谢，对救援工作给予肯定与支持；同时，该救援队还和菲律宾红十字会建立救援进展沟通机制，定期向菲律宾红十字会通报救援进展，在提升救援效果的同时，也发挥了北京市红十字会的国际交流功能。此外，该救援队还向当地医院、医疗机构累计捐赠了价值400万元的药品、器械，使受灾民众获得更充足的医疗资源。[①]

[①] 孙晔：《我们代表中国，我们代表北京》，北京市红十字会编撰《人道北京》特刊，2014，第77页。

除了巡诊和医药用品的捐献外，该救援队还开展了有利于该地区灾后长期发展的工作。在救援的过程中，该救援队根据村庄的特殊情况，开展了流行病学调查和健康干预活动，并且和当地野战医院进行合作，共抗灾难。从27日起，该救援队全面开展板房需求评估工作，在村落中调查板房需求，协助当地政府尽早完成板房建设工作。12月2日，该救援队还到当地小学讲授了灾后复学的第一课，普及防疫知识和急救知识，推动当地民众保健水平的提升。

此外，在开展救援工作的同时，中国（北京）红十字会国际救援队还开展队内健康检查，加强队内防疫工作，确保救援队员在健康条件最好的情况下，最大限度、最高效率地开展救援工作。

中国（北京）红十字会国际救援队的此次国际救援行动，不仅为菲律宾台风灾区救援工作提供了援助，也为灾后发展、疫情预防贡献了力量。和平时期的红十字外交，是国家间关系的润滑剂：此次救援行动正值中菲两国外交困难时期，北京市红十字会在开展人道救援的同时，也发挥了人道外交的作用，对于增进两国友好，加深两国理解，具有重要意义。

参加国际救援，对北京乃至中国红十字组织的发展具有积极作用，此次北京红十字组织的国际救援机制创建与实践，为中国红十字组织参与国际救灾救援积累宝贵经验。这是北京市红十字会建会85年来，第一次走出国门从事救援活动，从行前准备、人员选派、物资筹措，到远程投送、医疗救助、新闻宣传、通信和生活保障方面获得系统演练，因此，此次国际救援在给北京市红十字会带来新的挑战的同时，也推动其不断完善。当然，救援过程中也出现了一些问题，这将促使北京市红十字会在今后的救援中，在团队综合编组模式、人员组织结构、灾情全面评估、物质充分合理配备等方面积极探索，寻求新的突破。

通过远赴菲律宾开展国际救援，北京市红十字会在实现自身完善的同时，也向国际社会彰显了中国以及中国红十字组织投身国际事务、献身人道救援的积极形象，提高了北京市红十字会在国家红十字组织体系中的地位，树立了很好的榜样，意义非凡。

五 "博爱在京城":募捐救助活动中的一张名片

从2004年起,北京市红十字会推出"博爱在京城"大型募捐救助系列活动(以下简称"博爱在京城"),每年在全市范围内募集善款物资,从"博爱助困、博爱助学、博爱助老、博爱助残"4个方面服务困难人群。

"博爱在京城"大型募捐救助系列活动是北京市红十字会为构建社会主义和谐社会首善之区而推出并实施的一项善举。该活动分为4个具体的项目,即"博爱助困""博爱助学""博爱助残""博爱助老"。"博爱助困"主要针对家庭收入在最低生活保障线以下以及突发灾害中形成的特困群体进行救助;"博爱助学"为特殊困难家庭子女在义务教育阶段提供助学款;"博爱助残"救助因残疾造成的缺乏经济来源或丧失生活能力的特困家庭,重点是为困难家庭的白内障患者免费实施复明手术;"博爱助老"为缺乏经济来源或丧失生活能力的特困孤寡老人提供关爱和救助。"博爱在京城"充分利用每年募集的资金,尽可能多地救助社会弱势群体。

深入社区,了解困难群众基本生活诉求。"博爱在京城"的顺利开展离不开北京市各县区红十字会的积极配合。各县区红十字会不仅要积极开展宣传和募捐活动,还要深入社区了解困难群众的基本生活,认真核实特困、困难家庭的基本状况,了解困难群众的基本需求,从群众最关心、最直接、最现实的问题入手,切实帮助他们解决实际困难。除此之外,北京市各县区红十字会工作人员还精心组织和开展各具特色的"送温暖"活动,营造和谐关爱的氛围,由领导带头走访慰问,扩大救助范围,真正将温暖和关怀送到困难群众的心坎上。

募捐卓有成效,救助覆盖面较广。自从北京市红十字会2004年发起"博爱在京城"以来,北京市各个县区积极配合市红十字会开展募捐活动。2005年,北京市红十字会启动旨在扶助本市20余万贫困人群的计划,在陶然亭公园和当代商城同时举行"博爱在京城"宣传活动,共募集社会各界捐款338.6万元,有万余名贫困市民和贫病儿童收到捐助。到了2010年,仅密云县红十字会就接收到社会各界捐款200余万元。同年救助白血病、恶性肿瘤、再生障碍性贫血、尿毒症、意外事故等特殊困难人员298

人次，支付救助金73.9万元；博爱超市救助贫困家庭340户，发放救助物品价值13.6万元；两节"送温暖"活动慰问困难家庭598户，款物总价值为28.47万元；救助少儿大病患者7人，支付救助金5.6万元。至2014年底，"博爱在京城"已累计募集款物超过20亿元，成为北京红十字组织的品牌项目和北京市著名的民生工程。

各区县红十字会规范管理、信息公开透明。各区县红十字会通过官网披露捐赠信息，包括捐赠人的姓名、捐赠金额和日期等。其中东城区红十字会还开辟专栏滚动展示"博爱在京城"款项的去处，确保专款专用，让每个捐赠者都了解到捐赠的钱款是否落实到受助者手中。通过这种主动公开信息的方式，北京红十字组织与捐赠者形成了良性互动，提升了"博爱在京城"的品牌效应。

"博爱在京城"的意义不仅仅局限于帮助弱势群体，还通过系列活动推广和弘扬了红十字会人道博爱奉献的理念。活动提倡"每人捐出一日工资，企业捐出一日收入"，努力营造"慈善光荣，奉献可敬"的社会氛围，动员更多的社会力量参与、支持慈善事业，以实际行动向全社会倡议以"博爱"精神，维护社会稳定，共创和谐社会。

六 西单献血小屋：践行红十字人道精神

献血事业是红十字组织工作的重要组成部分，宣传献血知识、扩大采血途径、保证献血质量，以及建设稳定的献血队伍，对献血事业的成功至关重要。传统的流动献血车是采血、宣传的重要工具，但是也存在不少缺点，如条件简陋、空间狭小、冬冷夏热。这种条件，既不能给献血者提供舒适的环境，又无法更好地保证采血质量，并在一定程度上影响到街头采血工作的开展。为了克服这些缺点，提升街头献血的质量，北京市西城区政府建设西单献血小屋，并于2010年6月12日正式投入使用。

西单献血小屋位于西单文化广场的西北角，是一座2层的玻璃建筑，总共120平方米。第一层约20平方米，为宣传接待区，功能主要为收集献血员的信息，以及宣传血液科普知识。第二层为采血工作专用，分体检区域、采血区域、献血休息服务区、急救区域、设备放置区域等，可同时接待8位无偿献血者；部分设备还可以采集血小板成分和造血干细胞，这些都是流动献血车不具备的功能和优势。献血者不仅可在此完成健康征询、血液初步筛查、血液采集、领取献血证等工作，还可以在献血后得到充分的休息。西单献血小屋优美的环境和优质的服务，提高了献血者的满意度，能吸引更多的人成为固定献血者，同时有效提高血液的保存质量，保证血液的安全。

西单献血小屋自建立以来，全年不休，每天开放。在具体的运营过程中，西城区红十字会"牵手希望"志愿者服务队的成员们贡献了巨大力量。这20余名志愿者来自西城区的医院、部队、学校、企业等机构，他们自我管理、轮班排岗，自2011年8月开展服务起，4年多来每周一至周五都坚守在岗位上，宣传造血干细胞捐献知识，动员更多人加入中华骨髓库，提供咨询、体检等服务，参与资料录入、回访等工作。志愿者的工作对西单献血小屋的正常运转和功能发挥，具有重要意义。

除了完成上述工作，西单献血小屋也将成为举办各类相关公益事业的基地。无偿献血志愿者俱乐部的活动、高中学生的成年仪式等都将在这里举办。西单献血小屋在助推献血事业发展的同时，也为增加西单文化广场乃至西城区、北京市的文化内涵和社会公益服务功能，发挥着积极作用。

西单献血小屋作为北京市第一家无偿献血屋，不但为无偿献血者提供了卫生安全、温馨舒适的献血环境，而且扩展了采血业务，在街头实现捐献全血和成分血两种方式。其成功的经验和模式，为未来街头采血工作提供有益借鉴，有力推动献血事业的发展。

此外，西单献血小屋的成功，离不开西城区红十字会"牵手希望"志愿者服务队的努力。他们的宣传有益于打消人们的恐惧和顾虑，鼓励更多人加入献血事业和中华骨髓库建设；2014年5月，经过他们的努力，争取到新的造血干细胞捐献者，为血液病患者带去重生的希望。事实上，志愿者的工作意义，不限在于其带来的现实利益，他们用自己的知识和爱心，既传递着红十字的人道主义精神，也传递着无私与博爱的情怀。

西单献血小屋印证了西城区红十字会在献血事业上的探索与付出，其取得的成就对西城区红十字会乃至北京市红十字会血液中心今后在该领域的发展，具有重要的价值。西城区红十字会作为北京市红十字会的下级机构,其在西单献血小屋运营过程中的成功经验,同样体现了北京市红十字会在献血事业领域的有益探索,表现北京红十字组织的探索、专业、奉献的精神。

七 "共铸中国心":共铸健康,共铸爱

北京市红十字基金会是由北京市红十字会主管的,经北京市民政局登记注册的,具有独立法人资格的5A级公募基金会。基金会奉行"人道、博爱、奉献"的红十字精神,以开展人道救助和公益活动,改善最易受损害群体的生存状况及其发展环境为宗旨,主要工作范围为资助社会福利、医疗救护,以及开展有利于红十字事业发展的交流、奖励、研究等相关公益活动。目前,该基金会下有公益项目15个,涵盖扶贫助困、大病医治、灾区救援、教育发展等多个领域,为有需求的人群提供最为切实的援助。

在北京市红十字基金会的品牌项目中,"共铸中国心"无疑是最令人瞩目的一个项目。该项目起始于2008年5月16日,是一项针对西部贫困地区心脑血管领域的大型公益行动。该项目由全国医疗工作者共同发起,中国社会工作协会和北京市红十字基金会主办,步长(制药)集团赞助。"共铸中国心"项目以关注、解决西部贫困地区心脑血管疾病的防治,改善西部地区群众的健康状况,提升当地医疗救治水平为目标,帮助西部地区的人们树立健康意识,掌握健康知识,建立健康行为,并为其提供医疗支持。①

该项目自建立以来,组织以首都医务、药学工作者为核心力量的志愿者,先后在四川、宁夏、山东、内蒙古、西藏、青海、甘肃等地区开展大规模的健康志愿服务活动,内容涵盖地方病调研、义诊巡诊、爱心捐赠、医疗培训、健康讲座、少儿先心病筛查及救助等方面。截至2013年7月,已开展五年之际的"共铸中国心"项目共组织了近5000人次的医务志愿者活动,共计捐赠款项2379万元,捐赠物品3524.6万元。从2010年起,

---

① 《步长集团:同心.共铸中国心》,资料来源:《公益时报》,http://www.gongyishibao.com/html/qiyeCSR/5665.html,最后访问时间:2015年5月10日。

这一活动被纳入中共中央统战部"同心工程",称为"同心·共铸中国心"工程。①

在取得巨大成就的同时,"共铸中国心"项目也在不断进行自我完善和拓展,力图更好地帮助患者。2014年12月6日,在"中国好医生暨2014共铸中国心优秀志愿者表彰大会"上,"共铸中国心"组委会与新华社联手打造的"共铸中国心"客户端正式上线。该产品通过信息咨询、媒体报道、爱心救助等内容,让用户掌握和了解"共铸中国心"项目的最新进展。其中,"寻医问药"作为该平台最重要的栏目之一,可以让用户在不方便就医的情况下,通过发送咨询信息获得医生解答,实现了患者与医生的在线互动,为不方便就医的老少边穷地区群众提供了快速有效的就医通道。此外,为了解决藏区妇女最基本的个人卫生问题,帮助其更好地预防、治疗妇科疾病,"共铸中国心"组委会经过对藏区群众的大规模走访及充分调研后,计划从西藏山南等地区选定150个自然村,兴建首批"母亲浴室"150个,让当地妇女能就近、安全地洗热水澡。

正是因为"共铸中国心"在公益事业上发挥了积极作用,2013年4月该项目荣获了民政部颁发的中国慈善领域政府最高奖——中华慈善奖。除了步长(制药)集团提供的资金支持以外,目前,已有许多的企业和个人加入捐赠队伍中来,这为该项目的运营和发展提供了更坚实的财力支持,促使该项目在未来创造更大的社会价值。

在短短几年时间,"共铸中国心"在老少边穷地区心脑血管疾病救助救治和健康关爱事业中取得巨大成就,至今已救助了300余名先天性心脏病儿童,有20余万各族群众直接受益,为提升当地群众的健康水平发挥了巨大作用。同时,该项目不断扩大规模和影响,引起了社会的广泛关注,吸引了更多的参与者和支持者。在不断创立自身品牌的同时,该项目也积累了大量经验,积极推动了中国公益界在相关领域的创新和发展。

---

① 资料来源:"共铸中国心"官网,http://www.china-hearts.com/index.php?a=lists&catid=9,最后访问时间:2015年5月10日。

另外,"共铸中国心"作为北京市红十字会基金会的品牌项目,折射出该基金会在公益项目组织、运营方面能力、水平与信誉。该基金会在奉行人道、博爱、奉献的红十字精神的时候,不仅在生理层面上关心患者的心脏健康,而且和社会各界一起,共同用爱铸就了寓意着关怀与希望的"中国心"。

(案例整理:王静、郭璐、苏菲、赵延会)

参考文献

American Red Cross, *American Red Cross 2013 Annual Report*.

American Red Cross, Help When It's Needed Most, Disaster Relief Update: Fiscal Year 2014.

British Red Cross Society, *British Red Cross 2013 Report and Accounts*: Refusing to Ignore People in Crisis.

Canadian Red Cross, *Canadian Red Cross 2013 - 2014 Annual Report*.

Gerry Stoker, "Governance as Theory: Five Propositions," *International Social Science Journal*, No. 155, March 1998.

ICRC, *ICRC 2013 Annual Report*.

IFRC, "IFRC Health Corporate Folder".

IFRC:《红十字会与红新月会国际联合会 2012 年年度报告》。

James Rosenau:《没有政府的治理》,伦敦,剑桥大学出版社,1995。

Japanese Red Cross Society, *Blood Services*.

北京师范大学等:《2010 中国绿色发展指数年度报告——省级比较》,北京师范大学出版社,2010。

北京师范大学管理学院、北京师范大学政府管理研究院:《2013 中国民生发展报告》,北京师范大学出版社,2013。

北京市红十字会:《人道北京》2014 年第 1~4 期。

北京市红十字会编《人道京华:纪念北京市红十字会成立 85 周年暨〈中华人民共和国红十字会法〉颁布实施 20 周年》,《北京市红十字会和市公安局签定处突维稳合作协议》,资料来源:北京市红十字会官网,http://www.bjredcross.org.cn/beijing/beijing2/20140528/691339.htm,最后访问时间:2015 年 5 月 8 日。

北京市红十字会社会枢纽型社会组织信息化平台:《在主管的社会组

织中开展党建工作的总结》，http：//rcoa. ypsky. cn/home/show/59，最后访问时间：2014 年 11 月 20 日。

《步长集团：同心·共铸中国心》，资料来源：《公益时报》，http：//www. gongyishibao. com/html/qiyeCSR/5665. html，最后访问时间：2015 年 5 月 10 日。

陈剑：《论"人文北京"建设的内涵》，《北京联合大学学报》（人文社会科学版）2009 年第 7 期。

池子华：《中国红十字会救助 1928 至 1930 年西北华北旱荒述略》，《社会科学战线》2005 年第 2 期。

池子华：《民国北京政府时期中国红十字会的赈灾行动述略》，《中国社会历史评论》2005 第 11 期。

戴均良：《积极推进首都治理现代化》，《瞭望新闻周刊》2014 年 7 月 2 日，http：//www. lwgcw. com/NewsShow. aspx？newsId = 35802。

高小平：《治理体系和治理能力如何实现现代化》，《光明日报》2013 年 12 月 4 日，http：//cpc. people. com. cn/n/2013/1204/c368480 - 23738377. html，最后访问时间：2014 年 12 月 15 日。

国际人道法咨询服务处：《各国红十字会与红新月会和国际人道法的实施：指导原则》。

《红十字运动的基本原则》，《江苏经济报》2007 年 9 月 4 日。

韩晓辉：《我国网络文化建设存在的问题及对策》，《工会论坛》2011 年第 17 期。

韩振峰：《社会主义核心价值观的基本内涵与重大意义》，《思想政治工作研究》2012 年第 12 期。

胡献忠：《国家与社会关系视野下的共青团功能定位》，李培林主编《国家治理与社会建设》，社会科学文献出版社，2013。

红十字国际委员会：《国际人道法问答》，https：//www. icrc. org/chi/resources/documents/publication/p0703. htm。

景跃进：《中国的"文件政治"》，北京大学国家发展研究院编《公意的边界》，上海人民出版社，2013。

刘欢：《市红会签航空医疗救援合作》，《北京日报》2014 年 9 月 7 日，第 2 版，http：//bjrb. bjd. com. cn/html/2014 - 09/07/content_215243. htm，最后访问时间：2015 年 5 月 5 日。

马国富等：《网络文化建设与网络文化安全管理创新研究》，《商场现代化》2011 年第 23 期。

马立平：《统计数据标准化——无量纲化方法》，《北京统计》2000 年第 3 期。

马润海主编《人道惠民（理论文集·宣传集锦）》，同心出版社，2014。

《美国红十字会好榜样》，资料来源：《南都周刊》，http：//www. nbweekly. com/culture/frontier/201107/26836. aspx。

世界银行：《世界发展指标 2012》，王辉等译，中国财政经济出版社，2013。

《首都红十字会成立航空救援专家指导委员会》，资料来源：北京市红十字会官网，http：//www. bjredcross. org. cn/beijing/beijing2/20140901/691604. htm，最后访问时间：2015 年 5 月 5 日。

宋贵伦、鲍宗豪主编《北京社会建设报告 2013》，中国社会科学出版社，2014。

宋贵伦、冯虹主编《北京蓝皮书：北京社会治理发展报告（2013～2014）》，社会科学文献出版社，2014。

孙柏秋主编，池子华、杨国堂等著《百年红十字》，安徽人民出版社，2003。

孙敬敏编《北京市红十字会的 65 年（1928～1993）》，文津出版社，1995。

唐亚林、郭林：《从统治阶级到阶层共治——新中国国家治理模式的历史考察》，《学术界》2006 年第 4 期。

王立忠、江亦曼、孙隆椿主编《中国红十字会百年》，新华出版社，2004。

田小红、王振耀：《社会政治时代与国家治理体系现代化》，《行政管理改革》2014 年第 8 期。

习近平：《切实把思想统一到党的十八届三中全会精神上来》，http：//cpc. people. com. cn/n/2014/0101/c64094 - 23995311. html，最后访问时间：2014 年 12 月 15。

《习近平会见红十字国际委员会主席》，人民网，http：//politics. people. com. cn/n/2013/0514/c1024 - 21468243. html，最后访问时间：2014 年 11 月 16 日。

《习近平肯定北京"城市病"治理成绩 就发展提五点要求》，资料来源：《北京商报》，http：//www. mzyfz. com/cms/jingyingrenwu/lingdaodongtai/dangdejianshe/html/827/2014 - 02 - 27/content - 968404. html，最后访问时间：2015 年 5 月 8 日。

谢宇、张晓波、李建新、于学军、任强：《中国民生发展报告 2014》，北京大学出版社，2014。

徐国普：《新中国成立初期中国红十字会研究（1949 ~ 1956）》，人民出版社，2013。

《寻找价值——记北京分库第 231 例捐献者》，资料来源：北京红市十字会官网，http：//www. bjredcross. org. cn/zaoxueganxibao/zaoxueganxibao2/201501214/692431. htm，最后访问时间：2016 年 1 月 25 日。

俞可平：《治理与善治引论》，资料来源：中央编译局网站，http：//www. cctb. net/zjxz/expertarticle/200502/t20050224_4816. htm。

殷星辰主编《北京社会治理发展报告（2013 ~ 2014）》，社会科学文献出版社，2014。

詹奕嘉：《唐山大地震后 30 年：中国接受救灾外援的历程》，《世界知识》2006 年第 14 期。

张康之：《论新型社会治理模式中的社会自治》，《南京社会科学》2003 年第 9 期。

张小劲、于晓红：《推进国家治理体系和治理能力现代化六讲》，人民出版社，2014。

中国红十字总会编《中华人民共和国红十字会法修改研究》，社会科学文献出版社，2014。

《中国红十字会应向加拿大红十字会学什么？》，资料来源：BWCHINESE 中文网，http：//www. bwchinese. com/article/1023988. html。

中国红十字会、ICRC、红十字会与红新月会国际联合会编《红十字运动知识》，2013。

《中国首架专业航空医疗救援直升机正式启航》，资料来源：民航资源网，http：//news.carnoc.com/list/297/297836.html，最后访问时间：2015年5月5日。

周秋光：《民国北京政府时期中国红十字会的慈善救护与赈济活动》，《近代史研究》2000年第6期。

周秋光：《民国北京政府时期中国红十字会的国际交往》，《湖南师范大学学报》（社会科学版）2002年第7期。

周秋光：《民国北京政府时期中国红十字会的组织与发展》，《湖南师范大学学报》（社会科学版）2002年第4期。

周秋光：《晚晴时期的中国红十字会论述》，《近代史研究》2000年第3期。

图书在版编目(CIP)数据

红十字人道主义精神与首都治理体系现代化/北京师范大学中国公益研究院编著.--北京：社会科学文献出版社，2016.7
 ISBN 978-7-5097-9139-4

Ⅰ.①红… Ⅱ.①北… Ⅲ.红十字会-工作-北京市 ②城市管理-研究-北京市 Ⅳ.①C913.7 ②F299.271

中国版本图书馆 CIP 数据核字（2016）第 102343 号

红十字人道主义精神与首都治理体系现代化

编　著／北京师范大学中国公益研究院

出　版　人／谢寿光
项目统筹／吴　超
责任编辑／吴　超

出　　版／社会科学文献出版社·人文分社（010）59367215
　　　　　　地址：北京市北三环中路甲29号院华龙大厦　邮编：100029
　　　　　　网址：www.ssap.com.cn
发　　行／市场营销中心（010）59367081　59367018
印　　装／三河市东方印刷有限公司

规　　格／开本：787mm×1092mm　1/16
　　　　　　印张：18　字数：277千字
版　　次／2016年7月第1版　2016年7月第1次印刷
书　　号／ISBN 978-7-5097-9139-4
定　　价／79.00元

本书如有印装质量问题，请与读者服务中心（010-59367028）联系

▲ 版权所有 翻印必究